司法部度法治建设与法学理论研究部级科研项目(22SFB5008)

"十四五"江苏省重点学科资助项目

"一站式"矛盾纠纷调解的实践机制与法治完善

"YiZhanShi" MaoDun JiuFen TiaoJie
De ShiJian JiZhi Yu FaZhi WanShan

孙冲 著

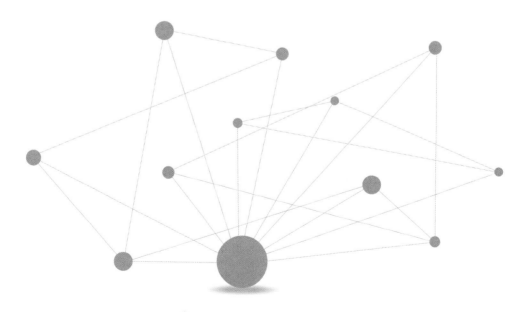

中国政法大学出版社

2024·北京

图书在版编目（CIP）数据

"一站式"矛盾纠纷调解的实践机制与法治完善 / 孙冲著. -- 北京 ： 中国政法大学出版社，2024. 6. -- ISBN 978-7-5764-1556-8

Ⅰ. D925.114.4

中国国家版本馆 CIP 数据核字第 20242YA626 号

出 版 者	中国政法大学出版社
地　　址	北京市海淀区西土城路 25 号
邮寄地址	北京 100088 信箱 8034 分箱　邮编 100088
网　　址	http://www.cuplpress.com（网络实名：中国政法大学出版社）
电　　话	010-58908285(总编室) 58908433（编辑部）58908334(邮购部)
承　　印	固安华明印业有限公司
开　　本	720mm×960mm　1/16
印　　张	12.75
字　　数	195 千字
版　　次	2024 年 6 月第 1 版
印　　次	2024 年 6 月第 1 次印刷
定　　价	59.00 元

目 录
○CONTENTS

绪 论

一、选题背景、问题意识、研究意义及材料来源

(一) 选题背景

1. 社会纠纷增多导致解纷机构不堪重负

对调解制度的研究必须置于特定的时代背景、制度环境和时空情景中加以理解和研究。任何一种纠纷解决机制都生成于特定的时代背景,任何一个纠纷的解决都深陷于特定的制度环境与时空情境。因此,应当注意结合历史条件、制度环境和时空情境来分析具体问题,将具体的纠纷机制放置于宏大的时代背景中,将具体的纠纷事件放置于特定的情境中,避免抽象的言说和争论。[1]在城镇化的大背景下,人口、文化、经济都处于激烈的变动之下。首先,人际交往的频繁,经济活动的加速,社会空间的紧密都导致社会纠纷越来越多,纠纷的种类越来越丰富,纠纷数量逐渐增加。例如,左卫民教授指出目前基层常见的纠纷有拆迁纠纷、环境污染纠纷、劳动争议纠纷、消费纠纷。[2]经过调研,笔者发现除了上述纠纷外,借贷纠纷、婚姻家庭继承纠纷、交通事故纠纷也越来越多。其次,现有的纠纷解决机构包括法院、派出所、各类调解组织以及其他一些行政执法机关等。在这些机构当中,法院和派出所是承担纠纷解决的主要机构。然而,随着司法改革的逐步推进,法院承担了越来越多的纠纷解决工作,但法官"跳槽"的现象屡屡发生,法院面临着案多人少的资源困境。派出所作为执法和服务群众的机构,在处理琐碎

---

〔1〕 参见左卫民等:《中国基层纠纷解决研究》,人民出版社 2010 年版,第 7 页。
〔2〕 参见左卫民等:《中国基层纠纷解决研究》,人民出版社 2010 年版,第 7 页。

纠纷中发挥了重要作用，然而遗憾的是，一方面，大量非公安职权范围内的纠纷不断涌入派出所的治理视野；另一方面，派出所同样面对人手不足的资源困境以及职权不足的权力困境。在此情况之下，纠纷解决机构不堪重负。人民法院面临大量案件超期超限，个别派出所只能拒绝来自当事人的求助，有时甚至"接警不出警"。[1]

2. 调解处于"休眠"状态

一方面，是国家正式权威之下的法院、派出所每天面对无休止的纠纷；另一方面，作为纠纷解决重要一环的调解却似乎始终处于休眠状态，在基层纠纷解决当中，似乎并无"存在感"。在笔者调研过的鄂中、豫北、赣南、滇中等地区，调解组织并不健全，一般挂靠在镇（街）一级的司法所之下，有的司法工作人员兼任调解员，可谓"一套人马，两块牌子"。与一年需要面对几百起甚至上千起纠纷的派出所和人民法院相比，镇（街）调解委员会每年只有少则十几起、多则几十起的纠纷。究其原因，首先，调解虽然以"人民"为名义，却缺乏群众基础，未能动员起足够的群众资源，只能依赖现有的镇（街）司法所的资源为调解服务。其次，调解组织不成体系，面临多头管理的困境。调解名义上归属地方司法行政系统管理，在实际中却是由其业务主管部门管理，大多数是为业务主管部门服务，解决业务主管部门遇到的纠纷。再其次，"大调解"虽然已经被讨论多年，但是始终未能建立起有效的联动对接机制。调解好似一座"孤岛"被排斥在社会矛盾纠纷治理的体系之外。如果不是特意有人引导，很难有当事人会主动寻求调解的帮助。最后，调解的地位不高，并没有得到地方政府的足够重视。派出所、人民法院都是正式的司法机关，其地位不言而喻。而调解本身就隶属于相对"弱势"的行政部门，不但如此，调解的非官方属性也导致其在纠纷治理体系中的地位不高，地方政府不够重视也就意味着资源投入低，其效率必然低下，甚至形成恶性循环。

3. 浙北T市的"经验意外"

之所以说浙北T市的调解实践是一个"经验意外"，是因为浙北T市的调

〔1〕 参见孙冲、强卉：《社区治理中的警务实践调查报告——以C市M公租房社区警务室为对象》，载公丕祥主编：《中国法治社会发展报告（2020）》，社会科学文献出版社2020年版，第245~263页。

解的确显示出了与其他地区不一样的实践样态。笔者也曾经在湖北省、重庆市、河南省等地进行相关问题的调研，但在 T 市，调解制度似乎被激活并且以体系化的形态存在。T 市的实践证明了调解并不是一个"走向衰落的制度"，恰恰相反，调解在经历了体系化的建设之后，反而呈现出"蓬勃的生机"。T 市的成功经验对于探究调解制度未来的发展方向，减轻其他纠纷解决机构的压力具有重要作用。

（二）问题意识

本书的问题意识来源于笔者对调解实践的实证调研，本书想要探究如下几个问题：首先，"一站式"矛盾纠纷调解是什么样子的？也就是对 T 市"一站式"矛盾纠纷调解实践样态的把握。其次，"一站式"矛盾纠纷调解是如何形成的。换言之，要进一步探究调解"一站式"体系化运行的形成过程，其形成过程可以显示出调解"一站式"体系化运行形成的内部机制，这对于学习、借鉴、推广优秀经验具有重要的作用。再其次，要探究"一站式"矛盾纠纷调解对其自身以及整个纠纷治理体系当中诸要素的影响。这种影响既包括正面的，也包括负面的。最后，也是本书追求的终极问题，要思考"一站式"矛盾纠纷调解向何处去的问题，还要进一步追问"一站式"矛盾纠纷调解的价值意义是什么，是否有违调解最初的价值意义追求，这样的价值意义变化会对调解的未来发展产生何种影响。

（三）研究意义

近几年，随着"大调解"热度的降低，学术界对于调解制度的研究有所减少。但是，随着时间的推移，特别随着司法改革的逐步深入，调解制度实践或多或少也受到了司法改革的影响。但是，对于这些新现象、新问题却很少有人继续关注。在之前的研究当中，调解法治化的理论已经非常丰富，很多研究集中在将国内的调解与国外的替代性纠纷解决（ADR）制度进行比较研究，但是，上述研究可能在一定程度上忽略了调解制度的中国特色。对调解体系化运行的研究可以进一步丰富关于调解的本土理论。除此以外，对"一站式"矛盾纠纷调解的研究还能够对我国其他地区的调解发展提供实践上的帮助。

具体而言，在理论方面，"一站式"矛盾纠纷调解是一个系统论与科层制的问题，"一站式"体系化当中所包含的规范化、法治化、层级化的倾向，实际是在弱化调解的群众性、政治性、回应性功能。从实际上看，调解不仅仅是一种纠纷解决机制这么简单，它还是执政党联系群众的一种方式方法，是弥补其他纠纷治理机制不足的一种手段。"一站式"矛盾纠纷调解造成调解从复合性的功能走向单一性的功能，这意味着调解实践中所蕴含的"国家—社会"关系理念的转变。除此以外，在调解"政治论"与"法治论"的博弈中，过去支撑调解的群众理论逐渐消解，而法治理论却逐渐增强，在两种理论的张力中，调解需要一套新的理论体系来指导其实践，这套理论既需要符合法治化的大要求，也需要符合群众性和回应性的现实需要。

尽管"一站式"矛盾纠纷调解的先进经验目前还只是局部地区的经验，尚没有向全国推广。但是，通过对"一站式"矛盾纠纷调解运行过程的剖析，有利于将调解"一站式"体系化运行具体的实践方式、方法呈现出来，这对其他地区学习借鉴先进地区的调解体系化运行经验具有重要意义。此外，通过对调解体系化运行不足的分析，可以对调解体系化运行的未来发展方向提供建议。

（四）材料来源

本书的材料来源于笔者的调研，材料以浙北 T 市的经验材料为主，同时穿插一些笔者在其他地方调研的材料，例如湖北省 Y 市、湖北省 J 市、重庆市等地区的调研经验，通过不同地区的经验对比来增强本书的论证。上述材料均源于笔者博士三年来在基层调研获取的第一手资料，对于客观真实地反映基层调解的实践现状具有重要意义。笔者在 T 市先后调研了村庄、社区、乡镇司法所、乡镇矛盾纠纷调处化解中心、乡镇政法委、乡镇信访办、公安派出所附设的"警调"[1]、人民法院附设的"诉调"[2]、交警中队、交通事故纠纷调解委员会、物业纠纷调解委员会、市矛盾纠纷调处化解中心等部门的领导和群众。大部分材料来源于笔者的访谈、参与式观察以及政府的内部文献资料。

---

〔1〕 警察调解组织，简称"警调"。
〔2〕 诉讼调解组织，简称"诉调"。

二、研究现状与可能创新

(一) 国内研究现状及评价

关于调解制度的研究在 2000 年~2010 年这段时期非常丰富，原因在于当时由于社会治理的需要，治理者重提人民调解的重要性，希望借助人民调解的方式化解社会转型过程出现的各类矛盾。特别是在《中华人民共和国人民调解法》(以下简称《调解法》) 颁布前后的一段时间里，学术界对人民调解的研究达到了顶峰。在 2010 年至今的 10 余年里，尽管相关研究比较少，但仍然有部分学者坚持着对人民调解的研究。

关于"一站式"矛盾纠纷调解的背景与动因这一部分。学者们的观点可以归纳为两个方面。一方面，调解必须走法治化的发展道路，这是法治论的要求，同时也是《调解法》颁布后的必由之路。另一方面，调解所赖以存在的社会结构发生了变革，在新制度主义学者看来，调解制度需要改革，调解如果不能在制度层面加以改革，必然面临哈贝马斯所说的"合法性危机"[1]。具体而言，"一站式"矛盾纠纷调解的运行是以调解法治论作为宏观理论背景的，而调解法治论的观点是多年来学者们争论后所达成的共识。大部分学者认为调解未来发展的方向是法治化、规范化与制度化。郑杭生、黄家亮等学者面对调解的发展困境提出了调解的合法性危机及其重塑的论点。他们认为，调解需要更多注重法律专业知识的运用，调解必须走向规范化和专业化。[2]刘加良认为，调解应当通过专业化的调解员和加强司法确认的方式增强其实效化。[3]廖永安等人认为，应当加强调解的职业化和专业化发展。[4]有些人还意识到，调解的运行具有行政化的色彩，并将其概括为"正式权力的非正式

---

[1] 参见 [德] 尤尔根·哈贝马斯：《合法化危机》，刘北成等译，上海人民出版社 2000 年版，第 128 页。

[2] 参见郑杭生、黄家亮：《论现代社会中人民调解制度的合法性危机及其重塑——基于深圳市城市社区实地调查的社会学分析》，载《思想战线》2008 年第 6 期。

[3] 参见刘加良：《论人民调解制度的实效化》，载《法商研究》2013 年第 4 期。

[4] 参见廖永安、刘青：《论我国调解职业化发展的困境与出路》，载《湘潭大学学报（哲学社会科学版）》2016 年第 6 期。

运作"。[1]除此以外，学者们也关注到了个别调解干部权威削弱、乡村精英生产机制失效、陌生人社会等社会结构的变动以及市场经济发展所造成的传统人民调解的生存机制被瓦解。[2]由此关注到人民调解制度需要向体系化、规范化的方向发展，主张探索陌生人社会下的人民调解机制。因此，部分学者同时也主张要完善组织体系，形成调解网络，不留死角。[3]这也可以被视为调解体系化的开端。王禄生注意到了调解的正当性受到同构主义的影响，组织结构的调节正是为了满足调解的正当性。[4]而这背后的驱动力是为了回应社会对专业解纷机构的需要。"一站式"矛盾纠纷调解是这种同构主义影响下调解发展的必然结果。但是，这仍然不足以全面解释调解究竟为何要逐渐走向"一站式"体系化，以及在实践中，"一站式"矛盾纠纷调解的相关改革得以逐步推进并落实的原因。这需要从实践的多主体角度出发，特别是社会现实的角度来理解。而对于这部分领域，国内目前的学术研究还相对匮乏。

在"一站式"矛盾纠纷调解实践与问题这一部分，大部分学者关注到了各地在大调解时期的各种联调联动的具体实践。很多学者列举了"大调解"时期的警调联动、诉调联动、劳动争议联调等调解的联动模式；还有学者从"诉源治理"的角度思考"一站式"纠纷调解机制，将其视为法院"诉源治理"的一个部分。从这一角度而言，学术界已经开始观察调解在实践中的具体做法。例如，一些学者从微观的角度出发，范愉教授关注到了机制衔接的程序性问题，认为非诉调解制度应当优先于诉讼适用，应当设置"非诉调解"优先制度，以及调解协议的司法确认及其效力不明确的问题，从规范层面提出了制度构想。[5]左卫民教授关注到了机制衔接的责任划分问题，他指出政

---

〔1〕 参见侯元贞：《"行政化"人民调解的实践样态——正式权力的非正式运作》，载《文史博览（理论）》2016年第8期。

〔2〕 参见何永军：《乡村社会嬗变与人民调解制度变迁》，载《法制与社会发展》2013年第1期。

〔3〕 参见郑杭生、黄家亮：《论现代社会中人民调解制度的合法性危机及其重塑——基于深圳市城市社区实地调查的社会学分析》，载《思想战线》2008年第6期。

〔4〕 参见王禄生：《审视与评析：人民调解的十年复兴——新制度主义视角》，载《时代法学》2012年第1期。

〔5〕 参见范愉：《诉讼与非诉讼程序衔接的若干问题——以〈民事诉讼法〉的修改为切入点》，载《法律适用》2011年第9期。

府和司法部门之间解决纠纷的职责划分还不明确。[1]还有学者从实践层面注重机制衔接问题。例如，苏力教授注意到了机制衔接的成本问题，他指出"诉调对接""调解衔接"等多元化纠纷解决机制可以为法院分流诉讼压力，但是，现在是以法院为中心衔接多种调解机制，法院是分流者，这会增加法院的人力成本和管理事务，因此，建议通过提高诉讼费用的方式使纠纷自然分流到其他非诉纠纷解决机制。[2]还有部分学者已经关注到衔接机制存在经费保障不足、受托机构被动应付的现状，发现公安、司法部门存在畏难情绪，甚至回避矛盾，推诿扯皮；诉前联动化解纠纷的部门没有得到财力支持。[3]调解机构与法院之间存在利益、权力和资源配置之争，并指出制度程序设计理性不足，调解主体能力和资质不足等问题。[4]还有学者指出机制衔接中的联动理念不足，需要树立纠纷解决的联动理念。[5]但遗憾之处在于，一方面，上述研究的时间较早、材料较旧，即便是联调联动，也仍然仅仅是个别机构之间的联合，而非真正意义上的系统化的联合调解模式。因此，上述研究的内容属于调解"一站式"体系化运行初期的具体实践，而现阶段的"一站式"矛盾纠纷调解则已经形成了由点到面的综合形态。另一方面，上述研究关注的是调解"一站式"体系化运行过程中的具体衔接问题、程序问题。缺乏对"一站式"矛盾纠纷调解的外部影响的关注，例如，没有关注到这种机制与机制之间的衔接可能会对调解的效果本身产生何种影响，以及可能会对调解的性质、地位产生什么样的更深层次的影响。更未能关注到调解与诉讼等程序的衔接联动会对诉讼程序产生什么样的影响，诉讼程序在与调解的互动过程中会产生何种变化。因此，之前的研究存在一定的局限性。

关于"一站式"矛盾纠纷调解的理论反思问题上，目前学术界并没有直接对调解的"一站式"体系化问题进行整体性理论反思的文献著作。但是，

---

〔1〕 参见左卫民：《探寻纠纷解决的新模式——以四川"大调解"模式为关注点》，载《法律适用》2010 年第 Z1 期。

〔2〕 参见苏力：《审判管理与社会管理——法院如何有效回应"案多人少"?》，载《中国法学》2010 年第 6 期。

〔3〕 参见李如鹰、李朋：《诉讼与非诉讼相衔接的矛盾纠纷解决机制存在问题及建议——以株洲县社会实践与审判实践为视角》，载《铜仁学院学报》2012 年第 3 期。

〔4〕 参见范愉：《委托调解比较研究——兼论先行调解》，载《清华法学》2013 年第 3 期。

〔5〕 参见张文显：《诉讼社会境况下的联动司法》，载《法制资讯》2010 年第 11 期。

很多学者是从调解"一站式"体系化运行的具体要素中展开的反思。首先，例如，一些学者开始认识到"一站式"体系化运行背后的法治论所具有的缺点与不足，正如庞德所言，中国在寻找"现代的"法律制度时不必放弃自己的遗产。有人意识到法治化的道路并非将调解变为一项准司法活动，调解不但是一项具有本土特色的定分止争、增进和谐的非诉讼纠纷解决方式，而且是中国共产党贯彻群众路线、正确处理人民内部矛盾以增加政治认同、强化社会团结的理想设计，因而构成国家的优质执政和治理资源。[1]在这部分学者看来，将调解单纯地定位成一项准司法活动，甚至按照科层制的方式进行组织机构的调整，无疑会削弱调解的治理功能。其次，例如部分学者认识到"一站式"矛盾纠纷调解中所包含的专业化、职业化可能影响调解的真实定位与实践效果。范愉教授就指出，"调解的多元化发展并不意味着必须改变调解的本质属性和定位"，"人民调解组织的主体是基层村居委组织内的调委会，这些根植于基层社区的社会组织具有草根性（群众性或人民性）和广阔的覆盖面"，"实践中却出现了以追求职业化、规范化解构基层社区调解的偏向"。[2]再其次，一些学者认识到调解"一站式"体系化运行过程中，潜在的"一元化"问题与组织同构问题。王禄生认为不同位阶的制度环境有着多元的正当性需求，而制度的正当性并不能完全契合所有位阶的需求。对于调解而言，就是调解的实际运作与在法治过程中所着力建构起来的"符号化"的组织机构发生了分离。一方面，调解建立了司法化和行政化的调解制度，但与此同时，真正发挥重要作用的却是传统的调解方法和非正式的调解制度。通过对"符号化"制度的规避运用，调解组织不仅维持了法治化的外衣，同时也在实际上获取了本土的正当性。实际上，"一站式"体系化还会带来系统内部自上而下的同构，调解以"一站式"体系化运行的发展开始自上而下地追求正当性的一致性，面对低位阶的本土正当性，调解已经失去了回应能力。廖永安等人也认为，国家试图用"一元化"的人民调解法律规制模式统合所有社会调解类型，忽视了复杂多元的中国调解实践，各种调解类型边界模糊，导致

---

[1] 参见刘正强：《人民调解：国家治理语境下的政治重构》，在《学术月刊》2014年第10期。

[2] 范愉、李泽：《人民调解的中国道路——范愉教授学术访谈》，载《上海政法学院学报（法治论丛）》2018年第4期。

非官方调解制度存在严重的"语言混乱"和"结构混乱"。[1]实际上，廖永安等人已经认识到人民调解的"一元模式"对解纷机制多元化的影响，但是，问题不仅仅在于廖永安等学者所说的把各类新型调解组织都戴上"人民调解"的"帽子"，更在于调解"一站式"体系化运行将所有的调解全部归纳在人民调解体系之下，体系化运行将导致各个调解组织在调解规则、价值追求、运作方式上具有趋同性，从而在实践中真正出现与基层实际需要的背离。尽管学术界对调解"一站式"体系化运行中诸要素的不足之处进行了分析，但是，上述研究仍然未能回归到根本性的理论关怀层面，无论是"解构论"还是"一元论""同构论"，其探讨的还是在具体组织设计层面的理论问题。但实际上，调解"一站式"体系化运行所呈现出的问题，是法治论下人民调解根本理论的不足，由于这种理论的不足从而导致治理者对基层人民需要和本土资源缺乏适度考量，进而导致了在调解组织层级的设置、调解的语言选择上以及对社区调解的解构等诸多方面出现了问题。因此，需要对调解法治论进行社会学与政治学等多方面的反思，进而提出优化路径。

关于调解"一站式"体系化运行的优化问题上，部分学者主张去专业化道路，适度回归人民性。提出要纠正在法治化的口号下片面追求职业化、专业化，忽视社区调解自身需要的错误观念，避免过多强调标准文档、规范程序、机械适用法律条文和追求司法确认等。[2]还有部分学者提出走综合治理的道路，发挥全民共享共治的社会理念，学习"枫桥经验"等改进措施，形成一个由"党委领导、政府负责、社会协同、公众参与"的纠纷解决"俱乐部"。走差异化的专业化道路，满足不同群体对调解的不同需求。[3]除此以外，还有第三条道路即区分狭义的调解与广义的调解，狭义的调解就是指社区自治性的调解，而今后要充分发挥社区人民调解的功能与作用。例如，徐昕教授认为，人民调解制度的发展方向是迈向社会自治型的人民调解，实现

〔1〕 参见廖永安、王聪：《人民调解泛化现象的反思与社会调解体系的重塑》，载《财经法学》2019年第5期。

〔2〕 参见范愉、李泽：《人民调解的中国道路——范愉教授学术访谈》，载《上海政法学院学报（法治论丛）》2018年第4期。

〔3〕 参见廖永安、王聪：《人民调解泛化现象的反思与社会调解体系的重塑》，载《财经法学》2019年第5期。

从外生型调解向内生型调解的转变，积极发展多种形式的民间调解机构。[1]同时限制人民调解向难以胜任的专业领域无序扩张。[2]上述学者的研究给出的优化路径十分广泛，也极具创新意义。但关键在于，调解应当如何发挥社区功能。换言之，需要在更微观层面上进行制度建构。此外，如何在区分不同群体的不同需求的前提下，在各类非诉纠纷解决机制间建立体系化的联动关系，这都是需要具体思考的问题。

（二）国外研究现状及评价

由于政治体制与法律体制的不同，国外并不存在调解这一概念，但是，在国外存在"替代性纠纷解决方式或非诉纠纷解决程序"，即 ADR 这一概念。当然，从概念意义上看，ADR 的范围要远远大于本书所讨论的调解，ADR 不仅包括调解，还包括仲裁等一系列其他的非诉纠纷解决机制。对于 ADR 的起源问题，国外与我国存在很大的差异。国外学者将 ADR 的兴起归因于如下几个方面：一是减轻法院负担的必要性；二是扩大保证社会成员实现法律争议的途径及平等权利；三是避免审判解决纠纷的零和结果和僵化性，寻求使当事人双方都能满意的统一性的处理方式；四是全球化的进程导致涉外活动不断增加，需要通过中立性更强的非国家性解纷机制处理多国或地区间的纠纷。[3]实际上，我国调解"一站式"体系化运行的背景虽与国外有几分相似，但并不完全一样。减轻司法压力或许是我国和外国在选择发展调解这一制度上的共通之处。和我国的人民调解一样，ADR 制度在国外建立的初期，也遇到了法律界的质疑，甚至被视为与法治对立的产物。当然，现阶段在西方语境中 ADR 制度应当具有接近司法的指向，如中立性、公平性。同时，所谓的法治 ADR 制度也指出传统的、社区的及宗教的纠纷解决机制均应当提供独立、公平、公正的司法救济。[4]

新加坡在 ADR 实践方面有专门的社区调解制度，其社区调解与我国的人

---

〔1〕 参见徐昕：《迈向社会自治的人民调解》，载《学习与探索》2012 年第 1 期。

〔2〕 参见范愉：《〈人民调解法〉的历史使命与人民调解的创新发展》，载《中国司法》2021 年第 1 期。

〔3〕 参见范愉：《当代世界多元化纠纷解决机制的发展与启示》，载《中国应用法学》2017 年第 3 期。

〔4〕 See WJP Launches Most Comprehensive Rule of Law Index to Date, the WJP unveiled its Rule of Law Index 2012-2013; Factor 7-7, November 28th, 2012.

民调解十分相似。因此很多学者对新加坡的调解制度加以研究，新加坡在1998年颁布了《社区调解中心法令》，并在社区建立了地方性社区调解中心，社区调解主要是为社区、家庭提供调解服务的。而商业调解则由新加坡调解中心这一更高级别的调解中心负责处理。除了这些民间 ADR 外，新加坡法院系统也设立了新加坡初级纠纷解决中心。[1]从新加坡的实践现状来看，新加坡将调解分为司法指向和自治指向两个方面，范愉教授在分析时指出，司法指向的 ADR 强调 ADR 对司法的辅助作用，缓解司法压力和危机并促进民众利用司法的便利化。自治指向的 ADR 是在社会自治认同度较高的情况下，由法院外第三方提供恢复当事人自治的机会，也相应以此提高个人依靠自身力量而非国家权力解决纠纷的能力。[2]新加坡调解体系的各个调解中心之间并不存在层级与隶属关系，各个中心各司其职，具有明确的分工，是典型的精细化区分后的调解体系。除此以外，日本、美国等国家也建立了越来越多元化的 ADR 制度，例如，日本早期建立了具有准司法性质的 ADR 组织，但近年来也鼓励民间性纠纷解决机构的发展，促进纠纷解决服务的市场化和多样化。而美国的 ADR 更多体现在法院、高端纠纷解决上，例如商事纠纷等。[3]从其他国家 ADR 制度的模式来看，其 ADR 制度以职业化、规范化的发展道路为主，而且很多 ADR 制度最初是由法院等司法机关推动之下建立起来的。这与我国的实践模式不太一样。

实际上，国外研究以及国内学者对国外的研究主要集中在 ADR 制度的起源、准司法与自治模式的不同发展。可以说，各个国家在 ADR 模式的选择上都具有其本土的特色。其他国家 ADR 制度的发展模式对我国人民调解制度的发展具有重要的借鉴意义，特别是我国也正在发展"诉调"、"警调"以及以镇（街）司法所为主导的矛盾纠纷调解中心等组织机构，准司法与自治相结合的调解模式可能会成为人民调解的未来道路。但是，我国的具体国情与其他国家有所差异。人民调解不但具有纠纷化解的法律功能，还具有更多的政

---

〔1〕　参见龙飞：《新加坡 ADR 制度的发展及启示》，载《人民法院报》2013年8月16日，第8版。

〔2〕　参见范愉：《纠纷解决的理论与实践》，清华大学出版社2007年版，第169~172页。

〔3〕　See Galanter, M. , The Vanishing Trial, "An Examination of Trials and Related Matters in Federal and State Courts", *Journal of Empirical Legal Studies*, Vol. 1, Nov. （2004）. Issue 3, pp. 459-570.

治功能和治理功能，从这一点来看，不能简单套用其他国家的 ADR 模式和理论来理解我们的人民调解制度。

在理论框架方面，本书使用了马克斯·韦伯的科层制理论，马克斯·韦伯有关"科层制"的理论主要集中在《经济与社会》等著作中。[1]马克斯·韦伯提出了三种社会权威，包括传统型权威、"卡里斯玛型"权威以及科层制权威。所谓科层制就是一种充分发达的官僚体制机制与其他形式的关系，恰恰如同一台机器与货物生产的非机械方式的关系一样。精确、迅速、明确、精通档案、持续性、保密、统一性、严格地服从。[2]马克斯·韦伯认为科层制具有的一个重要的优势和特征就是非人格性，即"工具理性"。[3]而所谓理性科层就是否认人的主观价值在整个系统中所发挥的作用和具有的意义。实际上，韦伯所讲的理性科层制对于分析当下我国调解"一站式"体系化运行具有十分重要的意义，调解的"一站式"体系化运行正是具有排除个人的人格性，使调解程序上的每一个人都保持工具理性的倾向。但同时，按照马克斯·韦伯对中国传统的认知，马克斯·韦伯认为传统的中国法具有浓厚的习惯法色彩和家长主义色彩，因而是一种非理性的法律，而传统的调解就是在以非理性的法律处理日常的纠纷。[4]这与马克斯·韦伯所描绘的科层制下的"工具理性"相互冲突，在这种理论背景下，从马克斯·韦伯反思科层制的理论出发，可以发掘调解"一站式"体系化运行背后的理论张力。除此以外，马克斯·韦伯所提出的科层制也存在诸多弊端，爱沙尼亚的学者就指出，韦氏公共行政有其系统性的缺陷：缓慢、过程导向、导向权威主义、盲目的层级化和逃避责任。[5]这种缺陷也显现在调解"一站式"体系化运行的过程

---

〔1〕 参见李润硕、潘信林：《科层制在国家治理体系现代化中的再思考》，载《探求》2020年第6期。

〔2〕 参见〔德〕马克斯·韦伯：《经济与社会》（下卷），林荣远译，商务印书馆2004年版，第296页。

〔3〕 参见〔德〕马克斯·韦伯：《经济与社会》（下卷），林荣远译，商务印书馆2004年版，第791页。

〔4〕 参见〔德〕马克斯·韦伯：《法律社会学：非正当性的支配》，康乐、简美惠译，广西师范大学出版社2010年版，第270页。

〔5〕 See Wolfgang Drechsler. Good Bureaucracy, "Max Weber and Public Administration Today", *Max Weber Studies*, No. 2（2020），p. 20.

之中。无论是国内学者，还是国外学者，尚未有人以马克斯·韦伯的科层制理论来理解调解的"一站式"体系化运行，因此，这一领域尚处于空白阶段。

（三）可能的创新点

学术界对于调解的研究非常丰富，从话题上看调解不再是一个新话题。但对于"一站式"矛盾纠纷调解的研究还相对较少，本书属于"老题新做"，可能的创新点有以下三方面。

1. 经验的创新

虽然关于调解的研究非常丰富，但是，大部分研究停留在 2011 年《调解法》颁布前后的"调解热"时期，当时专业化调解刚刚起步，"大调解"浪潮一度兴起。尽管当时的研究颇为丰富，但是研究的时代背景发生改变，调解也在随着时间的流逝而发展并且展现出新的特征。特别是"一站式""体系化"调解发展过程中产生的最新的特点，虽然目前只是在部分地区展开，却是未来调解的发展趋势。对于这样的新经验，需要进行研究。本书正是从新的经验入手，研究"一站式"矛盾纠纷调解。

2. 视角的创新

对于调解的研究，大部分是从理论和规范层面出发的，研究调解的规范性问题。还有部分研究是从实践角度出发，着重于调解联动机制的建立。但是，这些研究将视角局限在某一调解组织与法院或派出所的联动机制，未能将视野放大、放远，未能关注到人民调解组织本身的体系建构和"体系与体系之间"的联动机制的建立。本书的创新之处就在于以更为宏观和长远的视角，从实践的角度，探究"一站式"矛盾纠纷调解体系化运行形成的过程以及存在的问题。

3. 理论的创新

调解法治论是长期以来主导调解发展的主要理论，调解法治论认为应当以法学规范的视角对调解进行改革，明确调解的法律地位、法律程序、法律原则与具体实施方式等。可以说，调解法治论的相关理论对完善调解制度发挥了重要作用。然而，调解法治论的理论观念也在实践中导致了调解出现脱离基层、逐渐科层化的倾向和特点。由此，本书通过法社会学和法政治学的相关理论，以一种法学的外部视角反思调解法治论的观点，以马克斯·韦伯的官僚制理论来分析"一站式"矛盾纠纷调解中出现的问题。从调解的政治性和实用性角度出发，完善调解法治论的相关理论，从而推动调解法治论的进步。

三、研究方法与研究思路

（一）研究方法

1. 法律的经验研究方法

法律经验研究方法在我国的发展经历了 20 世纪 80 年代的萌芽、90 年代的发展直至如今的兴起。法律经验研究主要是通过"认识经验""在现象之中找关联，经验之中提问题"的方法对法律现象进行研究，并从中提炼出与之相关的规范性、价值性问题。"经验"不是原子式的孤立存在，"经验"涵盖了现象、客观环境和价值追求相互纠缠、彼此作用的生长经历，通过"挖掘经验"的过程，将隐而不现的价值呈现出来。[1]本书通过"田野调研"，发现了 T 市调解"一站式"体系化运行的创新做法，这种实践上的做法与笔者过去调研中所观察到的调解现象有很大的不同，属于"经验上的意外"。本书通过对 T 市"一站式"矛盾纠纷调解的研究，发现其背后的运作逻辑、推动机制以及这种现象产生的积极后果与消极不足，反思调解的价值意义。经验研究的好处在于，它能够更客观、动态地把握我国复杂的法治实践，获得全面立体的经验现象。[2]通过后续的分析、厘清现象之间的逻辑脉络，从而提出具有中国特色社会主义法治理论的法理问题。

本书在研究中采取"访谈""参与式观察"等社会学与人类学的研究方法，通过对人民调解中的"小问题"的观察，探究现象背后的原理与过程。在研究中，笔者访谈了乡镇政法委、综治办、市镇各个调解组织的调解员、社区工作人员、派出所警察、基层法院法官、乡镇司法所工作人员、市镇两级矛盾纠纷调处化解中心的工作人员、纠纷当事人，通过参与纠纷调解、跟随派出所民警出警等方式全方位了解"一站式"矛盾纠纷调解的全部运作过程。调解是一个涉及组织数量众多，工作内容丰富的基层纠纷治理工作。调解的"一站式"体系化运行涉及组织与组织之间的互动关系，然而每种互动

---

〔1〕 参见杨子潇：《经验研究可能提炼法理吗?》，载《法制与社会发展》2020 年第 3 期。

〔2〕 参见杨子潇：《经验研究可能提炼法理吗?》，载《法制与社会发展》2020 年第 3 期。

关系背后隐含的机制却不尽相同。政府的维稳治理逻辑、个别公安与法院的避责逻辑、当事人的工具理性逻辑等纠缠在纠纷解决体系化的过程之中。因此，法律的经验研究需要的不仅仅是单纯的法学理论，还需要一定的组织社会学理论、行政管理学理论。问题是具体的，但理论背景和研究方法是开放的，研究者应该秉持开放的心态对待具体问题，综合运用多种研究方法和知识背景去研究相应的问题。[1]

2. 田野的选择与田野概况

选择浙北 T 市作为法律"田野调查"的"田野"，是基于以下几方面的原因。首先，浙江省是"枫桥经验"的发源地，1963 年，浙江省诸暨县枫桥镇的干部群众创造了"依靠群众化解矛盾"的方式。创造性地提出了"小事不出村，大事不出镇，矛盾不上交"的"枫桥经验"。"枫桥经验"将纠纷化解在基层，恰好契合了改革开放初期社会治理的需要。[2]而浙江省在传承与发扬"枫桥经验"上始终位于全国前列。2019 年 10 月，党的十九届四中全会明确提出要坚持和发展新时代"枫桥经验"，"浙江经验"始终是全国学习的典范。其次，浙江省在人民调解制度发展上具有先进性，其经验对于其他地方具有借鉴意义。近些年，浙江地区创新发展"枫桥经验"，结合党的十九大报告，创新了社会治理方式，提出了"三治融合"的发展模式。在矛盾纠纷化解方面，浙江全省范围内发展创新了"矛盾纠纷调处化解中心"，2020年 3 月份，习近平总书记到浙江省安吉县考察时，重点参观了当地的"矛盾纠纷调处化解中心"，并提出要及时化解社会矛盾纠纷，把群众合理合法的利益诉求解决好，是提升社会治理水平的重要手段。[3]最后，选择 T 市 CF 镇是因为那里有笔者较为熟悉的人脉关系，便于调研工作的开展和深入。笔者与 T 市 CF 镇的组织部取得联系，当地组织部帮助笔者深入到各个部门进行调研，一定程度上消除了调研中的阻碍。通过 CF 镇组织部、司法所的关系，笔者又

---

〔1〕 参见王裕根：《基层环保执法的运行逻辑——以橙县乡村企业污染监管执法为例》，中南财经政法大学 2019 年博士学位论文。

〔2〕 参见刘磊：《通过典型推动基层治理模式变迁——"枫桥经验"研究的视角转换》，载《法学家》2019 年第 5 期。

〔3〕 参见《"浙"样平安，习近平调研了这家基层中心》，载 http://news. china. com. cn/2020-04/01/content_ 75885883. htm，最后访问日期：2020 年 12 月 1 日。

顺利地进入 T 市矛盾纠纷调处化解中心进行调研。

T 市是 J 市下面的县级市（以下均称"T 市"），位于浙北地区，毗邻省会杭州，经济相对发达。CF 镇以皮草产业为主，该镇人口数量在 15 万人左右，镇行政面积 100.08 平方公里。该镇城镇化程度高，人口流动性大。由此引发的纠纷数量也比较多。由于近几年皮草生意持续低落，加之疫情影响，该地区经济纠纷数量持续走高。流动人口的聚集难免引发消费、情感等方面的纠纷。此外，随着城镇化的发展，城郊村大量土地被征收、租赁，土地纠纷和征收拆迁引发的遗产继承纠纷也随之上升。CF 镇虽然不大，却是我国城镇化中众多小城镇的缩影，在经济发展的浪潮中，几乎所有的问题都被正处于城镇化过程中的 CF 镇反映出来。

（二）研究思路

本书从"一站式"矛盾纠纷调解的具体表象着手，采取"现象—机制"的分析框架，利用系统论的原理，从"小体系—大体系"的两层关系，分析"一站式"矛盾纠纷调解中内部各个组织之间的关系变化以及人民调解"一站式"体系化运行对整个纠纷治理体系的影响。从微观的角度分析"一站式"矛盾纠纷调解产生背后的过程、动因、意义与不足。再从宏观的角度思考"一站式"矛盾纠纷调解的意义与价值，特别是其背后反映出的对"国家—社会"关系的深远影响。

探究"一站式"矛盾纠纷调解问题，首先需要了解"一站式"矛盾纠纷调解究竟是什么样子的，"一站式"体系化之后调解的运作与之前调解的运作有什么不同。"一站式"矛盾纠纷调解运行的过程中，各个机构是如何分工和协作的，纠纷是如何流动和被解决的。在对"一站式"矛盾纠纷调解的实践具有初步认知后，就需要进一步探究"一站式"矛盾纠纷调解制度是如何"组装"的，如果"一站式"矛盾纠纷调解是一种值得推广的经验，那么探究"一站式"矛盾纠纷调解背后的过程机制和具体动因对于其他地区学习借鉴此种经验具有实际意义。随后，要客观看待"一站式"矛盾纠纷调解带来的积极意义与消极不足。积极意义反映出"一站式"矛盾纠纷调解功能定位发生改变，这种改变一方面会对社会治理带来积极的效果，但另一方面必然引发纠纷治理体系内部其他部分的不适应，产生一定的问题。最后，面对上述问题，既需要探寻可能的出路和解决方法，与此同时，还要思考"一站式"矛盾纠纷调解背后反映出的调解价值意义的深层变化，思考调解向何处去的问题。

四、基本概念分析与章节安排

（一）基本概念分析

1. 社会纠纷治理体系

纠纷治理体系是一个宏观的大系统的概念，它是指社会中治理纠纷的各种机制的总和所形成的体系。这里之所以使用"治理"一词，是因为"治理"一词的内涵更为广泛。它不仅仅包括对矛盾纠纷的直接化解，也包括一些其他消解矛盾纠纷的间接手段和方法。在社会纠纷治理体系中，司法、调解、仲裁、信访均是常见的治理手段，除此以外，行政执法、民政帮扶、宣传教育也是矛盾纠纷的治理手段。纠纷治理体系当中的治理机制是多元化的，整个治理体系的协调运作有赖于各个治理手段之间的相互配合、相互衔接、协调统一。人民调解固然也是社会纠纷治理体系当中的一环，需要与其他纠纷治理机制产生联动关系。

在社会纠纷治理体系当中，每一个纠纷治理机制都有其定位和功能，定位和功能影响着这个纠纷治理的"小体系"内部各个组织之间的关系。除此以外，社会纠纷治理体系的理念、价值观念都会影响着"小体系"的运作，"小体系"需要不断调整以适配社会纠纷治理体系的工作需要。

2. 人民调解体系

《调解法》第2条规定："本法所称人民调解，是指人民调解委员会通过说服、疏导等方法，促使当事人在平等协商基础上自愿达成调解协议，解决民间纠纷的活动。"从定义来看，人民调解活动是人民调解委员会作为主体实施的纠纷解决活动。一些学者认为，人民调解组织是根据我国宪法及其他相关法律建立和运行的民间性纠纷解决机构，其主体是建立在基层自治组织内部的社区调解，在此基础上，形成了不同层级和多种形式的人民调解网络。[1]但实际上，人民调解组织的形式非常多样且复杂，根据《调解法》第8条第1

---

[1]　参见范愉、李浩：《纠纷解决——理论、制度与技能》，清华大学出版社2010年版，第169页。

款的规定："村民委员会、居民委员会设立人民调解委员会。企业事业单位根据需要设立人民调解委员会。"换言之，村委会、居委会和各个企业事业单位可以组建人民调解委员会。根据 2011 年司法部颁布的《关于加强行业性、专业性人民调解委员会建设的意见》的明确规定，要积极推动行业性、专业性人民调解组织建设，行业性与专业性调解委员会加入了人民调解组织体系当中。《调解法》第 18 条规定："基层人民法院、公安机关对适宜通过人民调解方式解决的纠纷，可以在受理前告知当事人向人民调解委员会申请调解。"在相关地方的努力之下，"诉调"工作室、"警调"工作室相继成立，驻法庭、驻派出所人民调解工作室也纳入了人民调解的组织体系。

从法律法规的规定来看，人民调解组织类型非常丰富。在实践中，不同性质的人民调解组织隶属于不同的业务主管部门管理。因此，从体系化的程度上看，各个人民调解组织之间的体系化程度并不高。由各个人民调解机构组成的人民调解体系呈现出松散联盟的样态。

3. 调解的"一站式"体系化

"体系化"运行是要把相互分散、割裂、杂乱无章或者是互不协调的各个部分进行统一的整合、分工，将原本不存在关联或关联性较弱的组织建立紧密的关联，以期达到形成一个能够高效运转的整合的系统的过程。"体系化"运行既可以是组织层面的，包括横向体系化与纵向体系化，例如，建立纵向上下组织层级，再组织横向各个部门之间进行精确分工；"体系化"运行也可以是制度与规则层面的，例如，建立多元化的规则体系；还可以为观念与价值层面的，例如，形成自上而下较为统一的价值追求。体系可以分为"大体系"与"小体系"，每一个"小体系"都镶嵌在"大体系"之中，并成为"大体系"之中的一环。因此，体系化运行的过程既是个体与个体组成"小体系"的过程，也是"小体系"嵌入"大体系"的过程。"大体系"就像一部高速运转的发动机，只有每个零件都处于合适的位置，并且协调一致地运转时，发动机的工况才能达到最优。

调解的"一站式"体系化运行指的是调解自身的"一站式"体系化运行以及调解在整个纠纷治理体系当中的"一站式"体系化运行。调解自身的"一站式"体系化包括对各个分散的调解组织建立体系化的过程，即各个调解组织能够按照一定的制度规章各司其职、精准分工，即组织的体系化；更重要的是，各个组织之间相互配、相互联动，即运行的体系化。调解在整个纠纷治理体系当中的"一站式"体系化运行，就是上文中所指的"小体系"嵌入"大体系"的过程，就是调解这一"小体系"与其他纠纷解决体系建立机制性的、规律性的关联互动的过程，也是运作的体系化过程。

4. 村（社）、镇（街）与市

本书当中常见的"村（社）"是指村庄、社区这一行政级。村庄的管理者一般是村民委员会，社区的管理者一般是居民委员会。村庄常见于乡村，社区常见于城镇。从行政级别上来看，两者属于同一级别。"镇（街）"是指乡镇、街道这一行政级，乡镇一般多见于城市周围的县城之下，处于乡村或城乡接合部，而街道一般见于城市之中，处于城市中心，从行政级别来看，镇（街）高于村（社），但低于县（市）。"县（市、区）"是指县、区、县级市这一级别。本书中的 T 市是县级市，除非后文中有特殊说明，否则，市在本书中就是指县（市、区）这一级的市，而非设区的市。

（二）章节内容安排

本书整体采用"背景—经验—问题—机制—对策"的行文逻辑结构，第一，从"一站式"矛盾纠纷调解运行的背景入手，解释"一站式"矛盾纠纷调解的背景为何？从政治论到法治论的过程又是如何影响"一站式"矛盾纠纷调解运行的。第二，呈现"一站式"矛盾纠纷调解运行的具体内容。将调解究竟是如何体系化运行的，如何理解体系化依次进行阐释。第三，分析"一站式"矛盾纠纷调解运行的功能和作用，呈现"一站式"矛盾纠纷调解运行这种先进经验背后的积极意义。第四，要反思"一站式"矛盾纠纷调解运行过程中存在的问题，以及这些问题背后的机制性原因。第五，对"一站式"矛盾纠纷调解运行未来发展的方向和措施提供一些可能的理论完善和对策建议。

本书第一章从历史层面回顾传统调解在碎片化运作状态下的实践经验，介绍"一站式"矛盾纠纷调解运行之前的实践形态，分析"一站式"矛盾纠纷调解运行之前存在的问题与不足。联系调解理论从政治论到法治论的更迭过程，进一步阐释"一站式"矛盾纠纷调解运行的历史背景。透过经验现象，对"一站式"矛盾纠纷调解的过程以及体系化的动因进行分析。推动"一站式"矛盾纠纷调解制度建立的动因则可以从社会层面、治理者层面、社会主义法治建设层面这三方面进行理解。

本书第二章主要从"一站式"矛盾纠纷调解实施后的运作模式展开分析。本书借用了马克斯·韦伯对"科层制"分析的架构和理论。重点从组织分工、"一站式"矛盾纠纷调解实施后的纠纷处理过程以及"一站式"矛盾纠纷调解运行的特点等方面展开。同时，本章还介绍了"一站式"的具体内涵与表现，也就是何为"一站式"？实际上，组织与行为的科层化，以及规范体系的系统封闭化都体现出了调解的体系化内涵。调解在"一站式"体系化运行后，其各个组织呈现出了过去没有过的层级化特征，纠纷需要按照一定的原则在调解体系层级内自低向高地流动。除此以外，调解体系内部的各个组织间的分工更加明确，一些专业性调解组织"垄断"了部分专业性纠纷的调解权利。调解组织在纠纷解决的具体实践上更加统一、规范。特别是调解体系与司法、执法体系也建立了相应的联动关系。由此，从调解的实践经验层面可以看到，其在组织体系建构、规则结构、分工结构、内外联动等方面都表现出了体系化特征。综上所述，调解的体系化运行就是从松散到紧凑，从"各自为政"到"集中统一"的变化过程。

本书第三章主要解答了"一站式"矛盾纠纷调解是如何"组装"起来的。"一站式"矛盾纠纷调解是原本隶属于不同部门的调解组织，运用不同性质的调解手段，按照一定的方式对社会上的各类纠纷进行集中处理和解决的一种纠纷解决机制。因此，如何将隶属于不同部门的调解组织统筹到一起，如何让不同种类的纠纷按照一定的秩序得到分级分类解决，如何促进调解全流程所涉部门的协同合作就成为亟待解决的问题。"组装"机制一共可被分为三个部分：第一个部分是"组织机制"，主要探讨"一站式"矛盾纠纷调解的组织框架和组织再造机制；第二个部分是"运行机制"，主要介绍"一站式"矛盾纠纷调解如何利用分级分类治理思维，有针对性地化解矛盾纠纷；第三个部分是"协作机制"，主要思考彻底化解矛盾纠纷所涉及的调查、鉴定、调解与执行等多流程之间的相互衔接与协同合作机制。

本书第四章要寻找"一站式"矛盾纠纷调解这一优秀地区经验的积极社会意义。"一站式"矛盾纠纷调解机制运行后，调解在整个纠纷治理体系当中的地位和作用发生了改变，调解真正嵌入整个纠纷治理的体系之中，调解开始正式承担剩余纠纷与溢出纠纷的解决功能，由此可以说，调解承担起弥补正式纠纷解决机制不足和替代正式纠纷解决机制的双重功能。除此以外，调解的体系化运行提升了社会治理能力的整体水平。特别是调解的体系化运行有利于数字化社会治理的需要，调解的体系化运行的发展向下延伸了纠纷治理的触角。最后，调解的体系化运行的发展改善了整个纠纷治理体系的生态，体系化的调解不仅改善了调解的地位同时也改善了调解与其他纠纷治理机制之间的互动关系。由于"一站式"矛盾纠纷调解的发展，调解在纠纷治理上承担了诸多弥补与替代功能，从而进一步促进了纠纷治理体系内部权责关系的理顺。

本书第五章着重关注了"一站式"矛盾纠纷调解在运行过程中反映出来的问题，文章再次借用马克斯·韦伯在对科层制的理论描述中所包含的科层制的弊端及其内在逻辑，以此来分析"一站式"矛盾纠纷调解运行中的问题。包括"一站式"矛盾纠纷调解组织形成了事实上的科层体系，科层制的层级化与文牍化弊端由此显现出来。而"一站式"矛盾纠纷调解运行所包含的规范化、法治化又逐步走向了教条主义，从而导致个案牺牲与"执行难"的问题。

本书第六章重点提出了"一站式"矛盾纠纷调解运行的未来走向与对策建议，本章不仅仅局限于上文中提出的问题，而是从更宏观的全局角度对"一站式"矛盾纠纷调解运行日后发展的方向进行了总结和阐释。首先，要充实基层调解的组织力量，目前调解的中心力量集中在县（市、区）一级，而调解作为一种贴近基层的矛盾纠纷治理机制，中心过高必然不利于调解作用的发挥。其次，要注重在"一站式"矛盾纠纷调解上坚持自治、法治与德治的三治融合，特别是在"一站式"矛盾纠纷调解运行相对强调法治化的背景下，不可放弃对自治与德治的坚持，否则调解必将失去其本身的价值。最后，要发挥党组织的作用，进一步简化衔接程序并完善执行机制。"一站式"矛盾纠纷调解运行的经验表明，党组织在调解的组织联动上发挥了重要作用。党组织具有破除条块壁垒，促进条块协同的强大能力。因此，在"一站式"矛盾纠纷调解运行的后续联动与统筹上必然继续发挥党组织的领导作用。在地方党委政法委的领导下，简化组织衔接流程，为基层减负，同时推动执行联动机制的完善，解决调解的后顾之忧。

第一章

"一站式"矛盾纠纷调解的背景

第一节 传统纠纷调解的实践与不足

一、传统纠纷调解的实践

(一)传统纠纷调解的调解组织

传统的人民调解一般指的是以镇(街)一级司法所为核心组织的调解活动,司法所作为人民调解组织,负责组织调解镇(街)范围内的纠纷。一般而言,司法所处理的纠纷类型最为广泛,大到地方企业与村民、居民间的纠纷,小到邻里之间的漏水纠纷、土地纠纷等。除了服务于地方居民的日常纠纷解决需求外,司法所一般还服务于为地方政府营造良好的营商环境。因此,司法所主导下的人民调解需要经常配合镇(街)政府处理与地方治理、招商引资相关的涉访、涉维稳的群体性纠纷。

在镇(街)之下的各个村(社),有着负责"人民调解"的"治调主任"。"治调主任"往往是村(社)分管综治方面的干部,其日常工作不仅包括纠纷调解,也包括镇(街)下派的其他工作任务。"治调主任"受镇(街)的考核和管理,通常而言,镇(街)司法所会将纠纷调解的任务考核纳入对村(社)工作人员整体的日常考核之中,镇(街)司法所会定期对村(社)的"治调主任"开展业务培训工作。例如,在笔者曾经调研的湖北省Y市,当地的司法所会每月召开例会,对村(社)的"治调主任"开展普法教育、案例分析等活动,并且定期对村(社)在人民调解方面的卷宗制作上展开考核。[1]有些地区还会对村（社）每年在纠纷调解上的工作量进行考核。尽管司法所与村（社）"治调主任"在工作上存在一定的关联性，但是，司法所对村（社）的"治调主任"并不存在强有力的支配关系。除了规定的任务与考核外，"治调主任"与司法所人民调解在日常的调解工作上很少出现相互配合的联动工作模式。

村（社）的"治调主任"负责本村或本社区内的矛盾纠纷，这些纠纷大多是邻里之间的矛盾纠纷。除了"治调主任"以外，村（社）里的网格员、小组长、包组干部往往也是参与人民调解的重要力量。但是，在规范意义上，人民调解的组织体系中并不包括网格员、小组长和包组干部。而网格员、小组长或包组干部大多也都是应"治调主任"的要求才参与人民调解工作的。

除了镇（街）司法所主导的人民调解活动外，传统调解组织一般还包括各个行业主管机构负责主导的行业性或专业性的调解组织。尽管上述调解组织都被冠以了"人民调解"的字样。但实际上，各个调解组织之间并无关系，日常的纠纷调解工作也不存在关联。一般而言，行业性或专业性调解组织由行业主管部门负责建立并负责其日常管理工作。在大部分地区，行业性与专业性调解组织并未全面建立，且在日常的纠纷调解工作中发挥的作用有限。司法所与行业性或专业性调解组织之间并无关联，在纠纷调解的职能划分上并没有明显区分。行业性或专业性调解组织通常设立在县（市、区）一级，与司法所人民调解是"各自为政"的关系。

除人民调解外，公安派出所负责的治安调解也是基层常见的传统纠纷调解机制，公安派出所也是重要的纠纷调解组织之一。一般而言，公安派出所主要负责辖区范围内的治安类案件纠纷调解，如打架斗殴、酒后滋事等。但随着社会发展变化，公安派出所开始承担越来越多非警务职能范围的纠纷调解工作，包括邻里纠纷、司乘纠纷、消费纠纷、租赁纠纷等。在公安派出所内部，承担纠纷调解职能的既有正式民警也有辅警，在江苏省、浙江省等地区的派出所中，还有专门的调解人员参与纠纷调解工作。

此外，人民法院除了通过审判工作化解矛盾纠纷外，也开展诉前调解等

---

[1] 笔者曾在 2020 年 7 月~8 月间，随团队一起到湖北省 Y 市进行相关调研，调研内容也涉及人民调解的相关内容。

司法调解工作。可以说，人民法院也是传统的纠纷调解组织之一。各级人民法院都有诉前调解组织，与人民调解、治安调解不同，司法调解通常是围绕已经在人民法院立案或将要在人民法院立案的案件展开，其主要服务于人民法院的诉讼服务，是诉源治理的重要内容之一。

（二）纠纷的发现、处理与解决

在村（社）当中，被发现的纠纷往往是那些顽固的、多次爆发的矛盾。这些矛盾通常是村（社）的网格员、小组长或是"治调主任"在工作中发现的。矛盾纠纷的解决一般都是依靠村（社）自己的力量完成。由于人手不足，专业知识储备不够，以及村（社）介于"官方"与"非官方"的尴尬地位，导致村（社）面对很多矛盾纠纷的解决工作时往往力不从心，例如，在一些婚姻家庭继承纠纷中，"治调主任"的专业知识储备并不充分，很难在调解中发挥作用，最终只能建议双方到人民法院起诉。

镇（街）司法所的人民调解日常的纠纷案源来自当事人的主动求助和镇（街）政府的"牵线搭桥"。主动求助于司法所人民调解的当事人，往往是由于在村（社）纠纷解决中感到不满意，但是，这部分人员的数量较少。司法所受理的纠纷更多来源于镇（街）政府在日常工作中棘手的涉及人数众多或涉及面较广的矛盾纠纷。例如，在笔者调研的湖北省 J 市，某镇（街）司法所人民调解处理的 80% 的纠纷源自当地一家农业企业与当地农民的合同纠纷。[1]近几年，随着农村地区土地流转、土地开发进程的加快，与土地流转、承包合同相关的纠纷越来越多。这些纠纷往往涉及一个村小组甚至一个行政村，镇（街）司法所的大部分精力都投入在处理上述纠纷当中，围绕政府的中心工作展开。在纠纷的处理上，镇（街）司法所一般以追求案结事了为最终目标，责任的具体划分，谁对谁错并不是纠纷解决的必要前提。特别是在人数众多的纠纷中，能否让纠纷当事人暂时放弃"闹"的念头，成为人民调解工作的重点。

县（市、区）一级的行业性与专业性调解委员会日常处理的纠纷大多来自其主管部门的日常行政工作所吸纳的纠纷。例如，笔者调研的浙北 T 市，

---

〔1〕 笔者曾在 2019 年 11 月~12 月间，随团队一起到湖北省 J 市进行相关调研，调研内容也涉及人民调解的相关内容。

在住建部门的牵头下设立的物业纠纷调解委员会，最初只是受理住建部门日常行政管理过程中所遇到的纠纷。但是，通过住建部门的行政管理工作发现的物业纠纷只是众多物业纠纷中的一小部分。实际上，不仅仅是物业纠纷调解委员会，很多行业性或专业性纠纷人民调解委员会的纠纷案件来源都比较狭窄。在纠纷的处理上，专业性调解委员会受到上级业务主管部门的干涉较多。与其说专业性或行业性纠纷人民调解委员会是纠纷解决机构，不如说它们是业务主管部门的"维稳"机构。由于行业性或专业性调解委员会的知名度较低，因此，人们在遇到纠纷时并不会马上想到求助于行业性或专业性的人民调解委员会。此外，由于缺乏正常的工作衔接机制，镇（街）司法所、公安派出所在接到与行业性或专业性相关的纠纷时通常也不会将它们移交给行业性或专业性调解委员会。因此，县（市、区）一级的行业性或专业性人民调解的利用率并不高，真正解决的纠纷矛盾并不多。

公安派出所日常处理的纠纷大部分来自110接处警指挥中心下派的报警求助。派出所日常面对的纠纷大致可以分为两类，一类是警务职能范围之内的治安纠纷，另一类是非警务职能范围的民间纠纷。对于这两类纠纷，公安派出所在接警后通常都会出警处理。一般情况下，以现场调解为主，对于现场调解不成功的，一般会有两种不同的处理方式。对于治安类纠纷，出警民警一般会将双方当事人带回派出所，按照治安案件程序，对过错方进行治安处罚，至于过错方对受害方造成的损失，办案民警会尽力促成调解，再次调解仍不成功的建议双方走司法程序解决。对于其他非警务职能范围的民事纠纷，出警民警一般不会再进行调解，会告知双方到具有管理职能的相关职能部门去反映，或直接向人民法院提起诉讼。公安派出所是面对矛盾纠纷最多的单位之一，其在日常纠纷调解活动中发挥了重要作用。

人民法院所面临的纠纷一般是当事人到人民法院的主动起诉，相比于人民调解机构、派出所面临的纠纷，人民法院所面临纠纷的法律关系更为复杂、涉及标的金额更大。对于首次到人民法院提起诉讼的纠纷案件，人民法院一般会通过诉前调解程序对双方当事人进行调解，实在调解不成的，再由诉前调解程序转为简易程序或普通程序进行处理。当然，并不是在进入诉讼程序后法官就不再进行调解，调解将贯穿于诉讼程序的始终。

(三) 传统调解的价值取向

首先，传统调解的价值取向以追求"案结事了"为目标的结果导向，所谓"案结事了"就是指当事人丧失了再因同一矛盾引发纠纷的可能性。在这一过程中，纠纷当事人之间的责任划分、赔偿金额的确定都围绕"案结事了"所服务。因此，在处理矛盾纠纷的过程中往往体现为对一方权益的牺牲甚至是侵害。在这种价值导向之下，只要能够让"闹事"的一方当事人不再"闹事"，能够达到息事宁人的效果，调解员会尝试各种手段。这种价值导向的形成与过去的时代背景相关，一方面，当事人在一定程度上缺乏法律知识，常常抱有多一事不如少一事的心态；另一方面，作为纠纷解决者的人民调解组织，常常受到政府维稳体系的影响，在维稳压力之下，纠纷解决者也更倾向于寻找能够息事宁人的问题解决办法，而非在规则之内行事。

其次，传统调解具有一定的道德教化与政治动员性，存在以"群众路线"为价值追求的倾向性。因此，调解往往要向群众提供符合本土文化习俗的、符合传统伦理的纠纷解决服务。调解是一种以相对柔性的方式，在潜移默化中改变个人对国家政策与法律的理解，在传统习俗与现代法治的张力中逐渐改变个人对治理规则的理解。因此，在这种价值取向的引导下，调解并没有走"规范化"的路线，而是成为一种全新的动员技术，甚至被认为是一种"逆向公众参与模式"。在人民调解中，调解组织通过能动的方式深入纠纷当事人，了解纠纷过程，通过情感、习俗、伦理等非规范技术手段化解纠纷，实现抑制纠纷与社会控制的目的。

二、传统调解的不足

(一) 传统调解过于碎片化

在传统调解体系之下，各个调解组织由不同的主管部门分头管理，在调解工作上各自为政，因此，表现出明显的碎片化特征。首先，调解组织是碎片化的。在人民调解方面，人民调解的组织由村（社）"治调主任"、司法所管理下的人民调解委员会、各个行业主管部门领导下的行业性或专业性调解委员会组成，尽管它们都是"人民调解"组织，但实际上，上述人民调解组织在人员配备与隶属关系上都有很大差异。村（社）的"治调主任"一般是村（社）干部兼任，司法所管理下的人民调解组织一般由司法所工作人员充当兼职调解员，而行业性或专业性调解组织则通过外聘的方式招募离退休的干部担任专职调解员。前两种调解员均没有特别的工资保障，调解员的工资收入来源于其在村（社）或镇（街）司法所任职的收入，而行业性或专业性调解员的工资则由其主管部门负责。在治安调解、司法调解方面，由于主管部门分属公安、法院，因此，在日常工作上缺乏统一的领导与指挥。这种隶属与管理关系上的碎片化导致调解缺乏统一的调度和指挥，调解组织的案件来源随机性很强，在处理一些专业的、复杂的纠纷时，调解组织与其他的纠纷解决机构之间仍然处于一种"无头苍蝇"和"单打独斗"的局面，传统调解的效率十分低下。

其次，组织体系的碎片化必然导致调解工作内容上的分散、碎片与混乱。镇（街）司法所人民调解是综合性的调解组织，在工作内容与职权划分上与行业性和专业性人民调解委员会、公安派出所均有所交叉。在日常的纠纷调解工作中，由于职权划分并不明晰，导致司法所人民调解与行业性或专业性调解组织对同一类纠纷均有权进行调解。这造成的一个首要问题就是各个纠纷调解组织在纠纷调解上的工作强度不一，进而造成调解资源浪费。一些专业性的人民调解组织建立后，并没有积极地与村（社）、镇（街）配合，而是仅仅解决一些来自业务主管部门移交过来的纠纷。除此以外，组织体系的碎片化还造成不同调解组织的调解结果往往有较大的差异。例如，在笔者调研的 T 市，相似的交通事故纠纷，镇（街）司法所调解的结果就与市级的道路交通事故纠纷人民调解委员会所调解的结果存在很大的不同，特别是在赔偿数额的确定上，出现了较大的差异。[1]原因在于，碎片化的调解组织在调解手段、调解规则的选择上也呈现出碎片化的特征。不同的调解组织会选择不同形式的调解方式和不同类型的规则，例如，行业性或专业性调解组织会相对专业一些，在选择调解的规则上会更加规范。而司法所调解更容易"打感情牌"，调解依据通常来自道德、风俗、习惯等。

---

〔1〕 在 T 市，原本相似的道路交通事故致人死亡的赔偿纠纷，不同的调解机构有着不同的调解方式和调解手段，镇（街）人民调解委员会因为缺乏相关专业知识，在调解时主要依靠人情、同理心等感情手段，造成调解结果与道路交通事故纠纷人民调解委员会所给出的调解结果有很大差异。这种数额上的差异容易引发当事人对"数额正义"的争议，特别是很多当事人会援引过往的调解结果作为支持其赔偿请求的依据，差异较大的调解结果造成潜在的调解难题。

最后，调解的碎片化还体现在调解在整个纠纷解决系统中的功能定位不明确。调解组织领导分散，工作上缺乏协调统一。调解的实践复杂多元，由此也造成调解只能以支离破碎的形式应对纠纷。表面上看，不同的调解组织在各自的领域承担着纠纷调解的职能，但是，不同的调解组织由于缺乏明确的定位，在不同的领域承担了不同的职能。调解究竟是在发挥纠纷兜底的解决功能，还是在发挥分流纠纷的功能，抑或已经逐步发展成为公共法律服务的一部分。无论是在理论上，还是在实践中，都存在一定的疑问，尚未形成统一的理论或实践方式。这种功能定位不清也造成调解存在严重的"语言混乱"和"结构混乱"。[1]

这些碎片化的调解组织实际上是我国多年来多元化纠纷解决机制不断探索的实践结果，正如范愉教授所说，这种摸着石头过河的实践正是"中国经验"的组成部分，然而，随着法治环境逐步完善，各种"运动化"、临时性的创新需要进行整合，通过科学的顶层设计建立起更加合理的制度。当前多元化纠纷解决机制和人民调解都处在这样一个整合完善过程中。[2]

（二）传统调解的效果不佳

随着社会的变迁与发展，传统调解展现出其局限性的一面。特别是随着乡土社会的变迁，人们传统的习俗观念发生了转变，随着人口流动的加剧，社会整体的陌生化程度变高。传统调解的调解手段、调解规则都难以适应陌生化程度越来越高的社会结构，"人情面子"等已经很难在陌生人社会中发挥作用。人口的大量流动增加了社区文化背景的异质化，文化张力逐渐显现。一些基于本地文化的价值共识，无法左右外地人的价值观念，从而也就无法影响外地人在调解中的选择。从社会学的角度而言，整个社会正在面临两个维度的转型：其一是市场经济打破了传统的自然经济和原来的计划经济；其二是社会关系由熟人社会迈向陌生人社会。[3]调解员所拥有的传统手段、方

---

〔1〕 参见廖永安、王聪：《人民调解泛化现象的反思与社会调解体系的重塑》，载《财经法学》2019年第5期。

〔2〕 参见范愉、李泽：《人民调解的中国道路——范愉教授学术访谈》，载《上海政法学院学报（法治论丛）》2018年第4期。

〔3〕 参见郑杭生、黄家亮：《论现代社会中人民调解制度的合法性危机及其重塑——基于深圳市城市社区实地调查的社会学分析》，载《思想战线》2008年第6期。

式过于零碎，特别是基层调解人员，他们更擅长于利用本地的人际关系、"人情面子"、风俗习惯作为解决纠纷的资源和依据，但是，这样的调解只能适用于乡土特征较强的纠纷，一旦纠纷脱离了乡土特性，调解的效果就会大打折扣。

除此以外，随着社会的发展，纠纷的类型也千变万化，随着纠纷类型的变化，人们对调解的需求也在发生改变。即便是在村、社区一级，纠纷的类型也在逐渐丰富，一些经济合同纠纷、遗产继承纠纷的数量开始逐渐增多。此外，市场经济带来社会分工的专业化，社会上出现了许多新兴的市场和职业，新的纠纷类型也随之出现，单纯依靠社区权威、依托地域组织的纠纷解决机制已无法满足社会需求。[1]碎片化的纠纷调解模式，可能会导致纠纷首先进入类似于公安派出所、村（社）、镇（街）司法所调解委员会这样的纠纷调解机构，而上述纠纷调解机构又缺乏及时有效的处理新型纠纷的能力。与此同时，那些行业性或专业性纠纷人民调解委员会则面临着案源不多，人员空闲的情况。缺乏纠纷解决能力的组织面临着不断涌入的纠纷，而具有纠纷解决能力的组织则面临无事可做的窘境。碎片化的纠纷解决体系呈现出效率低下的特点。

此外，传统调解由于在调解人员的配备、调解工作的调度、调解组织与其他纠纷治理组织的联动上缺乏体系化的模式，因此，传统调解的发展十分有限，无法能动地、迅速地、有效地介入矛盾纠纷之中，从而导致部分调解组织在群众中的"存在感"较低。格式化、规范化和体系化的纠纷解决机制更能赋予人们可靠感和安全感，那些能够迅速响应纠纷解决需要的机构才能被群众及时熟悉。例如，传统的人民调解就无法及时回应群众的纠纷解决需要。笔者在调研的过程中就发现，相较于找人民调解组织，群众更习惯在遇到纠纷时拨打110报警。原因在于110能够迅速响应群众解决纠纷的诉求，主动地介入群众的纠纷之中。群众对人民调解组织是陌生的，大部分人不知道人民调解组织的地点，也不知道如何寻求人民调解组织的帮助。[2]除此以

---

〔1〕　参见孙书彦、孟星宇：《社会转型中的人民调解制度——基于D市人民调解工作的社会学分析》，载公丕祥主编：《中国法治社会发展报告（2020）》，社会科学文献出版社2020年版，第151~166页。

〔2〕　在笔者调研的过程中，有被访谈者就说道："110一个电话就能过来，10分钟就能到面前。人民调解我们既不知道电话，也不知道地点，还要我们自己上门去求助。"

外，人民调解由于存在人员配备、人员调度等体系化不强的问题，造成其处理纠纷的周期较长，根据笔者调研的经验，镇（街）的人民调解委员会一般处理一个纠纷需要花费少则 2 天~3 天，多则 10 天的情况。[1]

（三）传统调解公平性较差

首先，传统调解对公平性的忽视体现在调解规则的碎片化与不确定上。传统调解善于援引"人情面子"、传统习俗等地方性共识化解矛盾纠纷，但地方性共识并不具有法律意义上的规范性与普遍适用性。因此，可能在对一些矛盾纠纷的责任划分上出现与援引法律不同的结果。在传统调解过程中，调解员的自由权较大，在调解过程中对法律知识的运用少，对生活经验的运用多。更有甚者在调解工作中"一言堂"，以个人的社会地位对当事人施压，以达到解决纠纷的目的。[2]人员流动加剧造成传统"人情"事理等地方性共识成为本地人所特有的"知识资源优势"，这加剧了本地人与外地人的知识信息不对称，形成了事实上的不公。例如，笔者调研中，就有调解员以"本地习俗"为理由，劝说外地当事人尽快出钱了事。外地人由于不清楚本地习俗，缺乏博弈和谈判的知识信息资源，往往只能听之任之。

其次，由于传统调解组织体系呈现多头管理的特征，不同的调解组织在实施调解工作时所遵循的逻辑是不同的、调解的具体尺度也是不同的，由此造成了公平性较差的缺陷。举例而言，对村（社）人民调解组织和镇（街）司法所人民调解组织而言，首先要考虑的问题是如何促进纠纷彻底了结，避免纠纷扩大化带来的维稳问题和治理责任。因此，村（社）人民调解组织和镇（街）司法所人民调解组织有可能在调解的过程中"按'闹'分配"，以牺牲一方利益换取纠纷的迅速解决。但对于行业性或专业性调解组织而言，他们的属地责任压力相较于村（社）、镇（街）要小得多，因此，他们更可能为了避免今后调解不当带来的潜在风险，而采取相对稳健的调解策略，即严格按照法律规定进行调解。此外，一些行业性与专业性调解组织处于行业

---

〔1〕 根据调研的经验，人民调解组织需要调派人手，分别和当事人约定纠纷解决的时间，采取庭室调解的方式进行调解。由于不了解当事人的具体情况，在个别情况下，人民调解组织还需要进行前期的调查。总体而言，时间周期较长。

〔2〕 参见解连峰、宋敏：《人民调解制度的困境与应对》，载《经济研究导刊》2021 年第 1 期。

主管部门的管理之下，行业主管部门可能与本行业的相关人员有着千丝万缕的联系，纠纷当事人为了免除自己的责任，可能会通过各种非正当的手段影响调解的过程，使调解组织在纠纷调解的过程中避重就轻，偏袒其中一方。例如，医疗纠纷人民调解委员会由医疗卫生行政管理部门负责进行管理，但医疗卫生行政部门与大部分的医院存在上下级的隶属与管理关系。一些医院为了减轻医疗事故的赔偿责任，可能会通过不正当的手段干扰医疗纠纷人民调解委员会的调解工作。在这种情况下，也难免会出现不公平与不公正的现象。

最后，即便排除了援引规则不同、不正当干预等因素的影响，传统调解很容易在类似的案件中产生不同的调解结果。这是因为传统调解缺乏类案同调机制。因此，在一些纠纷的调解中，调解员往往需要发挥个人智慧，依照个人的经验，以及自己对法律规范、风俗习惯的理解进行调解。不同调解组织的调解员不会像人民法院的法官一样，经常坐在一起开会、研讨、学习，因此，也就缺乏对同一地区内的类似案件作出具有共识性判断的可能。在一些纠纷的调解结果上，常常出现"类案不同调"的现象，这引发了一些当事人的不满。特别是在网络通信技术发达的今天，一些当事人通过网络查询到关于类似案件的新闻报道，以此判断自己所遭遇的调解行为可能存在偏袒、不公。事实上，现阶段的调解模式的确造成了法律意义上的"不公平"。

第二节 从政治论到法治论的更迭

在传统社会与现代社会的更迭中，社会结构与社会文化面临着双转型的境遇。调解法治化的呼声越来越强烈。法学学者理想图景中的法治国家也是一个去政治化的、中性的国家概念及其运作机制的诞生，把原则问题转化为程序问题来处理。[1]法治去政治化的理想是摆脱政治权力的恣意以保证公正和理性，对司法而言，就是以专业性取代其治理性。[2]传统的碎片化的调解

---

〔1〕 参见季卫东：《法治秩序的建构》，中国政法大学出版社 1999 年版，第 11 页。
〔2〕 参见王丽惠：《结构转型：乡村调解的体系、困境与发展》，载《甘肃政法学院学报》2015年第 4 期。

是一种基于政治话语的实践，因此，在法治论之下，调解的发展需要有所调整，以适应法治论的需要。

一、法治论逐渐取代政治论

所谓法治论，是对法治化背景下调解相关理论的一种概括。与法治论相对的当然是政治论，也就是群众路线理论等相关的政治理论。调解制度是在传统民间调解基础上发展起来的一项具有中国特色的、解决民间纠纷的法律制度。[1]该制度最早在土地革命时期的苏区实行，并发展为现在人民调解制度的雏形，既吸纳了传统调解制度讲究说服教育、化解矛盾、提高效率、节约成本等优势，又赋予了其动员群众、政治教育甚至社会再组织等新的社会治理功能。[2]由此可见，当时政治思想对人民调解的理论指导意义尤为重要。在过去，调解工作在实践层面，深深受到了群众路线等相关理论的影响，从而引申出关于调解的"语境论"[3]。群众路线讲究要依靠群众、服务群众。面对纠纷，首先是要深入调查，深入到群众中去，了解纠纷的起因、经过、结果。这往往需要调解员发挥主观能动性，走到田间地头，进入群众家中，与群众周围的邻居、村（社）干部了解具体情况。特别是面对久拖不决、久拖难决的纠纷，更需要调解员从多方面了解，挖掘矛盾纠纷的根本原因。其次，还要依靠群众，尊重群众的意见。纠纷解决不是调解员一人独大，更不是"一言堂"。调解的过程中，调解员需要重点听取矛盾纠纷当事人的意见，纠纷解决以满足当事人的意愿为主要导向。只要能够让当事人满意，纠纷处理具体过程的规范程度并不重要。再其次，在群众路线下，调解主要是方便群众、贴近群众。因此，在调解规则的援引上，以群众乐意接受的规则为准，乡土情怀、"人情面子"、风俗习惯皆可作为调解所援引的内容。当然，调解

---

〔1〕 参见孙书彦、孟星宇：《社会转型中的人民调解制度——基于 D 市人民调解工作的社会学分析》，载公丕祥主编：《中国法治社会发展报告（2020）》，社会科学文献出版社 2020 年版，第 151～166 页。

〔2〕 参见董磊明：《宋村的调解：巨变时代的权威与秩序》，法律出版社 2008 年版，第 16 页。

〔3〕 所谓语境论就是指当事人在纠纷调解中的行为有语境合理性，要设身处地、历史地理解任何一种相对长期存在的法律制度、规则的历史正当性和合理性。参见苏力：《法治及其本土资源》，中国政法大学出版社 1996 年版，第 41 页；苏力：《语境：一种法律制度研究的进路和方法》，载苏力：《也许正在发生：转型中国的法学》，法律出版社 2004 年版，第 235 页。

不仅仅要考虑当下矛盾的解决，甚至还要考虑将来当事人之间关系的缓和以及未来两家人之间的交往。因此，乡土情怀、"人情面子"、风俗习惯往往比单纯的法律制度更有效果。但是，在"语境论"下，需要注意到我国区域的非均衡性，生存环境、地理环境等因素导致了"十里不同俗"的情况并不少见，地方性知识和规则的差异性导致了调解规则与调解结果的碎片化。[1]最后，尽管调解以人民为导向，但是，这并不意味着调解完全不考虑法律规范。实际上，调解还有一个重要的功能就在于教育群众、普及法律。在群众路线的话语下，调解是一项自上而下的政治动员方式，而政治动员的内容是法律、政策知识。即通过调解宣传法律、法规、规章和政策，教育公民遵纪守法、尊重社会公德以及向人民政府反映群众意见、要求以及建议。[2]法律知识的普及、法律观点的建立与调解在政治话语下的实践是相随相伴的。

随着社会法治水平的提高，调解背后的理论体系正在悄然发生变化。越来越多的学者专家认为调解属于一项法律活动。既然作为一项法律活动，调解就需要被法律理论所规制。现代法治论中的规则化、体系化似乎与中国传统纠纷解决中的情境化相悖。[3]在现代法治观念中，法律是体系化的，法治思维也是体系化的。在法治观点下，法学价值观念主导下的调解研究更关注调解依据的规范性，在价值取向上更倾向于程序公正与形式理性，在实践目标上更倾向司法制度及程序的改革完善。[4]而传统的调解被视为人治主义、强调道德教化，重要的是不利于保护当事人的权利。[5]因此，在法治论之下，调解的导向必然发生变化。调解必然从以当事人为导向的碎片化，走向以规则为导向的系统化。从原本的随意、灵活逐渐向规范、制度化的方向发展。法治理论下，人民调解所援引的规则应当是有依据的，而非根据当事人与调

---

〔1〕 参见董磊明：《宋村的调解：巨变时代的权威与秩序》，法律出版社2008年版，第26~27页。

〔2〕 参见瞿琨：《社区调解法律制度：一个南方城市的社区纠纷、社区调解人与信任机制》，中国法制出版社2009年版，第65页。

〔3〕 参见苏力：《法治及其本土资源》，中国政法大学出版社1996年版，第71页。

〔4〕 参见范愉、李浩：《纠纷解决——理论、制度与技能》，清华大学出版社2010年版，第6页。

〔5〕 参见瞿琨：《社区调解法律制度：一个南方城市的社区纠纷、社区调解人与信任机制》，中国法制出版社2009年版，第57页。

解人的偏好而有所区分。法治化也意味着人民调解作为一种法律活动，自然在实践中需要维护法律的尊严，而这种尊严的体现就需要调解以规范化、正式化的形式表现出来。调解需要建立起在纠纷解决上的程序规范，甚至是内部的规章制度、规则体系等。由于法治论对传统政治论的批判，因此，调解所包含的说教、价值观点的传输功能也被视为有悖于其单纯作为纠纷解决制度的功能。在法治论的影响下，调解需要朝着更为规范的体系化方向发展。

二、调解功能的再定位

在法治论下，调解所承担的"群众路线"的政治性功能逐渐减弱。调解不再是进行道德教化的工具，也不仅仅是以案结事了为主要目的的个案化解机制。调解需要符合法治化发展的需要，换言之，调解需要以符合法治化要求的方式运作，并进行相应的改革。

法治论下，调解需要重新调整其社会功能定位。上文曾经提到，在过去调解仅仅是为了满足个案纠纷的解决需要。因此，调解采取的方法与策略，援引的规则等都呈现出"因案制宜"的碎片化特征。从实用主义的角度而言，这种具体问题具体分析的做法具有很强的现实意义，但问题在于随着调解面对纠纷数量的日益增加，过于灵活的调解策略、方法与规则造成调解结果呈现出多样化的特征，类似的案件表现出不同的结果。这样的调解无法被一个强调规则化、规范化和体系化的法治社会所长期接受。此外，调解受地区的文化习俗、传统观念的影响，可能会与现行法律规定存在一定的偏差。因此，当调解立足于个案解决时，其所援引的异质化规则必将导致最终结果的失调与碎片，甚至与司法判决等其他纠纷解决方式下的解决结果相悖，从而引发质疑和不满。正因为调解长期以来被定位于"个案解决"，才导致其在纠纷治理法治化的背景下未能作为一种独立的、可与司法审判相提并论的纠纷治理机制。随着诉讼制度的日臻完善，甚至出现了调解边缘化的声音。综上所述，调解制度如若满足社会法治化发展的需要，就必然要调整其功能定位，经历从"个案解决"到"规则主义"的转变。调解需要在援引规则方面做到一体化，即便在调解中运用传统规范、道德观念等规则，也需要符合法治精神的要求，不能在纠纷调解结果上表现出明显的失调与差异。换言之，调解的转变是为了适应法治化的需要，使调解脱离地域化的限制，满足更广泛人群的需要。

　　法治论下，调解需要重新调整其在纠纷治理体系中的定位，实现从政治功能向法治功能的转化。调解制度在产生之初是以高度集权的行政控制为背景，带着改造社会的使命，它的政治功能超过了社会功能。[1]在传统的政治话语中，调解制度是一项单独的群众性活动，调解更多对接的是基层政府、自治组织在日常工作面临的一些纠纷。至于司法与行政执法，无论是从形式上还是从实质上，都与调解存在很大的区别。在传统时期，调解与司法、执法几乎不存在任何关联。调解甚至也不能被称为是一项法律活动。但是，随着全社会法治化的发展，调解不仅仅被视作一项群众性的活动，更是在变革中被赋予了新的内涵。具体而言，1954 年颁布的《人民调解委员会暂行组织通则》第 2 条规定，人民调解委员会是群众性的调解组织，在基层人民政府与人民法院指导下工作。在 1989 年颁布的《人民调解委员会组织条例》第 5 条第 1 款规定，人民调解委员会的任务为调解民间纠纷，并通过调解工作宣传法律、法规、规章和政策，教育公民遵纪守法，尊重社会公德。由此可见，在法律政策层面，调解更多地被理解为一种政策宣传工具、教育工具，且调解委员会的工作在基层人民政府与法院的指导之下，基层人民政府负责管理，法院负责业务指导。实际上，从管理层级架构来看，调解也并非一项具有极强法律专业性的活动。但是，随着调解制度的变革，调解不再被视为一项政治活动，而被视为一项法律活动。比如，2002 年发布的《人民调解工作若干规定》将人民调解的具体工作划归为司法行政部门管理。特别是最近几年，法学界、实务界都对调解的法治化水平提出了更高的要求，强调调解的专业性。在过去，调解的功能主要集中在政治功能上，调解在纠纷治理体系中始终没有准确、明确的定位，调解的地位边缘化，始终处于"哪里需要，哪里搬"的尴尬境地。随着法治化进程的加速，如果再不明确调解在纠纷治理体系中的定位，调解就很有可能被逐渐边缘化以至于被淘汰出局。在法治话语下，调解需要和司法审判、仲裁一样，占据一份自己独有的、无可替代的地

---

〔1〕　参见瞿琨：《社区调解法律制度：一个南方城市的社区纠纷、社区调解人与信任机制》，中国法制出版社 2009 年版，第 64 页。

位。调解需要成为整个纠纷治理体系当中的一个重要环节，而非可有可无的替代品。问题的关键在于，过去的调解碎片化严重，不同的调解组织定位不同，服务的群体也不一样。如果要明确调解制度在整个纠纷治理体系当中的定位，就必须实现调解制度的一体化运作。而这就需要对调解进行整体化的调整，使调解不再是无法定位的一盘散沙，而是可以实现精准定位的一整套完善的体系。

法治论下，调解需要重新审视其政治定位。在传统的政治话语中，作为一种"群众路线"的实现方式，调解具有比较高的政治定位。调解必须通过符合不同群众群体的方式，以达到贴近群众的目的。在传统政治话语与价值观念的导向下，调解的形态是为了符合群众的需要而塑造的。因此，也是个性化和差异化的，这种碎片化是明显的。但是，随着法治化成为社会的主流话语，调解制度的法治化也逐渐被提上日程。"法治化""去政治化"成为一种新的"政治"，正所谓一种"去政治化的政治"。在法治化这一宏大的政治叙事下，调解需要改变自身以适应新的政治需要。调解如果仍然想要捍卫其地位，不至于在新的政治叙事中被抛弃，就需要进行一番自我革新。而这种自我革新正是进行一体化的改革，以形成规范化、制度化、精细化的调解制度，从而使调解制度符合现代社会的法治需要。

三、对接司法与执法更加频繁

当代法治国家"接近正义"的理念，已经从现代初期的单一依赖司法实现法律正义，走向了以各种替代方式追求多元化的时代。[1]法治社会需要打破不同纠纷解决机制相互之间的壁垒，在保证各种纠纷解决机制的独特性的前提下，建立一种有分有合的立体交叉式的纠纷解决体系，为纠纷的解决提供一种高效率良性运作的综合机制。[2]法治论下，调解与司法和执法活动之间的互动越来越频繁。调解在法治论背景下的定位决定了它具有这样的特征。调解的主要功能之一就是解决行政执法活动、司法审判活动的解纷压力，同

---

〔1〕 参见范愉：《纠纷解决的理论与实践》，清华大学出版社2007年版，第580页。
〔2〕 参见赵旭东：《纠纷与纠纷解决原论——丛成因到理念的深度分析》，北京大学出版社2009年版，第159页。

时，调解活动也是一种嵌入执法或司法活动当中的纠纷解决活动。执法与司法本身具有很强的规范性与程序性，这种特征会间接地影响到与执法、司法活动密切相关的纠纷调解活动。比方说，公安派出所在受理某一纠纷类警情后进行相应的处置流程，最终需要以正当理由终结公安机关的主导程序。案结事了当然是皆大欢喜的程序终结方式，但现实是公安机关往往不能在短时间内解决好某一纠纷类警情。那么，附设型调解组织的介入就是另外一个"正当事由"。正当程序要求这样的介入活动必须依法且留痕，因此，在案件移交调解组织前，公安派出所需出具《移送人民调解函》，调解组织在调解结束后需制作《调解协议书》。同时，为了保证调解行为的合法性，还需要当事人签署《人民调解申请书》《人民调解当事人权利义务告知书》等。这些程序性的要求都是围绕获取调解对接执法与司法的"形式合法性"。换言之，要想融入一个体系，就必须先符合体系化的形式要素。

此外，"诉讼单边主义"导致司法机关不堪重负，为了快速解决纠纷，提高办案效率，有些司法机关不遵循司法程序，草草了案，致使大量的社会纠纷不能有效解决。[1]为了减轻案多人少的压力，"诉源治理"的概念被提出，调解也被引入了诉讼领域，与诉讼实现对接。举例而言，人民调解与司法程序的程序关联性越来越强。《调解法》规定了"人民调解协议的司法确认"。由于存在后续法律程序的承接问题，因此，也就意味着调解员务必保证调解协议的合法性、程序性，保证其原因规则的系统性，以免在司法确认的过程中出现问题，甚至被追责。范忠信教授曾经说过，国家纠纷解决途径是不得已而为之的最后途径，纠纷解决首先应该是社会之事，只有在社会途径解决不了之时，才可以诉诸国家。[2]

作为一类专业性的纠纷治理机构，调解机构在与诉讼和执法机构进行对接的同时，需要与诉讼和执法部门保持密切的协调与沟通，这必然需要建立起一定的联动机制，这种联动机制需要固定化、制度化，从而使调解真正融入纠纷治理体系。

---

〔1〕　参见陈会林：《国家与民间纠纷联接机制研究》，中国政法大学出版社 2016 年版，第 33 页。

〔2〕　参见范忠信：《中国法律现代化的三条道路》，载《法学》2002 年第 10 期。

第三节　社会现实发展的驱动

一、客观现实层面的动因

（一）社会结构的变化

在乡村，城镇化带来的不仅仅是生产方式、生活方式等有形的改变，还有思想观念、价值观念等无形的变化。城镇化的发展让原本的村庄越来越开放，村庄中原来固有的传统习俗、风俗观念和乡规民约被更为强势和普适的价值观念与规则制度所取代。但是，并非所有的新观念都能在短时间内形成良好的秩序，一些新的思想观念和价值观念也会因"水土不服"导致乡村社会出现新的问题。例如，在某些地区，受城镇化的影响，人口外流和风俗习惯对当地婚姻观念和彩礼观念形成了冲击，一些村庄的结婚成本甚至高达70万元~80万元，远远超出了普通村民的正常收入水平。过高的彩礼甚至引起了一些纠纷。[1]还有鄂南某地区，一些在外打工的年轻人将从外地学习的闹婚习俗带回了本村，另外受城市开放的性观念的影响，村庄中未婚先孕的现象也呈上升趋势。[2]20世纪90年代后的社会变迁使得村庄的边界不断开放，乡村社会内部的异质化程度加强，传统"熟人社会"中的乡土逻辑正在丧失，最近几十年以来，市场经济原则的浸透和冲击使得村庄社会不再是传统意义上的乡土中国，由于家庭的经济收入和人口再生产都脱离了村庄而具有较强的外向性特点，当下农村社会正在"从社区生活向社会生活转变"。村庄层面中"熟人社会"不断陌生化，导致村庄生活的伦理色彩越来越淡化，村庄的交往规则最终摆脱"血亲友谊"和"人情面子"的束缚，走向以利益计算为旨归的共识规则体系。村庄规则体系的理性化、利益化意味着村庄共同体性质的变化。[3]

---

〔1〕　笔者曾在2017年3月~4月间，随团队一起到河南省S市进行相关调研，调研内容也涉及人民调解的相关内容。

〔2〕　笔者曾在2016年7月~8月间，随团队一起到湖北省南部某市进行相关调研，调研内容也涉及人民调解的相关内容。

〔3〕　参见董磊明：《宋村的调解：巨变时代的权威与秩序》，法律出版社2008年版，第162页。

在城市，计划经济时期的单位制为传统调解提供了便利，特别是城市的纠纷解决深深嵌入计划经济的单位制之下。首先，计划经济下的单位制使个人与国家之间形成了依附关系。单位依靠对个人的行政管理，在纠纷调解过程中实现针对个人的批评、教育和思想教育工作，实现国家对个人的教化。例如，单位的党政领导可以对纠纷当事人进行教育，情节严重的，单位的保卫部门也可能介入协调。在这一关系中，单位成为纽带，使国家与个人建立了较为紧密的社会关系。其次，单位制下的城市居民以单位家属区为居住区域，邻里同属一个工作系统，因此，形成了一种特殊的城市熟人社会。人们不愿纠纷被单位的同事和领导知晓，更不愿意受到单位领导的批评，因此，在熟人社会中，"人情面子"可以在纠纷解决中得以利用。除此之外，在熟人社区中，依靠群众调解群众的矛盾更为有效。邻里相对熟悉，也都互相了解脾气秉性，老领导和老同事介入纠纷协调更有说服力。最后，单位制下的人们生产生活的区域相对集中和有限，整个社会的流动性也就相对较低，因此，一个社区的居民具有同质化的特点，人们的文化水平、工作经历相近，具有相对统一的价值观和行为规则。这使得纠纷解决过程中的思想工作更好开展，更容易引导纠纷当事人形成统一的观点。从 20 世纪 80 年代开始，随着改革开放的不断推进，市场经济带来了多样化的就业方式，单位不再是人们唯一的经济来源，国家与个人之间的紧密关系出现松动。随着人们谋生手段变得多样化，城市中人们的活动范围更加广泛。特别是随着商品房市场的开放，人们的居住区域更加多样化，生产生活的空间区域产生分离，人们的流动性增加。单位对发生在生产区域之外的纠纷控制能力减弱。传统调解之下的纠纷解决已经不再现实，一些纠纷已经无法被纳入单位的控制之下，而这也意味着一些纠纷可能会脱离国家权威的控制。此时，纠纷解决工作必须由一个社会性的专门机构负责。

（二）纠纷的多样化程度不断加剧

随着人们交往频率的提高，社会发展的进一步加速，民间纠纷的种类样式也逐渐增多，不同类型的社会纠纷具有不同的特点，而对于不同类型的社会纠纷，调解的模式与工作的方法都有所不同。社会交往密度的增加导致纠纷数量也随之上涨，纠纷的种类呈现多元化的趋势。例如，琐碎的纠纷不再只是发生在熟人之间的邻里纠纷、家庭纠纷；也出现了一些陌生人之间发生的琐碎纠纷，如购物纠纷、噪声纠纷等。同样是琐碎的纠纷，但是，纠纷发生在熟人与陌生人之间会有所不同，处理起来的方法也就不同。具体而言，对于发生在邻里之间的纠纷，大部分纠纷可能是长期以来积累而成的，通过楼道长、网格员或者是品牌调解室进行调解比较方便，一是这些调解组织或成员熟悉当地的情况，擅长利用双方共同的道德观念或习俗习惯做工作。二是对于邻里邻居而言，如果将矛盾纠纷诉诸具有国家权威的政府机关似乎将矛盾升级了，容易影响今后邻里关系。而对于发生在陌生人之间的纠纷，大部分纠纷是短期、临时、爆发性的。具体而言，陌生人之间发生纠纷，当事人通常习惯选择直接寻求国家公权力机关的介入，希望调解机构能够直接按照法律规范的要求划清双方责任，给出一个是非对错的评判。这时，在派出所设立调解工作室就是最有效的解决办法，通过"警调"工作室按照法律规范专门处理发生在陌生人之间的纠纷。除此以外，物业纠纷、道路交通事故纠纷的数量逐年上涨。这类纠纷的调解工作涉及更为专业的知识。如果没有专业知识，很难调解好这些纠纷。随着纠纷种类的增加，调解需要更为专业化的、精准化的方式。像过去一样，粗放式发展的调解制度已经不能适应纠纷多样化的现实需求。最后，在我国社会转型时期新发的纠纷中，农村土地流转、城市改造引发的征地拆迁纠纷，环境污染纠纷，生产经营竞争纠纷，雇佣纠纷，下岗、待业纠纷等，这类纠纷带有主体多元、类型复杂、规模群体性，乃至"法院管不着、居委会管不了、乡镇管不好、治安治不了"的特点。[1]可以看出，社会转型期矛盾纠纷的复杂化和多样化对调解工作提出了更高的要求，单纯依靠社区权威、依托地域组织的纠纷解决机制已经无法满足社会需求，传统调解制度处理一些新的纠纷类型时往往"心有余而力不足"。[2]

在传统的调解制度下，调解以粗放式的方式对待和处理纠纷。通常情况

---

〔1〕 参见陈会林：《国家与民间纠纷联接机制研究》，中国政法大学出版社2016年版，第27页。

〔2〕 参见孙书彦、孟星宇：《社会转型中的人民调解制度——基于D市人民调解工作的社会学分析》，载公丕祥主编：《中国法治社会发展报告（2020）》，社会科学文献出版社2020年版，第151~166页。

下，不会细分调解组织的具体分工。笔者在湖北省 Y 市的乡镇司法所调研时，当地的司法所对前来求助调解的当事人的需求基本给予满足，很多纠纷就是发生在农村的田边纠纷，或是两家因为建房修路占了地边的邻里纠纷。[1]这类纠纷均是发生在村庄内部的小纠纷，一般情况下，村干部、小组长对纠纷当事人更熟悉，也更容易做通调解工作。乡镇司法所的调解委员会参与调解则在一定程度上有"大材小用"之嫌，其工作内容与村（社）的调解工作内容高度重复，可以被理解为在一定程度上浪费了纠纷调解资源。与此同时，一些突发的或者较大的纠纷又流入了派出所、法院、信访等纠纷化解机构，乡镇司法所的调解组织未能发挥应有的分流作用。因而造成调解组织形式化严重，未能在纠纷调解的过程中发挥实际作用。

设立针对当事人不同需求和矛盾纠纷不同特点的调解机构是提高纠纷调解能力，优化纠纷调解资源的重要路径。因此，调解制度在进一步发展中，就产生了将内部机构精细化的倾向，并对不同的纠纷解决机构进行明确的分工。确保纠纷调解机构能够具有解决某一类纠纷的足够能力。因此，调解内部需要出现更为细化的分工，呈现出一定的体系性。

二、当事人层面的动因

（一）低成本高效率纠纷解决机制的需要

低成本高效率是大部分公众对纠纷解决的现实需要，纠纷解决的成本既包括经济成本，也包括一定的社会关系成本。举例来说，通过诉讼手段解决纠纷必然需要花费大量的经济成本在搜集证据、聘请代理人、诉讼费等方面，而通过人民调解解决纠纷则无须花费经济成本。与调解相比，诉讼需付出相当大的代价，即诉讼成本包括公共和私人的直接成本以及道德成本和错误成本，同时其对抗性和公开性对于当事人的关系也会带来一定的副作用。[2]相对于此，许多非诉方式尽量发挥当事人在纠纷解决中的自主性和功利主义的合理性，采取非程式化运作程序、争取作出接近情理的解决，并以节约成本、

---

　　[1]　笔者曾在 2020 年 7 月~8 月间，随团队一起到湖北省 Y 市进行相关调研，调研内容也涉及人民调解的相关内容。
　　[2]　参见陈会林：《国家与民间纠纷联接机制研究》，中国政法大学出版社 2016 年版，第 32 页。

追求效益最大化为基本目标。[1]笔者在品牌人民调解组织调研时遇到的一些纠纷当事人就表示，自己曾经有很大的顾虑和心理负担，以为找调解组织调解也需要像打官司一样花钱，在得知无须花钱之后才如释重负，并愿意接受调解组织的调解。这种低成本的纠纷化解方式满足了两类人的需要，第一类是遇到了比较细小琐碎的纠纷，标的额不大，甚至只是为了争口气。这类纠纷如果诉诸司法途径，当事人需要承担的诉讼经济成本过高，因此，会阻碍其寻求正式渠道解决纠纷的意愿。当事人要么忍气吞声把矛盾积压下来寻找时机爆发，要么干脆寻求"私力救济"，通过不合法的手段解决纠纷。例如，某当事人因为几元钱的东西存在质量瑕疵，与超市老板发生纠纷，虽然没有多少钱，但是，双方各执一词，争来争去，已经不再是为了争这几块钱，当事人就说：今天不为这个钱，就是为了这个理，咽不下这口气。[2]因此，这部分人需要一种相对低成本的纠纷解决方式，能够专门适用于处理这类琐碎的小纠纷。第二类是本身文化水平不高、经济条件不好的当事人，这类当事人不愿意走较高成本的司法途径，同时也欠缺通过司法途径化解矛盾纠纷的知识与能力。他们相信"有事找政府"，希望政府能够兜底解决他们所遇到的纠纷。例如，某当事人在与餐馆老板因价格问题发生争执后报警求助，民警到场后表示不属于公安管辖范畴，不能进行调解。当事人情绪激动地说道："你们政府是不是不管？你们（政府）凭什么不管？难道要让我一个民工为了这4块钱去法院吗？"[3]由此可见，这部分人也需要一种低成本的纠纷解决机制，来化解他们之间的矛盾。如果说，低成本是部分当事人对纠纷解决机制的需求，那么，高效率则是大部分当事人的共同要求。当代社会人口流动较大、经济交往速度较快，纠纷解决也需要逐步提高效率。特别是在一些矛盾纠纷并不复杂、数额不大的纠纷中，如果纠纷解决效率低下则会阻碍当事人通过正常途径化解矛盾纠纷的意愿。而对于那些数额较大的纠纷，例如，侵权纠纷、人身损害赔偿纠纷等，如果纠纷解决效率低下，则会影响当事人后期治病、维修等支出。

---

〔1〕 参见范愉：《纠纷解决的理论与实践》，清华大学出版社 2007 年版，第 225 页。

〔2〕 2020 年 9 月 10 日，CF 镇派出所，随民警出警时记录。

〔3〕 2020 年 9 月 13 日，CF 镇派出所，随民警出警时记录。

与诉讼等纠纷化解机制相比较，调解是社会公认的低成本的纠纷解决机制，但是长期以来，调解都介于正式与非正式之间的纠纷解决制度，无法充分吸纳社会纠纷，纠纷化解能力有限。在过去，调解组织种类繁多，但缺乏统一的组织与领导。各个纠纷调解机构"各自为政"，功能上缺乏区分，导致有些调解机构虽然"有名"却"无实"。更重要的是，由于调解机构缺乏与其他纠纷解决主体的一体化对接，导致大量的社会纠纷积压在法院、派出所或是游离在社会空间当中未能得到有效的疏导和治理。此外，尽管调解协议的司法确认早有了明确的法律规定，但是，实践中对调解协议进行司法确认的情况并不多。由于调解制度缺乏一体化的运作模式，导致调解在处理矛盾纠纷上的实效性比较低。人们要么对调解采取不信任与怀疑的态度，要么就根本不了解还可以通过调解的方式化解矛盾纠纷。

改善调解制度运作的体系化水平，可以增加进入调解体系的纠纷数量，变被动接受纠纷为主动介入疏导纠纷。通过一体化联动水平，提高流入派出所、人民法庭的纠纷化解效率，满足当事人对纠纷化解的需要。调解制度一体化，其主要功能在于充分发挥调解的现有优势，将调解这种纠纷化解资源充分调动起来，以满足人们对纠纷解决的多元化需要。

（二）"工具理性"的驱使

随着调解制度逐渐走上正式化、规范化和法治化的道路，调解在公众心目中的形象也悄然发生了改变。调解从民间性较强的且表现为村头、炕头的一种非正式纠纷化解方式，逐渐成为国家性逐步增强的且表现为具有正式法律意义的纠纷化解机制。公众对调解的认可更多的是基于对调解背后隐性的国家权威和法律权威的认可。因此，公众对于调解结果的期待必然与传统时期不一样。

在过去，调解是一种处理个案纠纷再好不过的办法，个案当中总会有形形色色的问题，当事人可能会有各种各样的诉求。有很多个案性的因素影响着调解的最终结果走向。例如，在致人重伤或死亡的交通事故赔偿纠纷当中。经常会出现肇事者一方十分困难，缺乏足够的经济条件支付被害方损害赔偿的情况。调解过程通常会考虑个案当中纠纷双方的经济条件，为了达到快速案结事了的目的，一般会给被害方做工作，通过"人情面子"、伦理谦让、利弊权衡等价值观念的输出，让被害方接受低于法定赔偿标准的赔偿数额，但肇事方则必须将赔偿款一次性赔偿到位，不得拖欠。调解几乎总是站在"语境化"的角度出发，这样调解的好处在于，经济条件不好的肇事者一方，可以在一定程度上减轻赔偿负担，而被害人一方可以尽快拿到肇事方实际履行的赔偿金，实现自己的权利。尽管调解后得到的赔偿金低于法定赔偿标准，但是可能比打官司后实际执行后得到的赔偿金多。[1]随着公众的日益理性化，公众开始对比调解组织在相同或类似案件中所作出的调解结果，公众也会对比调解与司法审判结果之间的差异。韦伯曾分析两种面向的理性，一种是价值理性，另一种则是工具理性。价值理性相信的是一定行为的无条件的价值，强调的是动机的纯正和选择正确的手段去实现自己意欲达到的目的，而不管其结果如何。工具理性是指行动只由追求功利的动机所驱使，行动借助理性达到自己的预期目的，行动者纯粹从效果最大化的角度考虑，而漠视人的情感和精神价值。[2]董磊明指出，随着人们生活方式和伦理价值领域的变迁，人们在逐渐丧失终极的价值关怀，逐步摆脱原先共同体中伦理道德的束缚，以功利化、现实化的利益计算为旨归，工具理性驱赶了价值理性。[3]在工具理性的驱使之下，人们越发表现出对所谓"公平"的追求，部分人为了实现自己的利益最大化，会在依传统习俗下的调解方式与依法律规范下的调解方式中选择对自己最有利的方案，从而引发了人们表面上追求"公平"，实则以公平为借口实现利益最大化的社会现象。CF镇司法所调解委员会就曾经在处理交通事故赔偿纠纷时引发了争议，起因是被害方觉得赔偿金额过低，理由是他举出了其他镇司法所调解委员会曾经调解过的一起类似的交通事故纠纷，而那个当事人获得的赔偿比他获得的要多。实际上，那一起交通事故纠纷的被害方家庭经济条件差，而肇事方经济条件好，肇事方自愿给予被害方一定超出法定标准的赔偿。本案的当事人以为何"同命不同价"为由质疑调解的公平性。

---

〔1〕 现实当中法院执行难也是一个很严重的问题，判决按照赔偿标准赔偿，可能会遭到肇事方的抵赖。

〔2〕 参见［德］马克斯·韦伯：《新教伦理与资本主义精神》，康乐、简惠美译，广西师范大学出版社2010年版，第31~41页。

〔3〕 参见董磊明：《宋村的调解：巨变时代的权威与秩序》，法律出版社2008年版，第37页。

面对公众的理性化趋势,面对公众对公平性越来越高的追求,调解不得不脱离原有的"化解个案"的思维,调解工作的开展必须拥有一个统一的尺度,以及对尺度的统一的执行。因此,需要对调解的规则标准进行体系化的整合,此外,还需对特定类型的调解工作进行整合,以促进对标准的统一执行,因此,对调解制度进行"一站式"体系化的改造就成为调解发展的必然历史走向。

三、治理者层面的动因

（一）地方政府法治竞赛的需要

调解作为社会治理的一种手段,同时也作为群众工作的一种方法,在政府的视野中始终具有重要的地位和作用。在大多数地区,调解的实践活动通常体现在镇（街）一级的司法所主导的调解活动当中。作为吸纳社会纠纷的一项机制,调解在推动纠纷化解上所发挥的作用相对有限。除了当事人有意识地主动前往司法所调解组织寻求帮助外,一般情况下,调解组织更近似于镇（街）政府的内设部门,经常与信访、综合治理等部门联合处理镇（街）政府遇到的可能威胁稳定问题的矛盾纠纷。实际上,调解的这种运作方式已经背离了调解制度在纠纷解决体系当中的制度定位,无法发挥为其他纠纷解决机构分流纠纷、弥补其他纠纷解决方式不足的作用。

调解制度的体系化发展,实际受到地方基层政府社会治理水平提高的影响。当前被纳入政府考核范围的工作包括职能工作、中心工作、专项工作及加减分项,内容涵盖经济建设、平安法治建设、生态建设、招商引资、社会保障等领域。[1]由于调解组织隶属于司法行政部门,而司法行政部门又隶属于地方政府。因此,实际上能够推动并且有意愿推动调解制度朝体系化方向发展的非地方政府莫属。通常而言,地方政府对调解的重视程度并不充分,主要是由于调解组织并未表现出足够的纠纷化解能力。另一方面,现有的纠纷化解机制可以基本满足日常矛盾的化解,包括110报警平台、人民法院、信访等,使社会稳定的大局不至于发生根本性的动摇。因此,调解组织被放

---

〔1〕 参见张文显等:《新时代"枫桥经验"大家谈》,载《国家检察官学院学报》2019年第3期。

置在了辅助性的地位。但是，随着社会治安形势逐渐转好，社会治理水平的进一步提高。在地方法治竞赛中，一些发达地区的地方政府希望能够在社会治理方式上进行创新，提出了精细化治理的要求。[1]换言之，在矛盾纠纷化解方面，一些地方政府已经不满足于社会稳定大局不发生根本动摇的基本要求，希望能够优化纠纷化解机制，让过去社会治理中容易被忽略的矛盾纠纷也能够被及时地纳入纠纷解决体系当中，避免纠纷由小扩大，避免纠纷发展到可能威胁社会治理稳定的程度时，再纳入纠纷化解的体系当中。在笔者调研的 T 市，当地政府将各类调解纳入矛盾纠纷调处化解中心，以矛盾纠纷调处化解中心为主轴，完善调解制度，并将调解"一站式"体系化建设作为当地政府的工作重心。社会矛盾纠纷排查与化解已经成为当地的中心工作之一。该地区市、镇两级政法委员会主持矛盾纠纷调处化解中心建设与人民调解优化工作，并将该工作纳入市委、市政府对镇（街）党委政府和镇（街）对村（社）的岗位目标责任制考核，每月开展考核和通报。公安、法院、司法每个季度在同级政法委的组织下召开例会，对需要部门协调衔接的工作进行部署。上述工作足以显示出地方政府对创新纠纷化解机制的重视。

矛盾纠纷的复杂化和多样化对基层调解队伍建设提出了迫切需求[2]，推动调解制度成为普遍的纠纷解决机制，就必须充实并完善这一纠纷解决体系，并使其与其他的司法制度建立起适配关系。在很多地方，调解工作的日常开展由镇（街）一级的司法所负责。调解组织的实力弱，人员少，因此，能够发挥的作用十分有限。尽管《调解法》规定了应当设立行业性或专业性人民调解组织，但是实际设立行业性或专业性人民调解组织的地方并不多，而且，即便设立了行业性或专业性调解组织，也往往是形式主义，行业性或专业性调解组织发挥作用的几率并不高。由此观之，若想真正让调解在纠纷化解领域发挥作用，首先需要增强调解组织吸纳纠纷的能力。"一站式"矛盾纠纷调处化解中心的建立成为增强调解吸纳纠纷和解决纠纷能力的必然选择。即对

---

〔1〕 参见周尚君：《地方法治竞争范式及其制度约束》，载《中国法学》2017 年第 3 期。

〔2〕 参见孙书彦、孟星宇：《社会转型中的人民调解制度——基于 D 市人民调解工作的社会学分析》，载公丕祥主编：《中国法治社会发展报告（2020）》，社会科学文献出版社 2020 年版，第 151~166 页。

调解队伍进行充实，细化调解的组织结构，变单一的镇（街）司法所人民调解组织为多层级、多种类的人民调解组织。其次，要增强调解制度与其他纠纷解决机制的适配能力。调解作为一种纠纷解决方式，如果无法与其他纠纷解决方式产生联动、贯通的能力，就会影响其所能受理的纠纷的数量，影响纠纷解决的效果。这就需要推动调解制度与其他纠纷解决机制相联结、相适配，使其他纠纷解决机构无法解决或不好解决的纠纷能够顺利流转到调解组织，使调解组织的调解结果能够通过司法制度的保障顺利得到实现。

（二）法院与派出所分流纠纷的需要

人民法院、派出所是纠纷化解的重要组织，从组织关联上看，人民法院、派出所与人民调解组织隶属于不同的组织体系，它们之间并没有过多的关联。但实际上，人民法院、派出所有着推动"一站式"矛盾纠纷调解机制建立，特别是人民调解联动的重要内在动力。

原因在于，人民法院、派出所在日常工作中接受了大量的纠纷案件，在基层人民法院，这些纠纷以"诉讼爆炸"的形式呈现，而在基层派出所，这些纠纷以大量的110接处警量呈现。人民法院、派出所都面临着资源不足的情况。除了资源不足外，有些纠纷则超出了法院或派出所的能力之外，这也是导致法院和派出所愿意推动人民调解体系化建设的动因。法院方面，第一，在人民法院受理的一些案件当中，不乏涉及专业法律知识和专业性理论的纠纷，例如，交通事故纠纷、物业纠纷、医疗纠纷等。法官在审理案件的过程中实际上并不具备相当充分的专业性法律知识和专业理论技能，因此，在审理案件的过程中存在一定的障碍。此外，这类纠纷如果想让当事人能够心平气和地接受判决结果，就需要在一定程度上对当事人进行说理论证，但缺乏专业性法律知识和专业理论技能的法官只能依赖鉴定机构出具的鉴定意见或鉴定结论作为理论依据，无法进一步对鉴定结论进行解释和说理，因此，也就难以让部分当事人理解或接受。第二，在人民法院受理的一些案件当中，矛盾纠纷的起源本不是案件本身。例如，一些邻里纠纷案件可能源于两个家族历史遗留的矛盾问题，物业费欠缴纠纷源于业主长期以来对物业服务的不满。但法院审理案件具有局限性，只能就事论事地展开调查并作出判决，无法对超出当事人提起诉讼范围以外的纠纷进行评价，因此，难以从根本上解决问题。第三，在人民法院受理的纠纷案件中，有一些纠纷的情况复杂，涉及人数较多，法律关系较为复杂，仅仅依靠庭审时的法庭调查有时难以完全厘清案件的事实真相。法官虽然可以依职权启动调查程序，但是，在繁重的案件负担之下，法官很难有时间亲力亲为。实践中存在的种种张力需要通过适当的机制加以调和，即需要一个组织能够适当分担对复杂纠纷案件事实的调查工作。第四，人民法院案件数量多，超期压力大。立案登记制实施后，人民法院面临"诉讼爆炸"的局面。随着庭审实质化等呼声越来越高，人民法院在办理单个案件上所耗费的时间有增无减。在时间紧、案件多的情况下，案件超期可能会影响法官的考核，因此，将案件疏导到"诉调"工作室进行调解可以缓解法官的办案压力，压缩办案时间。

公安派出所方面，第一，在公安派出所的纠纷解决过程中，一些纠纷也超出了公安机关的职权范畴。公安机关从本质上看是一个行政执法机关，其职权范围内的纠纷仅包括治安纠纷，也就是因违反《中华人民共和国治安管理处罚法》（以下简称《治安管理处罚法》）而引发的纠纷。但实际上，110接处警平台所受理的纠纷远远不止治安纠纷，还包括日常的情感纠纷、消费纠纷等。而且，即便是治安纠纷，其诱因往往也来源于情感纠纷、消费纠纷等其他纠纷。这就为公安派出所处理此类纠纷造成了困扰：首先，作为执法机关，应否介入民间纠纷；其次，人民警察能否以个人的主观判断评判是非对错；最后，人民警察的评判行为是否代表公安机关乃至其背后的国家权威的态度。由于公安机关身份的特殊性，造成民警在实际处理民间纠纷时保持着谨慎的态度。但由此就可能造成矛盾纠纷无法得到及时的化解。在这种情况下，如果能将纠纷流转或对接给具有民间自治性质的调解组织则是化解这一难题的最好办法。第二，基层公安派出所也面临着警力不足、人手短缺的现状。例如，在笔者调研的重庆市某派出所警务室，只有4名正式警察负责处理近7万人的公租房小区的日常警务工作，平均一天要接处20个~25个警情。[1]而在条件稍微好一点的浙江省T市的某派出所，每天值班的正式民警

---

〔1〕 参见孙冲、强卉：《社区治理中的警务实践调查报告——以C市M公租房社区警务室为对象》，载公丕祥主编：《中国法治社会发展报告（2020）》，社会科学文献出版社2020年版，第245~263页。

也只有 3 人~4 人，平均一天也要接处 20 余个警情。在忙的时候，报警人做笔录都要排队等 1 个小时。显然，在现有的警力配置下，让出警民警同时负责繁重的调解工作并不现实。

人民法院和派出所在纠纷调解中所遇到的上述困难，激发了人民法院与派出所对调解组织的需要，调解组织半正式性的特征恰好利于接收和处理上述纠纷。然而，调解组织与人民法院、公安派出所之间始终处于一种弱关联的状态，公安派出所、人民法院无力支配调解组织，调解组织也无义务服务于人民法院或派出所。因此，人民法院和派出所对调解"一站式"体系化的需求就表现在对调解组织联动性的增强上，他们需要调解外部体系性的增强。"一站式"矛盾纠纷调解机制便于上述纠纷能够从人民法院、派出所流向对应的调解组织。

（三）信访部门分流信访压力的需要

信访部门是地方维稳的重要部门之一，同时，也是兜底处理矛盾纠纷的部门之一。过去，大量的矛盾纠纷如果不能通过正常的渠道解决，则有可能最终成为信访事件，落入信访机构的治理视野之中。例如，在笔者调研的 T 市，某小区内有一住户饲养了多只流浪狗和流浪猫，夏天来临时，气味难闻，周围邻居苦不堪言。从纠纷的性质来看，这属于一起比较普通的邻里纠纷，毕竟流浪猫和流浪狗并非国家法律规定的不允许饲养的动物，因此，该住户在自家范围内饲养动物并没有直接违反法律规定。但邻居与该户人家之间的矛盾却日积月累，不断增加。尽管当地社区、物业的工作人员反复上门劝导，但是都无济于事。最终，几户邻居联合起来，到镇信访综治部门寻求介入，一起普通的邻里纠纷由于未得到及时解决从而演变成为涉及多人的信访事件。[1]

在实践中，信访部门受理了大量类似的纠纷，这些纠纷不但增加了信访机构的治理压力，另一方面，也增加了地方上的不稳定因素。从信访部门的角度而言，其推动调解"一站式"体系化运行的动力来自以下几个方面：首先，减轻自身的工作压力，从信访部门的职能来讲，信访部门主要负责处理

---

〔1〕 2020 年 8 月 19 日下午，CF 镇信访办，梁某访谈。

一些涉及群体性的、久拖难决的、历史遗留的矛盾纠纷。日常的民间纠纷不属于信访部门专门处理的纠纷。推动调解"一站式"体系化运行，可以让调解分担更多的民间纠纷，从而减少信访部门的压力。毕竟基层镇（街）政府内设的信访办一般也只有 2 名~3 名工作人员，人员配置的不足也导致信访机构难以应对大量的信访纠纷，将纠纷分流到其他纠纷解决机构是更为稳妥的做法。[1]其次，调解"一站式"体系化运行有助于提高纠纷解决的效率，能够避免很多小纠纷扩大成为大纠纷，甚至逐渐演变成为与维稳相关的事件。基于这样的考虑，信访机构也希望调解"一站式"体系化运行能够逐步推进，从而承担起更多的纠纷。最后，信访还可以借助调解的资源来促进信访纠纷的解决，有学者将其概括为"人民调解柔性资源的特定供给"[2]，通过"访调对接""属地联动"的方式，协同解决矛盾纠纷。基于上述考虑，信访治理机构也有动力推动调解的"一站式"体系化运行。

四、社会主义法治需要不断完善

法律自身的局限性需要多元纠纷解决机制，而调解正是多元纠纷解决机制当中的重要组成部分。法律不是万能的，马克思曾经说过，社会不是以法律为基础的，相反地，法律应该以社会为基础。[3]在依法治国的大背景下，法律的地位得到了提升，尽管很多人已经认识到法律不是万能的，但是整体社会仍然对法律抱有极大的期待，甚至抬高了法律的功能。一些学者批判社会治理的泛刑化问题，认为立法者过度拔高了刑法的工具性价值。[4]实际上，法律的工具性价值也是有限的，即便利用法律的工具价值无可厚非，法律也不可能满足社会治理的所有需要。[5]

首先，法律无法事无巨细地对人类社会生活当中的问题作出详尽的规定。

---

〔1〕 参见陈叶锋：《人民调解化解信访积案》，载《人民调解》2021 年第 2 期。

〔2〕 参见温丙存：《信访救济与人民调解的衔接逻辑》，载《中国行政管理》2020 年第 11 期。

〔3〕 参见《马克思恩格斯全集》（第六卷），人民出版社 1961 年版，第 291 页。

〔4〕 参见吴亚可：《当下中国刑事立法活性化的问题、根源与理性回归》，载《法制与社会发展》2020 年第 5 期。

〔5〕 参见胡燕佼：《基层社会矛盾化解与调解机制创新》，载《云南行政学院学报》2014 年第 3 期。

法律一般具有概括性、普适性、滞后性的特点，当法律规范遇到具体纠纷时，需要具体问题具体分析。特别是当法律遇到民间传统文化习俗所形成的规范时，法律并不一定能够成为调整好当事人双方关系的唯一工具。例如，在交通事故的赔偿方面，法律规范具有抽象性和滞后性，对被害人的赔偿往往需要等待专业机构的鉴定结论，赔偿通常是整个纠纷处理过程中最后需要解决的问题。但是，在 T 市所在的浙北地区，有这样一种习俗，肇事方要先给予一定的赔偿作为表示，以方便被害人家属办丧事。这样的诉求在法律上无法找到相应的规定，无论是人民法院还是交通警察中队，都不可能协调解决上述问题。更为重要的是，这样的问题不是个案、偶发的问题，而是一个这一地区具有普遍性的问题。因此，这就迫切需要一套法律之外，同时又具有一定权威性的制度体系来填补法律的空白，来帮助当事人解决纠纷。

其次，法律不是唯一的行为评价依据。在社会实际发生的诸多纠纷，很多并非源自当事人对法律上正义与否的争论，而是来自当事人道德价值观念上的分歧。例如，上文中曾经提到的邻居修管道在自家门前的路上挖沟引发的纠纷，就属于法律上无法评价但在道德观念上有所认定的纠纷。对于这类纠纷，社会需要有一套完整的能够依赖道德观念、地方性共识的机制体系对纠纷进行化解。执法机关和司法机关往往并不能担此重任。

最后，无论是执法力量还是司法力量，他们都属于被动回应型的纠纷解决力量。碍于成本的考虑，执法力量和司法力量最多设置到镇（街）一级，无法再下沉。但纠纷的数量实际上呈现为正金字塔形分布，换言之，越到基层，纠纷的数量就会越多。很多纠纷可能根本就不会进入执法力量或司法力量的治理视野当中。但是，这并不意味着这些纠纷都可以被自然消解，一些纠纷逐渐沉积下来，可能会在日积月累中逐渐爆发。有些纠纷，因为起因复杂，或者其他一些原因，可能会因为只有单一解纷途径而导致小纠纷扩大为群体纠纷或群体事件，民事纠纷恶化为刑事案件，[1]最后危及社会安全。例如，曾被媒体报道的"张扣扣案"。因此，这就需要在基层建立体系性的矛盾纠纷化解机制，发动基层力量，缩小纠纷解决的治理单元，以弥补执法力量

---

〔1〕 参见顾培东：《社会冲突与诉讼机制》，法律出版社 2004 年版，第 37 页。

和司法力量在纠纷解决"最后一公里"上的不足。

　　一个法律体系甚至可能更喜欢调解或治疗性整合而不是仲裁。中世纪的哲学家兼法学家梅蒙尼德把法官和医生作了比较。正像职业医生在使用烈性药剂之前，要用忌口或温和治疗一样，好的法官也会首先对双方争执作出调解，而不是急于对纠纷作出仲裁。这实际上是今天许多司法裁决中采取的一项官方政策。[1]法律在实践中的不足之处促使社会治理者需要想尽办法寻找能够弥补或者替代执法或司法的纠纷解决力量。而这一力量就是调解，调解如果以松散的形式出现在纠纷化解的过程中，则无法起到对执法力量与司法力量的补充作用。只有当调解能够达到与执法机构或司法机构一样的体系化程度时，调解才能有充分的能力来面对社会中大量的纠纷与矛盾。

---

〔1〕　参见［美］马丁·P. 戈尔丁：《法律哲学》，齐海滨译，三联书店 1987 年版，第 228 页。

第二章

"一站式"矛盾纠纷调解的具体实践

第一节 "一站式"矛盾纠纷解决的类型与分工

一、村(社)一级的调解

社区调解是我国调解体系中的组成部分,它有利于公民权利的保障,促进了人际关系和谐、社会秩序稳定,是融情、理、法为一体并具有"本土资源"意义的一个制度。[1]村(社)一级的调解在纠纷调解实践中,主要表现为群众性自治组织的纠纷调解和品牌调解委员会的纠纷调解。

群众性自治组织的纠纷调解以常见的村委会、居委会纠纷调解为主,主要依赖村干部、社区干部力量,对发生在村、社区范围内的民间纠纷进行调解。常见的纠纷调解力量包括村(社)的干部、网格员、楼道长、村民小组长。可以说,在村(社)的纠纷调解中,调解主体是广泛的。除了村(社)干部外,网格员、楼道长、村民小组长也是纠纷调解的重要组成力量。基层治理中,微网格的作用在不断凸显,这一点也体现在人民调解的过程中。在传统的村庄和一些单位制遗留下来的老旧小区中,仍然保持着熟人社会或半熟人社会的影子。公共舆论、"面子"权威都还在发挥着作用。这些网格员、楼道长、小组长大部分都是离退休的国家机关干部、国企管理层人员,尽管他们不是正式的调解员,没有正式的调解员身份。但他们本身就在原有的工

---

〔1〕 参见瞿琨:《社区调解制度的完善与和谐社会的发展——一个公民权利保障的制度》,载李友梅主编:《上海大学法学评论——宪法行政法专辑》,上海大学出版社 2006 年版,第 182 页。

作组织体系中具有一定的威望，离退休后又热心社区内的公共事务，因此，逐渐在村（社）当中积累了一定的威信。一般而言，由于村、社区所涉及的纠纷多半是有关邻里与家庭之间的矛盾，纠纷本身不复杂，矛盾一般不严重，这些纠纷具有琐碎性，可能都不是什么大问题，有些纠纷可能只是当事人单纯地为了争口气，在利益上并没有多么大的冲突。村（社）的纠纷调解场地往往根据调解需要进行选择，调解的地点并不局限于特定的、封闭的空间内，开放的、熟悉的空间有时反而更有利于调解。如果当事人双方的纠纷可能涉及后续程序，例如分期履行、金额较大需要履行司法确认手续时，村（社）则以村（社）人民调解委员会的名义作出调解并制定调解协议，制作相关的卷宗交镇（街）司法所审查备案。2019 年全年，CF 镇 29 个村（社），上报纠纷调解卷宗最多的一个村（社）一共上报了 15 件。从实际效果来看，村（社）的调解消化了大量的小微纠纷。

品牌调解室是以社区为范围建立的由社会力量组成的纠纷调解机构，在 CF 镇有很多品牌调解机构，包括"和事佬工作室""乡贤工作室"等。这些品牌调解室名义上挂靠在社区人民调解委员会的领导管理之下，实际则接受乡镇司法所的统一管理。品牌调解室并没有与社区设立在一起，而是采取设立独立调解办公室的方式。"和事佬工作室"设置在一处老旧民宅内，与老百姓日常生活融为一体，从外面看不出这是特别的调解机构。"乡贤工作室"设置在该镇体育馆旁边的二层小楼内。调解工作室均有两间办公室，作为分开调解的场地。品牌调解工作室的工作人员由退休的公安干警、社区老干部等人员组成，一般一个工作室有 3 名~4 名调解员，每周一到周五上班。调解员每月有 800 元~1000 元的生活补助，由乡镇财政负责保障。日常调解的纠纷包括邻里纠纷、继承纠纷，还有一些纠纷可能涉及政府的公共服务与建设，而品牌调解室的工作就是负责解决这些问题，解决不了的则负责上传下达。

信任机制是影响社区调解的重要机制之一，信任是合作的前提。影响信任机制的因素有以下几个方面：首先是社区调解容易因为缺乏国家权威认可而缺乏应有的权威，其次是没有规范的社区调解人的建构机制，也不利于信任机制的形成。[1]与村（社）的人民调解不同，品牌调解室并不是从一开始就被人们了解和熟知的。品牌调解室从产生到被人熟知存在一定的过程。品牌调解室信任机制的形成往往伴随着当地官方新闻媒体的大幅度宣传，对调解员优秀事迹的报道。这些宣传活动扩大了品牌调解室的影响力，无形之中增加了官方对品牌调解室的认可，也增强了品牌调解室在社区当中的威望。在品牌调解室的不断运营中，调解室规范的运行模式给外界留下了较好的口碑，这样的口碑又让社区内部更多的人愿意通过品牌调解室调解纠纷，形成"重复博弈产生的'经验的传递性'"。[2]事实上，品牌人民调解室设立的初衷是为了协助基层政府的社会治理工作，其主要功能是负责调解那些需要中立方出面协调，但是，国家权力不宜干涉的领域或当事人不愿意让国家权力介入的领域。例如，在征地拆迁补偿款的分配纠纷中，一些老房子拆迁后的补偿款需要按照财产继承的方式由子女等原房屋产权所有人的继承人继承。政府作为国家权力的代表，只负责交付拆迁后的补偿款，对于补偿款如何在几个继承人之间分配，则属于继承人私领域的事情，即便是负责拆迁协调工作的工作组，一般也不会干涉具体的分配事宜。作为继承人而言，原本都是具有亲属关系的一家人，如果由于遗产继承的问题将纠纷闹到政府、法院不但有损家门形象，更会彻底搞僵亲人之间的关系。这类纠纷就成为国家不好干预、当事人也不愿国家干预的纠纷。品牌调解室作为社会属性较强的纠纷调解机构，恰好迎合了国家与个人的需要。

二、镇（街）一级的调解

镇（街）一级的调解组织包括司法所下的人民调解委员会，以及"警调"工作室和"诉调"工作室。

---

〔1〕 参见瞿琨：《社区调解法律制度：一个南方城市的社区纠纷、社区调解人与信任机制》，中国法制出版社 2009 年版，第 260~261 页。

〔2〕 当事人对社区调解人的信任有一个由"相识、相知到相信"、从"初步相信到深信不疑"的过程，这个信任的传递不仅表现为调解人对于某一个社区纠纷的调解过程中，逐渐获得当事人信任，还表现为社区中其他当事人自愿接受调解人调解，把对调解人的信任拓展到整个社区的调解场域。参见瞿琨：《社区调解法律制度：一个南方城市的社区纠纷、社区调解人与信任机制》，中国法制出版社 2009 年版，第 265 页。

（一）镇（街）司法所调解组织

镇（街）司法所的调解委员会是调解体系当中历史最久、日常调解实践中最为常见的调解委员会。几乎在各个地方，镇（街）司法所都兼职负责该地区的人民调解工作。按照规定，人民调解工作由司法行政机关负责管理，但在实践中，几乎已经形成了司法行政机关负责人民调解具体工作的实践状态。在人民调解体系化制度建立的过程中，司法所人民调解同时被纳入镇（街）矛盾纠纷调处化解中心的管理工作当中。T市矛盾纠纷调处化解中心共分为两级，镇（街）一级和县（市、区）一级，镇（街）一级的矛盾纠纷调处化解中心成立得相对较晚，矛盾纠纷调处化解中心由镇（街）政法委牵头，设置在镇（街）司法综治大楼的一楼办公大厅内，将人民调解、法律服务、信访、劳动争议纠纷全部综合在一起，通过窗口式服务的方式，提供纠纷解决服务。镇（街）矛盾纠纷调处化解中心的受理登记窗口会按照纠纷诉求的分类，将相关纠纷分流到各个子窗口，并通过"矛盾纠纷调处化解中心网络一体化平台"将相关纠纷转送到对应的职能部门。人民调解作为一个职能部门，通过窗口的方式提供纠纷解决服务。

与社区人民调解的运作模式不同，镇（街）司法所的人民调解组织几乎都以办公室办公的方式进行调解。在笔者调研的CF镇，镇人民调解委员会的调解员组成相对复杂，调解员既有司法所的正式工作人员，包括正副所长，也包括一些没有正式编制的，只是以社工名义，以劳务派遣的形式在司法所工作的工作人员。调解员不仅仅负责矛盾纠纷调解，同时肩负着司法所社区矫正、安置帮教、普法等其他工作。相比于调解员这一身份，他们更认同司法所工作人员这一身份。

镇（街）矛盾纠纷调处化解中心所接触到的纠纷大多来自村（社）无法处理或处理不好的纠纷，随着当地城镇化发展进程不断加速，各类企业工厂不断增加。因此，产生了很多外地人与本地人、外地人与外地人的矛盾，除此以外，从纠纷类型上看，经济类纠纷的数量也呈现逐年递增的趋势。上述纠纷大多都超出了村（社）和品牌调解室的调解能力范畴，那些与外地人相关的纠纷，本地的村（社）干部难以在调解中建立起威信，同时，作为外地的纠纷当事人，对本地村（社）解纷的权威也存在一定的质疑。而那些经济类纠纷往往涉及比较繁琐的法律关系，更是超出了村（社）、品牌调解室的能力范畴。从类型上看，镇（街）司法所调解委员会所调解的纠纷涉及家庭婚姻纠纷、侵权纠纷等，一些非正式的雇工用工造成的人身损害赔偿是镇（街）人民调解委员会调解的重点，此外，一些涉及人数众多的群体性纠纷也是镇（街）人民调解委员会调解工作的中心。

（二）附设型调解

附设型调解在纠纷调解中主要表现为"警调"与"诉调"。在附设型调解中，法院（派出法庭）和公安派出所专门设立一间调解办公室，通常以人民调解的名义实施调解，通过法院或派出所委托调解的方式，分流被附设机构的纠纷。之所以将这种形式的调解称作为附设型调解，是因为该种调解方式无论是从调解地点、调解方式和调解人员上看，都与相关的被附机构密切相关。调解组织更像是一个附属在派出所或法院的内设部门。

正如上文中所提到的，附设型调解组织在实践中通常集中在纠纷数量比较集中的纠纷解决机构，如人民法院（派出法庭）以及公安派出所。因此，比较常见的附设型调解组织类型包括"警调"与"诉调"两种。当然，有些地方还尝试建立了"检调""访调"等多元的附设型调解组织。

1. 人民调解委员会驻派出所工作室

CF镇人民调解委员会驻CF派出所工作室是"警调"工作室的全称。2011年5月，司法部发布了《关于加强行业性、专业性人民调解委员会建设的意见》（本部分以下简称《意见》），《意见》要求各地司法机关积极推动行业性、专业性调解委员会建设，人民调解委员会在特定场所设立人民调解工作室调解特定民间纠纷的，名称由"人民调解委员会名称"、"派驻单位名称"和"人民调解工作室"三部分内容依次组成。[1]2013年5月18日，CF镇在浙江省公安厅、浙江省司法厅的指导下成立了CF镇人民调解委员会驻CF派出所工作调解室（以下简称"'警调'工作室"）。"警调"工作室目前一共有5名专职调解员，其中2人属于派出所的辅警身份，另外3人则属于司法所的聘用人员。5名调解员的年龄都在50岁以上，2名辅警从事公安工作

---

[1] 参见《司法部关于加强行业性、专业性人民调解委员会建设的意见》（司法通〔2011〕93号）。

将近20年，另外3名司法所聘用人员则是离退休的国企、政府干部。CF镇"警调"工作室的主任姓沈，是一名派出所的辅警人员，原来从事户籍工作，"警调"工作室成立后，他便被调到这里工作。5名专职调解员目前只负责纠纷调解工作，不从事司法行政部门或派出所的其他工作。从管理制度上看，"警调"工作室的日常纪律管理、业务管理由公安派出所负责考核，日常的文档管理则由司法所负责考核。由此可见，CF镇的"警调"工作室与一般的委托调解不同，从人员和管理两方面来看，"警调"工作室与派出所的关系都更为紧密一些。为了适应派出所工作的时间，达到较好的调解效果，"警调"工作室的其余4名工作人员分为两个工作组，实行上一休一的工作制度，每天工作从早上8点到晚上10点，没有周末和节假日。"警调"工作室设立在CF派出所接处警大厅旁边的两间办公室内，这两间办公室与接处警大厅连通，办公室门口有一块铁皮牌子，上面写有"CF镇人民调解委员会驻CF派出所工作室"的字样，并配有"人民调解"的红色徽标。接处警大厅是CF派出所日常接处警的地方，包括受理当事人报案，给报案人制作询问笔录等。民警现场无法处理好的纠纷当事人会被民警带到接处警大厅旁的"警调"工作室继续调解纠纷。

"警调"工作室所受理的纠纷几乎全部流转自派出所110接处警，"警调"工作室几乎每天都有调解任务，2019年全年"警调"工作室受理的纠纷数量达到302起，约占到全镇人民调解纠纷总量的47%。

2. 人民调解委员会驻法庭工作室

T市法院在CF镇设有人民法庭，2011年11月，在市委政法委的牵头下，在CF镇的人民法庭设立了CF镇人民调解委员会驻CF法庭调解工作室（以下简称"'诉调'工作室"）。"诉调"工作室目前也有5名工作人员，其中4人为专职调解员，另外1人为文书。这4名专职调解员年龄均在60岁以上，均是退休返聘人员。这4个人分别来自CF镇的4个片区〔1〕，"诉调"工作室的主任退休前曾经在乡镇政府的司法、民政条线工作过，有着丰富的工作经验。另外3名调解员分别担任过司法所所长，村治保主任、公安联防队员

---

〔1〕 CF镇历史上经历过合并，在2001年前后，由4个乡合并为一个镇，现在这4个乡变为4个片区。

等。这 5 名工作人员均由司法所聘用，工资由镇一级政府发放。其中两个人同时兼任该人民法庭的人民陪审员。在日常的管理方面，和"警调"工作室一样，"诉调"工作室日常工作的管理都由人民法庭负责，具体的任务也由法院方面安排，卷宗的管理工作则由司法所负责。"诉调"工作室设置在人民法庭大楼的一楼，与审判庭等安排在一起。

"诉调"工作室所处理的均是由法庭流转过来的案件，截止到 2019 年，"诉调"工作室共处理纠纷 2060 件，其中道路交通纠纷占 69%，合同纠纷占 13.6%，宅基地纠纷占 4%，工伤纠纷占 4%，婚姻家庭纠纷占 2%，剩余的为其他纠纷。2019 年全年，"诉调"工作室处理纠纷 213 件，占全镇人民调解纠纷总量的 31.5%。截止到 2020 年 8 月份，2020 年前 8 个月"诉调"工作室共处理纠纷 204 起，远超 2019 年同期水平。受疫情影响，买卖合同纠纷数量较往年增多，涉及总金额达 2484 万元。

三、县（市、区）一级的调解

县（市、区）一级的调解组织以专业性调解组织为主。专业性调解委员会并不是新鲜事物，早在 2011 年，司法部就曾经大力提倡完善行业性、专业性人民调解委员会。原来的专业性调解委员会分散在各个职能部门之下。例如，交通事故纠纷调解委员会设置在交警大队，医疗纠纷调解委员会独立设置在卫生行政主管部门旁边。现在的专业性调解委员会设立在县（市、区）一级的矛盾纠纷调处化解中心。这些专业性的调解委员会的日常管理、运作、调度都统一接受县（市、区）矛盾纠纷调处化解中心的统一安排。专业性调解委员会以窗口式服务的方式提供纠纷解决的咨询、立案等业务。每个专业性调解委员会都在矛盾纠纷调处化解中心设有一个工作窗口，实行前台接单，后台调解的运作模式。

在 T 市矛盾纠纷调处化解中心，一共有 5 个专业性调解委员会和 1 个综合型调解委员会，包括"交通事故纠纷调解委员会"、"保险纠纷调解委员会"、"劳动纠纷调解委员会"、"物业纠纷调解委员会"、"医疗纠纷调解委员会"和"综合调解委员会"。专业性调解委员会实行专职调解员制度，调解员由市一级财政保证，通过聘任的方式招募专职调解员。专职调解员一般都是具有相应专业知识的人员，例如，物业纠纷调解委员会就选聘了一名在某小区业主委员会任领导职务 10 年的退休干部做调解员，而医疗纠纷调解委员会选聘了一名退休医生担任调解员。专业性调解委员会日常接受多重管理，首先，业务主管部门负责对业务能力部分进行指导和管理。同时负责调解员的选拔工作。例如，物业纠纷调解委员会的调解员就是由业务主管部门——住建部门负责物色、选拔。其次，司法行政部门负责在调解规范性、卷宗管理制度化方面的监管问题。最后，矛盾纠纷调处化解中心则负责各个专业性调解机构的组织工作、日常任务分配等工作。

专业性调解委员会所调解的纠纷有一部分是专业知识性较强，相对有难度的纠纷。用调解员自己的话说，到市级矛盾纠纷调处化解中心处理的纠纷很多是不容易解决的纠纷。所谓的"大"纠纷，包括涉及人身伤亡的纠纷、法律关系复杂的纠纷、涉及专业的事故责任认定的纠纷以及涉及赔偿数额巨大的纠纷。与附设型调解委员会类似，专业性调解委员会一般也会采用庭室调解的方式，引导当事人提供证据和证明材料，通过摆事实、讲证据的调解策略，严格依照法律规范的具体规定进行调解。

第二节　纠纷的发现与受理

"一站式"矛盾纠纷调解制度表现出越来越明显的体系化特征。纠纷流入纠纷解决机构的方式也发生了变化，出现了新的趋势。而纠纷进入调解体系的方式对纠纷调解的过程与结果产生了深刻影响，因此，有必要在一开始先对纠纷的发现与受理做一番说明。

一、社区纠纷的发现与受理：当事人求助与纠纷排查

当事人求助是纠纷流入"一站式"调解这一大系统的最直接的方式，也是纠纷被发现的重要途径。在"一站式"调解所接触到的纠纷当中，只有一小部分属于当事人直接求助于调解机构。例如，当事人向社区里面的品牌调解室提出调解请求，当事人主动向镇（街）人民调解委员会求助请求调解的。对于大部分纠纷而言，当事人并不是直接求助于具体的调解组织，而是通过

求助居委会或村委会的干部，或者是通过拨打 12345 市长热线，或是通过登录"矛盾化解一体化"平台进行网上申诉的方式使得调解组织介入纠纷。

实际上，社区纠纷调解组织与当事人在纠纷发现与受理阶段的互动方式非常多元化。在那些直接求助于品牌调解室的当事人当中，有一部分是在当地的媒体、网络和政府宣传之下，得知了品牌调解室的职能，抱着试一试的心态求助于品牌调解室，希望借助品牌调解室这样一种相对中立的社会组织，协调个人之间的纠纷。例如，CF 镇"和事佬工作室"曾经接待了一位 80 多岁的老人，老人哭诉与子女之间不和睦，原因是其个人的积蓄全部放在了大女儿名下的理财账户由大女儿管理，这引起了二女儿和小女儿的不满。老人既不想把家事搞大，但确实又无力解决家庭矛盾。只能求助于在邻里街坊中具有一定威信的品牌调解室的毛毛阿姨。[1]在这起纠纷当中，当事人看重的是品牌调解室的权威性，以及品牌调解室的民间性、群众性，品牌调解室既不像法院或政府那样正式，同时又具有一定的权威，能够既"服众"，又不至于让当事人感到尴尬，因此，当事人愿意主动求助于社区调解组织。还有一些直接求助于社区调解组织的当事人是受到政府或社区工作人员的引导才来到品牌调解室的。例如，CF 镇老城区拆迁，一些补偿款需要在不同的子女之间按照遗产进行分配。部分子女对遗产分配产生异议，导致补偿款迟迟无法发放下来，进而影响了整体的拆迁工作。因此，当地政府和社区引导当事人到品牌调解室解决纠纷。在这部分当事人看来，品牌调解室已经不简简单单是一个民间组织，其还含有政府权威的色彩。原因在于从表面上看他们是自愿求助于品牌调解室，品牌调解室是基于他们的请求才介入纠纷调解的工作。但实际上，当事人求助的意愿来自政府部门的引导。当事人愿意选择接受品牌调解室的调解，其中一个重要的原因在于他们看中了品牌调解室潜在的、被政府以非正式的方式所认可的权威性。

而在那些间接求助村（社）调解的当事人当中，大部分当事人可能没有真正区分过社区调解组织与社区居委会、村委会、政府间的区别。具体而言，当事人通过求助社区居委会工作人员、社区网格员或者拨打 12345 市长热线

---

[1] 2020 年 9 月 4 日下午，CF 镇某品牌调解室，顾某访谈。

的方式，或以抱怨或以要求政府给予解决方案的方式向村（社）或上级政府反映矛盾问题。当事人的主动行为带有强烈的目的性，他们希望公权力能够出面解决他们所遇到的问题，化解相关的矛盾。但他们所反馈的问题往往并不属于行政权力可以干预的范畴，或是他们所面临的是公权力不宜介入的问题。此时，纠纷往往需要村、社区来"兜底"处理，矛盾纠纷会在村（社）转化为邻里纠纷，进而做一般性的人民调解。但是，主持调解的往往是村（社）干部、"治调主任"等具有"半官方身份"色彩的人。调解者身份上的同一性造成当事人对调解性质的混淆。例如，某居民投诉其邻居家饲养了多条宠物狗，但因狗主人管理不善，到了夏天狗的气味很大，噪声很大，影响到了周围邻居的居住环境。居民多次通过12345向上级政府反映问题，问题被转回了社区，由于法律规范并不明确，行政执法力量对于居家饲养宠物的行为并没有执法权。于是，社区只能通过调解和做工作的方式解决这一矛盾。从法律性质上看，社区并非政府一级行政机构；从法律权力上看，社区也没有强制执法权或管理权，社区通常是以"半官方的面孔"出面，在处理方法上多以调解为策略，尽管在这一过程中社区也会运用其所掌握的治理资源，但最终需要形成书面文件时仍是以人民调解为名义。[1] 纠纷当事人往往无法意识到其所反映的纠纷问题已经被划归在人民调解之下，仍然对出面解决纠纷的社区抱有很强的"公权力依赖"心理，希望借助"国家权威"解决其与邻居之间的矛盾。

除了当事人的求助外，村（社）的主动排查也是矛盾被发现并流入调解体系的原因之一。随着村庄和社区治理网格化的不断推进，治理单元不断缩小。村（社）与村居民之间的关系，通过微网格和微网格员的存在而被拉近。微网格员通常对辖区的情况较为熟悉，在完成村（社）交办的一些工作的同时，能够及时发现矛盾纠纷隐患的存在，从而及时发出预警或及时介入纠纷解决、化解纠纷。在规范层面，《调解法》规定人民调解组织可以主动介入纠纷进行调解。在实践中，村（社）在工作中会遇到很多琐碎的、鸡毛蒜皮的纠纷，这些纠纷不可能全部依靠有限的正式的调解员，在特定的调解室，对

---

〔1〕 2020年8月23日下午，CF镇某社区居民委员会，社区支部书记访谈。

当事人双方进行解决。因此，发动群众发现问题并解决问题就成为社区调解的主要方式之一。

二、附设型调解：委托与流转

附设型调解与社区调解不同，附设型调解所不会接触到直接向他们求助的纠纷当事人。附设型调解所受理的纠纷都来自被附机构的委托和流转。附设型调解分为"警调""诉调"两类，因此，对附设型调解的纠纷受理可以分别进行论述。

（一）"警调"工作室的纠纷受理过程

"警调"工作室处理的纠纷大多与群众的110报警相关，110接到群众的报警求助后，会第一时间将纠纷情况通过110报警信息平台流转到派出所的接处警大厅。派出所在接收到报警信息后，会派出警力前往纠纷现场进行处置。实际上，通过110报警平台寻求警方介入的纠纷种类非常复杂，常见的纠纷类型包括情感纠纷，特别是由于婚外情造成的纠纷；消费纠纷，消费者因为商品或服务问题与商家产生的纠纷；邻里纠纷，邻居间因为相邻关系发生矛盾；劳动纠纷，老板拖欠农民工工资或医疗费用等。

民警赶到现场后，首先会了解事件的经过，对于发生了肢体冲突或财产损坏可能构成治安案件的纠纷，民警会将当事人带回派出所作进一步处理，而对于那些情节轻微的其他类型纠纷，民警会建议当事人自行去找相应的主管部门解决纠纷。按照《T市110矛盾纠纷警情分级分类处置工作细则》的规定，邻里、民间纠纷由发生地村（社区）会同基层司法、人民调解组织负责处理；家庭、婚姻、情感纠纷由发生地村（社区）会同基层妇联、司法、人民调解组织负责处理；劳资纠纷由人力社保为主负责处理；消费纠纷和因销售、制假售假等引发的矛盾，以市场监管条线为主负责处理等。按照这样的纠纷处置流程，"警调"工作室一般是无法接触到除了可能涉及治安纠纷以外的其他纠纷。

但事实上，民警在处理类似的纠纷时，通常会综合考虑现场情况、"民转刑"风险以及当事人的诉求等，对于一些现场处理不好，当事人又不愿前往对应纠纷解决部门处理的纠纷警情，民警还是会带领双方回派出所的"警调"

工作室进一步处理。

表 1 2020 年 8 月份纠纷统计表（单位：件）

总数	婚家	邻里	合同	赔偿	劳动	村务	承包	拆迁	房宅
30	4	3	0	23	0	0	0	0	0

（二）"诉调"工作室的纠纷受理过程

"诉调"工作室的纠纷调解必然与法院的诉讼相关，因此，通过"诉调"工作室进行调解的纠纷基本来自基层法院。法院立案庭的工作人员会根据案件的类型、复杂程度等因素综合判断，认为可以交由"诉调"工作室先行调解的案件会先征询当事人的意见，如果当事人双方同意调解，案件通常会被移送到"诉调"工作室。当然，部分特殊的案件则会被移交给专业纠纷调解委员会，例如，物业纠纷调解委员会、医患纠纷调解委员会等。同时，在《加强诉调对接 助推民商事纠纷有效化解实施方案》的通知中同时明确了不适合由法院引导当事人向人民调解组织申请调解的案件类型，包括涉及身份关系的离婚纠纷、标的超过 100 万的、分家析产的等。由此可见，与"警调"类似，"诉调"工作室所受理和接触的纠纷也是建立在一定程度上的筛选与分流基础之上的。这种筛选与分流经历了三道程序，第一道程序是对是否适宜调解的筛选，这一筛选的决定权掌握在法院手中，因此，并非所有的纠纷都会进入"诉调"工作室的治理视野当中。第二道程序是对类型化筛选分流，特定类型的纠纷会被分流到专业性调解委员会进行调解。第三道程序基于当事人的意思表示，只有双方当事人愿意调解的前提下，纠纷才会进入"诉调"工作室进行调解。

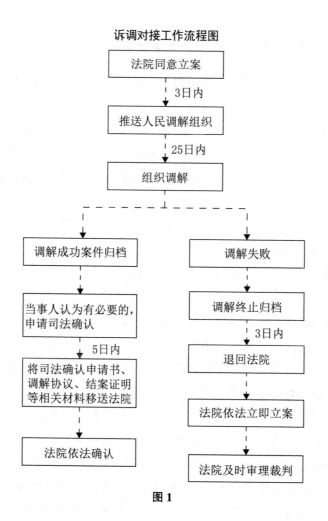

图1

　　当然，也并非所有的纠纷都属于附设型调解组织的调解范畴，当一些纠纷事项涉及部门众多，涉及其他职能部门的工作时，调解组织会将纠纷通过处理平台转送到对应的职能部门。此外，当一些纠纷的一方当事人诉求不符合法律规定或缺乏必要的法律支撑时，附设型调解组织可能会直接拒绝调解。例如，某物业服务企业与业主在物业费缴纳上产生纠纷，物业纠纷调解委员会通过调查发现，某物业服务企业在进场时不符合程序规定，物业服务合同为无效合同。因此，"诉调"工作室直接拒绝物业服务企业提出的调解请求。

三、专业性与司法所调解：派单式服务

专业性调解委员会和镇（街）司法所调解委员会虽然会直接接受当事人的求助，却并非接受当事人求助的一手机构。由于专业性调解委员会处于县（市、区）矛盾纠纷调处化解中心的统一管理与调度之下，镇（街）司法所调解委员会处于镇（街）矛盾纠纷调处化解中心的统一调度之下。因此，它们所接收的矛盾纠纷都必须经过所属层级的矛盾纠纷调处化解中心的分类与筛查。在县（市、区）矛盾纠纷调处化解中心，除了专业性调解委员会以外，还有公安、信访、劳动与社会保障、环境资源保护等职能部门设立的接待矛盾申诉的窗口。因此，当事人来到矛盾纠纷调处化解中心后，就像到医院看病先去导诊台问询一样，先到矛盾纠纷调处化解中心的登记窗口进行登记和分类，按照登记窗口的指引再到对应的纠纷解决部门窗口进行申诉和解决。对于当事人的求助，登记窗口并不会直接进行案件分类和处理。登记窗口会先问询当事人所遇纠纷的基本情况，然后判断是否属于县（市、区）矛盾纠纷调处化解中心所需处理的矛盾纠纷。县（市、区）矛盾纠纷调处化解中心所处理的纠纷具有一定的"格式"限制，比如对纠纷种类的限制、对纠纷大小的限制、对属地管辖的限制、对双方当事人是否自愿的限制等。按照 T 市对矛盾纠纷的"小事不出村，大事不上交"的处理原则，一些抚养纠纷、邻里纠纷、婚姻家庭继承纠纷、轻微的侵权损害赔偿纠纷等在县（市、区）矛盾纠纷调处化解中心看来认为轻微的纠纷，就会直接转送到对应的镇（街）矛盾纠纷调处化解中心或村（社）做调解处理。只有当纠纷符合县（市、区）矛盾纠纷调处化解中心调解纠纷的"格式"时，纠纷才会被受理并通过派单式的方式流转到对应的专业性调解组织。

专业性调解组织在窗口接受当事人的求助，对纠纷的内容进行了解。窗口的功能有两个：一是给当事人提供解决纠纷的建议。对于那些纠纷事实清楚，没有异议的当事人，调解窗口以提供公共法律服务为主，接受当事人的法律咨询，疏导当事人先尝试通过自行协商的方式进行解决。并通过以案说法、明理释法的方式，结合具体案情提供建议，给当事人在赔偿金额、责任划分上合理的心理预期。二是审查证据材料，通知当事人自愿调解。由于附

设型调解面对的纠纷往往具有非在场性，调解同时具有自愿性，换言之，附设型调解要面对的是已经发生的，不再保有纠纷现场的纠纷。纠纷的相关事实不可能恢复现场过程，只能通过证据材料的方式间接呈现出来。而且一方当事人要求调解组织介入时，另一方当事人并不同时在场。因此，对于那些事实模糊，法律关系较为复杂，确有调解必要的纠纷。专业性调解委员会会在窗口对一方当事人提供的证据材料进行审查，为当事人提出补充证据材料的建议，例如，需要进一步提供鉴定材料等。要求提出求助的一方当事人与另一方当事人协商，共同到司法所接受调解，以体现双方的自愿。

第三节　纠纷调查的方法

《调解法》第 21 条第 1 款规定，调解民间纠纷应当坚持原则，明法析理，主持公道。因此，调解好纠纷的前提是调解员对纠纷事实有充分的、清晰的了解。调查、了解纠纷事实真相的途径有很多，在调解不断体系化的背景下，调解的纠纷调查手段也发生了改变并产生了一定的类型化倾向。综合诸多调解实践过程中的调解手段，本书将对调解的手段做具体分析。实际上，调解组织在体系中的位置决定了纠纷调查方式的采用。

一、走访式调查

走访式的纠纷调查是指调解员能够以积极的行动参与纠纷事实的认定过程，特别是在纠纷疑难的情况下，调解员通过走访群众、实地考察等能动方式厘清纠纷事实的过程。在上述人民调解类型当中，社区调解是采取走访式纠纷调查方式最多的调解类型，除了社区调解以外，部分专业性调解也采取了走访式的纠纷调查方式。在纠纷调解的过程中，纠纷调解员坚持"没有调查就没有发言权"的理念。在访谈中，品牌调解工作室的调解员就表示，只听双方说是不够的，还必须要自己去看，拿到第一手的资料。这样做的好处在于：首先，能够使纠纷的调解者清晰地了解到纠纷产生的前因后果，并对纠纷事实产生直观的认识，避免被双方当事人的话语所左右，能够做出更客观公正的调解方案。其次，在这种调解过程中，当事人无须提交证据、材料，与其他的纠纷事实调查方式相比，这种方式更"接地气"。走访式的纠纷调查方式能够给当事人提供充分的权威感、公平感和透明感，相比于坐在办公室进行调解，当事人更能感受到调解员对纠纷的重视和对纠纷事实的了解程度。再其次，走访式的纠纷调查方式实际上承担了大部分当事人需要承担的证明成本，特别是对于专业能力不强、文化水平不高、经济条件不好的当事人而言，自行承担证明责任无疑是"高投入""高风险"，这会进一步阻碍当事人对正规纠纷调解方式的选择。而走访式的纠纷调查方式转嫁了纠纷事实的证明责任和风险，形成了对当事人的变相鼓励，促进当事人选择人民调解这种纠纷解决方式。最后，走访式的纠纷调查可以避免一些被当事人所忽略的细节，通过这些细节，调解员可以搞清楚事情的原因所在，及时消除矛盾纠纷甚至是误会。例如，一户居民怀疑邻居家的太阳能热水器漏水，导致自家屋顶渗水。于是与邻居产生了矛盾纠纷。但经过调解员的现场调查，调解员注意到该住户的侧墙壁也有阴湿，经过一番调查，发现其实是埋在墙壁中的自来水管道发生跑水。调解员的行为消除了当事人之间的误会，避免了矛盾纠纷的继续恶化。[1]

除了在社区调解领域外，在部分专业调解领域，走访式调查也发挥着重要作用。例如，在物业纠纷调解委员会，调解委员会变相承担起替法院调查案件事实的责任。在物业纠纷调解委员会的日常调解工作中，人民法院流转过来的物业纠纷成为其调解纠纷的最主要来源。由于物业纠纷通常涉及复杂的物业引入流程，物业服务企业与开发商、业委会的特殊关系，以及物业服务企业的日常服务状况等，通常情况下这些纠纷都比较复杂，单单依靠当事人的描述很难厘清纠纷的整体脉络。特别是在一些纠纷当中，业主与物业最终的冲突点表现为物业费纠纷，而物业费纠纷之下往往隐藏着更多、更为长久的矛盾纠纷。此时，物业纠纷调解委员会就会采取走访式的纠纷调查方式，通过实地走访观察、与其他住户访谈的方式开展多方调查。一方面，物业纠纷调解委员会汇总上来的信息有利于其自身后续调解工作的开展；另一方面，当调解失败纠纷需要重新走诉讼程序时，物业人民调解委员会所做的调查材

---

〔1〕 2020年9月3日下午，CF镇某品牌调解室，钱某访谈。

料也会一并转到法院，作为一种非正式的材料，让法官提前了解纠纷的具体事实。

可以说，走访式调查可以使纠纷调查的触角向更广泛的区域延伸，而不受地理空间等客观条件的限制。苏力教授就曾说过，在中国广大的基层社会，针对某些特定种类的纠纷，能动司法可能比消极的当事人主义的司法更为有效，其结果从社会的道德共识而不是法条主义的视角看也更为公平。[1]但是，走访式调查在调解制度体系当中被使用的几率比较低。走访式调查受到几方面的客观限制。首先，纠纷调解效率的要求限制了走访式调查方式的采用。纠纷数量、纠纷解决难易影响着纠纷解决机构对走访式纠纷调查方式的采用。当纠纷数量过多且纠纷难度太大时，单个纠纷的解决可能耗费比较多的时间，调解人员出于纠纷解决效率的考虑，一般不愿意选择走访式的调查方式。其次，责任认同程度不一导致不同调解者对走访式调解采取了不同的态度。走访式调查是一种政治性责任而非法律性责任，具体而言，走访式的调查方式是调解人员主动替当事人考虑，出于为当事人服务的考虑所采取的调查方式，这种调查方式产生于传统的"为人民服务"的政治伦理责任。但是，出于法律责任承担的考虑，大部分纠纷调解人员并不愿意采取这种调查策略。走访式的纠纷调查方式意味着纠纷调解者需要承担更多的法律责任，在一些纠纷调解者看来，走访式的调查是对纠纷调解者过高的道德性要求，作为纠纷调解者而言，听取双方的意见，并根据当事人的陈述作出判断就已经完成了一名纠纷调解员的义务。

二、询问式调查

询问式的纠纷调查是指调解员通过询问双方当事人的方式，重塑纠纷发生的场景，厘清纠纷所涉的案件事实，理顺当事人之间的权利义务关系。这种调查方式中，调解员不会到现场进行调查，同时，也没有太多的客观证据材料可供支撑。调解员只能从双方各自的陈述，以及个人的生活经验推断纠纷大致的事实真相。

---

〔1〕 参见苏力：《关于能动司法与大调解》，载《中国法学》2010年第1期。

询问式调查是目前使用最为广泛的调解调查模式，在社区调解、附设型调解中，询问式是经常被使用的纠纷调解调查模式。原因在于，一方面，受人力、物力和纠纷数量的影响，调解员不可能做到每一件纠纷都通过能动式调查的方式亲自调查取证，最方便的方式就是依靠纠纷当事人自行证明纠纷事实。另一方面，在很多生活纠纷当中，当事人很少存在证据意识，很多纠纷并没有可供佐证的证据材料，当事人可能对某一损害结果持有不同的说法。此时，如果单纯地依靠证据材料去调查纠纷事实，就会导致很多纠纷陷入死局。特别是作为调解机构，人民调解委员会缺乏搜集证据的强制性权力。调解本身也并非一项司法活动，因此，需要在追求公平的同时兼顾考虑社会成本。

询问式调查的好处在于能够在短时间内调查清楚事实真相，询问是一种简单快捷的信息获取方式。通过当事人与调解员的言语互动，调解员可以获得与纠纷相关的有价值的信息，同时，通过言语互动，调解员还可以摸清当事人的性格特点，从其口中得知其家庭环境状况等辅助调解的相关因素。但询问式调查的缺点在于，双方的陈述经常带有强烈的主观色彩，无法做到将纠纷事实完全还原。

询问式调查通常是以分开调查的方式，即将当事人双方分别安排在两个房间内，通过调解员的分别询问摸清纠纷的基本情况。在这一过程中，当事人与调解员的互动是关键。询问并不一定都是教科书般的"心平气和""好言好语"，调解员通常会通过策略性的询问方式获取有效的信息。例如，有时会吓唬有些要滑头的当事人，有时会通过描绘虚构事实的方式刺激当事人以看其反应是否正常，甚至有的时候会拍桌子，瞪眼睛。但所有调查行为的目的都是查清事实真相。

三、阅卷式调查

阅卷式调查指的是纠纷调解组织通过审阅当事人提供的证据材料、鉴定资料对纠纷的事实进行调查的纠纷处理方式。阅卷式调查通常是针对涉及比较重大的矛盾纠纷，涉及复杂的法律关系或难以梳理清楚的事实关系时，调解组织才会采取的一种调解方式。这种调解方式相对比较正式，常见于专业性调解委员会和镇（街）司法所调解委员会所处理纠纷的过程。

使用阅卷式调查的主要原因在于，一方面，纠纷当事人对于调解结果的要求比较高，随着社会流动性的增大，很多民间纠纷已经脱离了"本土""本地人"的熟人圈子范围，越来越多的纠纷发生在陌生人之间，当事人双方出于利益考虑，都会最大限度地追求自身的利益诉求。调解本不同于审判，其主要作用在于促进当事人双方各退一步达成合意。但是，在陌生化的社会环境中，"人情面子"、道德舆论的作用力非常微弱，上述要素能够促进当事人各退一步的可能性很低。作为评价当事人行为和促进当事人退让的依据就只能是证据材料、鉴定资料。另一方面，由于一些纠纷法律关系复杂，案件事实也比较复杂，涉及的领域专业性强，因此，调解员很难通过能动式的调查或询问式的调查还原事实真相。促使调解员不得不采取和法官相同的策略，让双方当事人用证据材料，特别是鉴定材料说话，来证明自己的主张。对于那些缺乏证据支撑的主张，当事人需要为其承担不利后果。

可以说，阅卷式调查的特点在于严谨、科学并且具有很强的正式性，在确定当事人双方的责任分配时十分严谨，为追求调解结果与司法审判结果的趋同打下基础。当然，阅卷式调查必然意味着经济成本的上升，意味着调解周期的延长。唯证据论将会导致调解结果只能沿着现有的明确的证据材料的方向发展。对于那些模棱两可的领域，在过去，调解员可以对其加以利用，调解员通过策略性地把握这些模棱两可的部分，作为调解博弈的弹性空间，以促进双方达成调解协议。但是，随着阅卷式调查的发展，调解员无法发挥个人的主观性，同时也意味着调解的弹性空间在下降。

第四节 纠纷解决的方法

一、推动式解决

推动式解决是指人民调解机构积极主动地促进双方达成协议、履行协议甚至帮助当事人消除矛盾、解决问题。推动式纠纷解决常见于社区调解的日常工作之中，与能动式的纠纷调查方式相对接。一般情况下，能够通过推动式方法解决的纠纷都属于纠纷事实简单，金额不大，法律关系不复杂的纠纷。

调解员积极主动的推动方式有很多，在促成双方当事人达成调解协议方面，调解员通常会通过说道理、讲感情的方式进行推动。调解工作通常不会就事论事地展开，而是通过聊天的方式一步步推进。调解过程注重当事人的心理感受，让当事人觉得调解员确实是在"帮"他，"替他说话"。而并非只是一个中间人的角色。调解员的表达方式也不会像法官一样列证据、分析法律责任等，而是贴近生活地讲道理、说情感。如果当事人比较年轻，调解过程还会带有说教的成分，特别是对于明显存在过错的当事人，调解员甚至会毫不客气地进行批评教育。除了亲自做工作外，调解员一般还会借助当事人的熟人关系来做通当事人的工作。例如，如果当事人是村民，调解员会借助家门长者的力量做工作；如果当事人是老年人，调解员会借助其子女来做工作；如果当事人是年轻人，调解员会借助其父母家长来做工作。一般情况下，在调解员的积极推动之下，这些小纠纷都能够在相对短的时间内调解成功。此外，督促履行也是调解组织推动式解决的体现之一。调解协议签订当事人不一定会积极履行，如果当事人不予履行，矛盾依旧无法消除。例如，CF 镇品牌调解工作室之一的"乡贤工作室"，调解员钱老就经常通过主动推动的方式化解纠纷。该纠纷是一起工厂欠薪纠纷，农民工与工厂之间没有签订劳动合同，缺乏劳动关系的有效证明。另外一方的工厂老板虽然不否认工人劳动的事实，但就是躲着讨薪的农民工不肯出面解决事情。农民工无奈只能求助于当地社区具有一定威望的钱老。钱老通过电话联系了工厂老板，协调解决欠薪问题，老板口头答应支付农民工工资，看似矛盾纠纷已经得到解决。实际上老板却一拖再拖，迟迟不肯履行。无奈之下，钱老亲自上门拜访工厂老板，有时老板故意避而不见，因此，前前后后一共找了老板 7 次，历时 2 个多月。终于督促工厂老板履行了承诺，支付了工人工资。[1] 除了上述推动式的纠纷解决方式以外，社区调解有的时候会直接通过亲自帮助消除问题、解决困难的方式消除矛盾纠纷。例如，CF 镇的另外一个品牌调解室"和事佬工作室"，有居民因为快递问题产生纠纷。原因是，居住在一个院子里的几户人家共用一个门牌号，每每快递上门就会按响居住在最外面这家住户的门铃。最

---

〔1〕 2020 年 9 月 3 日下午，CF 镇某品牌调解室，钱某访谈。

外面这家住户不堪滋扰，与其他几户邻居产生了矛盾。而其他几户邻居似乎也很委屈，毕竟他们共用同一门牌号，而快递员也不知道到底是谁家的快递，因此，只能麻烦住在最外面的这户人家打听。面对简单普通的邻里纠纷，调解员毛毛阿姨先是通过讲道理的方式消除了邻里间的矛盾，随后买来油漆笔在每户的门口都标上了号码，用来区分这一门牌号之下的不同住户。[1]在矛盾纠纷的化解过程中，调解员不仅仅是协调方，还是纠纷解决方案的提供者和实施者。通过推动的方式解决了纠纷。

推动式纠纷解决模式实际上受到了传统的"群众路线"的影响，特别是浙江地区形成的"枫桥经验"深刻地影响着该地区矛盾纠纷化解机制的变化。所谓群众路线是广泛依靠群众，发动群众，调动一切可以调动的力量，加强社会治安综合治理工作。[2]社区调解当中的调解员，其身份的民间性更浓一些，在日常的纠纷调解中，也通常践行"从群众中来，到群众中去"的工作作风。通过身体力行的方式推动纠纷调解协议的达成、履行，促成矛盾的消除。这种纠纷解决推动模式的好处在于能够及时、有效地消除矛盾。特别是能够克服矛盾化解过程中调解机构可能出现的官僚主义作风。在很多调解机构的日常调解中，虽然调解机构按照法律规范分析纠纷责任，给出调解建议，组织签订调解协议。但是，调解机构仅仅是完成自己的工作任务，缺乏从当事人角度出发的关怀，在协议签订后也不督促履行，而是将相关责任转移到法院，让当事人通过司法确认保证协议效力，通过法院督促执行。尽管从义务的角度来看，调解机构已经尽到了调解纠纷的义务。但是，纠纷调解的效果并不一定十分理想。当事人可能依然抱有一定的怨气，签订调解协议的当事人依然面临着协议无法履行的后续困境。

二、压制式解决

压制式解决是指人民调解机构在纠纷调解的过程中，通过一定的策略给当事人施加压力，促成纠纷解决的调解模式。这种纠纷解决模式常见于"警

---

[1] 2020年9月4日下午，CF镇某品牌调解室，顾某访谈。
[2] 参见陈会林：《国家与民间解纷联接机制研究》，中国政法大学出版社2016年版，第189页。

调""诉调"等调解组织和交通事故纠纷调解组织的纠纷调解活动中。这类纠纷的共同特点在于，它们都与后续的司法活动、行政执法活动密切相关，如果不能在调解阶段得到解决，就有可能继续进入司法环节或行政处罚环节。

压制式解决带有裁判式解决的色彩，调解员作为"法官"，在了解清楚了纠纷事实和经过后，根据法律或道德经验判断，确定主次责任等。然后根据当事人诉求和类似纠纷最终达成的调解结果给出相应的调解建议。并且，通过一定的言语、行为达到让当事人不得不接受这一调解结果的目的。压制式纠纷解决模式可以分为道德压制、法律压制和后果压制。道德压制指的是调解员站在道德正义的角度，对纠纷当事人中合法却不太合理的行为进行压制和批评的行为，例如，有当事人仗着自己是法律上有利的一方，便"漫天要价"，提出一些不合理的赔偿要求。作为调解员，则会站在道德正义的一面对"漫天要价"者施以道德层面的斥责，让其接受调解员所提出的调解方案。法律压制则是通过法理明晰的方式，让存在过错的一方感到自责，让其认识到法律责任无论到了哪里都不可能摆脱，与其拖而不决，不如趁早解决纠纷。后果压制则突出体现在"警调""诉调"的过程中，调解员会摆明如果调解不成可能造成的后果。例如，在"诉调"中，调解员会列举其诉讼需要的经济成本与时间成本，最终得出上法庭不划算的结论。在"警调"中，调解员会告知存在过错一方当事人如果无法达成和解协议的后果，即可能被公安机关处以行政处罚，将来会影响子女就业、银行贷款等，从而给一方当事人造成心理压力。

压制式的纠纷解决方式常常被法学界认为不够法治，压制性的力量破坏了当事人真实的意思表示。而调解本应该就是建立在平等中立的基础上进行的。但是，也应当注意到，在压制式纠纷解决的实践过程中，调解员的压制力量并非简单粗暴地干涉当事人的选择。而是通过对当事人施加建立在法律规定、道德规范和可能的不利后果之上的压力，从而促进当事人朝着有利于纠纷化解的方向做出选择。可以说，这种压力并非来自调解员本身的主观选择，而是来自道德规范、法律规范等客观因素。调解员只是将这种客观压力重新表述出来。作为缺乏强制手段的调解员，想要促成调解就必然会选择利用其身边所能利用的资源。所谓的压制，可以被理解为其调动资源促调解的一种方式。《调解法》要求调解员"明法析理，主持公道"，这就需要调解员对当事人的行为作出分析和价值判断，换言之，调解员的感情色彩、道德正义感会在调解的过程中发挥作用，调解员无法也无须做到像法官一样的理性。之所以在"警调"与"诉调"当中这种压制式调解更为明显，是因为"警调"与"诉调"在实际后果上的压制明显超过了其他调解的后果压制。具体而言，"警调"不成功，一方当事人可能面临着马上被行政处罚甚至被拘留的风险；"诉调"不成功，一方当事人必然面临着败诉的风险，而败诉不仅需要支付纠纷所涉及的金额，可能还要承担额外的诉讼费用。当事人常常是处于这种客观的压制之下，选择尽快妥协，签订调解协议。而调解员也只是策略性地利用了这种客观压制罢了。

压制式解决模式的好处在于，在纠纷调解的互动过程中，能够有效制约部分当事人"只谈权利，不谈义务"的自利性主张，避免当事人提出过分的要求，从而引导纠纷朝着顺利解决的方向发展。此外，压制式解决模式可以提高纠纷解决的效率，避免当事人以各种理由推脱，导致纠纷久拖难决。最后，压制式解决模式可以提高协议履行的效率，一般而言，为了尽快达成协议，避免后续的成本，当事人都愿意即时履行调解协议，避免产生更多的麻烦。

三、中介式解决

中介式解决是指调解人员作为完全中立的第三方，严格依照证据事实与法律规定分清责任主次，按照法律规定的赔偿标准给出赔偿或补偿建议。具体最终能否达成协议以及达成协议金额的多少，则主要依靠当事人之间的博弈情况决定，调解员在其中只起到传声筒的作用，最大限度上尊重了双方的"意思自治"。这种形式的调解方式常见于事实证据清楚、责任划分清晰、法律规定明确的纠纷当中。在这样的前提之下，调解员采取比较"保守"的调解策略，即不过多介入纠纷本身。调解员只作为"传声筒"，偶尔帮助双方平衡一下金额诉求，帮助双方在最终的金额上达成共识。

中介式的纠纷解决常见于专业性调解委员会——"诉调"工作室调解的部分矛盾纠纷当中。例如，在"诉调"工作室经常处理的产品质量责任纠纷、侵权责任纠纷、人身损害赔偿纠纷当中。如果双方当事人对纠纷事实不存在争议，双方当事人所递交的证据材料当中有权威的鉴定报告，且相关问题在法律当中均有明确的规定时。"诉调"工作室的主要任务就是作为中介，帮助双方商议确定最终的赔偿金额。通常情况下，调解员会首先询问诉求方当事人的预期金额，再了解责任方当事人可以接受的范围。如果双方差距过大，调解员会按照相关法律法规的赔偿金额计算标准进行计算，并结合诉讼可能消耗的时间与经济成本，给双方一个合理的心理预期建议。

在中介式纠纷调解的模式下，调解员更多遵循的是"法官思维"，而不是"治理者思维"。当上述类型的纠纷缺乏证据材料、鉴定意见时，调解员的调解会变得更加谨慎。因为，如果缺乏证据就会影响调解中对基本事实的认定，更会影响对双方责任的划分。特别是在产品责任、侵权责任的赔偿问题上，双方的责任大小关系到赔偿金额的多少。在这类纠纷当中，调解员不轻易发表对纠纷的看法，不得将自己的价值判断带入纠纷调解的过程中。如果当事人能够达成共识，那么人民调解委员会按照当事人的意愿制作调解协议书。如果当事人未能达成共识，那么调解员也不强求，只能要求当事人再寻求其他法律途径进行解决。

这种调解方式的好处在于能够尊重当事人的意愿，最大程度确保当事人的意思自治。除此以外，还可以避免由于调解员的主观判断存在偏差而导致调解结果的不公平。对于那些纠纷事实混乱、法律关系复杂，需要谨慎处理的纠纷而言，此种处理方式可以最大程度地兼顾公平与纠纷处理的效率。

实际上，采用中介式的纠纷调解方式并不是由于调解者真的认为调解活动应当建立在被动中立的基础之上。相反，调解者的行为受到了"一站式"矛盾纠纷调解对于规范化与法治化要求带来的压力。宏观上，调解制度"一站式"发展，其背后隐含着对调解制度的体系化塑造，这种体系化发展的趋势之一就是对接国家的司法体系、行政执法体系、社会治理体系，从一种原本定位于社会内生的纠纷化解机制进一步演化到国家与社会共同化解矛盾纠纷的机制。因此，这种体系化的发展势必对人民调解产生了更高的规范化要求。简言之，只有规则化的人民调解制度才能与其他规则化的制度相对接。所以，这种规则化、规范化的压力进一步传导给微观层面的调解员，保持纠纷调解的规范化与规则化是调解员的一项责任与义务，因此，采用中介式的纠纷调解方式是纠纷调解者基于规避责任心态的策略选择。换言之，越少介入纠纷的实质内容也就越少承担风险和责任。调解员坚持证据材料的完善、严格依照法律规则和标准，不仅仅是从维护调解法治化的角度出发，同时也是将法律规则、证据完善作为自身工作的"退路"。也就正如一些调解员所说的"调不成无所谓，但是不能出错"。

第五节 纠纷解决的规则

一、"人情面子"与舆论

"人情面子"和社会舆论是纠纷调解当中调解员最常用的手段和依据。特别是在熟人社会或半熟人社会中，"人情面子"机制往往能够发挥十分重要的作用。因此，在社区调解中，"人情面子"是最常用的调解依据。一方面，在熟人社会中，尚存在一些"人情面子"机制，能够被纠纷调解者加以使用。另一方面，特别是在邻里纠纷、家庭纠纷中，事理、情理往往比法理更重要。相对和睦的邻里关系和家庭关系对于当事人个人而言，对于国家和社会的秩序稳定而言都具有重要的意义。可以说，此时调解的意义不在于恢复被破坏的法律秩序，而是修复破裂的情感，恢复和睦的生活秩序。中国传统社会中有"远亲不如近邻""家和万事兴"等关于邻里秩序、家庭秩序的文化。"人情面子"是熟人社会中内在的机制，"没面子"会对一个处于熟人环境中的个人造成不利的影响。因此，从文化和社会规范的意义上讲，"人情面子"作为调解的依据也有着一定的逻辑正当性。

"人情面子"和舆论作为调解的依据，通常出现在社区人民调解、镇（街）司法所人民调解等相对低层级的人民调解活动中。当然，并不是说社区人民调解和镇（街）司法所人民调解就只要"人情面子"这一种调解依据。调解过程中的依据通常是多元和复杂的。利用"人情面子"机制有两种实现方式。第一种实现方式是通过直接做工作的方式，也就是调解员通过讲"人情"、讲"面子"的方式进行调解。例如，某村的两户居民因修自来水管道的事情大打出手，经过村委会了解，矛盾的根源在于两家人祖上的矛盾，自来水管道的事情仅仅是个诱因。为了消除矛盾，村委会做了大量工作。最终，在让两家各退一步中起到关键作用的是，村委会的"治调主任"讲到两家人因为这些事情大打出手会让子孙后代很没有面子，况且两家人当中的年轻人关系其实还不错，如果因为祖上的那些事情影响了后代人之间的关系就得不偿失。将来怎么让后代们在村里立足生活，恐怕要被别的人指指点点了。两家人在考虑到后代的人情面子问题后，决定互相退让，祖上的事情不再提了。第二种实现方式则是通过间接的方式，利用村庄舆论化解矛盾纠纷。例如，某村在集体开发过程中，有 1 户~2 户人家认为政府赔偿的土地金额过少，不同意开发。某小组长曾经多次从中进行调解，但这 1 户~2 户人家依然不同意，坚持要求超出赔偿标准进行赔偿，并进一步阻挠施工。该组组长要求小组内每户出一个代表，一起开会来评评理。会议上，这 1 户~2 户人家觉得很没有面子，小组内村民的舆论都不向着他们，甚至有村民谴责他们贪心。在舆论和面子的压力下，这 1 户~2 户人家与拆迁开发部门达成了协议，接受了按照国家标准进行的补偿。

"人情面子"与舆论机制并不是"包打天下"的万能法宝，实际上，随着社会陌生化程度的提高，人员流动性的增加，即便是发生在社区、村庄中的纠纷，有很多也已经属于陌生人与陌生人之间的纠纷。随着社会的原子化程度加剧，"人情面子"的约束力越来越弱，有些人即便生活在村庄中，但对未来生活的预期不在村庄之内，人与人之间的关系逐渐疏离，个人越发不在乎其他人对自己的评价，舆论、"人情面子"所能发挥作用的空间越来越小，从村缩小到组，甚至从组缩小到邻里、亲戚。这都大大限制了"人情面子"与舆论机制在纠纷调解过程中所发挥的作用。因此，我们通过观察可以发现，"人情面子"与舆论机制往往存在于较低层级的调解之中，因为调解组织的层级越低，其面对的纠纷所在的空间越小，人员的固定程度、熟悉程度也就越高。反之，调解组织的层级越高，治理单元则越大，人员的复杂程度、变化程度与陌生化程度则越高，上述机制所能发挥的作用也就有限。

二、道德与地方风俗

道德与地方风俗是调解常用的第二大法宝，在基层，很多纠纷的产生与本地的道德观念和风俗习惯有着十分重要的关系。有些纠纷是因为特定的风俗导致的，例如，某村庄中邻里两户人家，一家人为了修建水管挖沟时，沟渠恰好从另外一家的门口经过。但当地有一个风俗，就是自家门前被人挖了沟渠会破坏这个家庭的风水运气，家里容易出晦气之事。所以，当地村民都非常避讳这一点。因为沟渠的原因，两家人产生了非常激烈的矛盾。当地村委会得知此事后，马上让村里的"治调主任"前去处理。由于双方产生了强烈的肢体冲突，所以当地的派出所、司法所调解委员也到现场参与处置。虽然从法律上看，修水管一家人的行为并没有过错，而另外一方的邻居也本该体谅他人。但是，当地对风俗习惯十分看重，这种传统观念根深蒂固，以至于当地始终保持着与这些风俗相关的生活方式，即不在别人家的门前破土挖沟。挖沟修管道一家人的行为尽管在法律上并无不当，但是的确有意破坏了别人家门前的风水，给邻居造成了困扰。村"治调主任"、镇司法所调解员就劝导修水管的一家人，以尊重当地风俗为好，毕竟风俗习惯已经成为村庄的一种内在规范。事情传出去，村里的其他人也不会向着挖沟的这一方。

地方的风俗习惯塑造了某一地方人们特定的生活方式，形成了一种特定的生活规范。这种生活规范得到了村庄内部人们的普遍遵守，从而获得了普遍意义上的权威。尽管随着社会法治化水平的发展，城镇化水平的提高，越来越多的地方性风俗习惯被瓦解，社会规范的标准朝着统一化的方向发展。但仍然不可否认的是，国家法律不可能事无巨细地规定个人生活的方方面面，人类社会的行为规范仍然需要以多元化的形式存在。此外，法律对文化习俗的影响也并非一朝一夕的事情，法律虽然可以改变、塑造和约束人们的行为，但是，对于观念和价值层面的塑造却并不能一蹴而就。最后，风俗习惯的存在有的时候可能会改变法律权利义务的运行方式，从而产生由于一组权利义务关系改变而带来的连锁式反应。例如，在老人遗产分配问题上，个别地方的风俗是"嫁出去的女儿泼出去的水"，乍一看，这与《中华人民共和国民法典》（以下简称《民法典》）中关于法定继承人的相关规定有所出入，而且，这也明显有违男女平等的原则。然而事实上，当地还有相应的习俗是嫁出去的女儿不承担父母的赡养义务。因此，女儿不参与分家析产，更不用管父母今后的生老病死。显然，这样的习俗与法律关于"赡养老人的规定"也有所出入。当地的风俗习惯改变了法律规范中对出嫁女儿养老义务的规定，同时，也就相应地改变了出嫁女儿在继承遗产方面的权利。如果在调解继承纠纷时，片面强调男女平等，反而会造成不公平。

从上述经验来看，地方性的道德规范、风俗习惯对于解决本土化的纠纷具有重要的意义。使用道德规范，风俗习惯作为调解依据的一般都是层级较低、官方权威色彩较低的品牌调解室以及其他的社区调解组织。当然，这种经验只限于本土的纠纷。一旦涉及更大范围的纠纷时，地方经验便不具有了参考意义。

三、法律规章制度

依法调解是调解坚持的普遍原则，但实际上，法律规章制度在各级调解组织中发挥的作用有很大差异。通常情况下，层级越高的调解组织依靠法律法规作为调解依据的几率就越高。原因可以从以下几个方面分析：首先，层级越高的调解组织所面对的纠纷当事人间的陌生化程度就越高。这是受调解组织服务的范围和其本身的规模所决定的。在陌生人之间，"人情面子"、道德与习俗往往很难发挥作用，他们之间共识性的可供认可的依据就只有法律规范。因此，层级越高意味着调解组织遇到的异质化群体就越多，法律被依赖的程度就越高。当然，这里并不是完全否认"人情面子"、道德与习俗在高层级调解中可能发挥的作用，本书只是从经验的角度客观地呈现高层级调解的状态。其次，层级越高的调解组织所面对的纠纷往往更为格式化、规范化。与基层调解组织经常面临鸡毛蒜皮、零零碎碎的矛盾纠纷不同，越高层级的调解组织其处理纠纷的格式化、规范化就越为明显。纠纷按照类别进入相应的调解组织，例如，交通事故纠纷、医疗纠纷、物业纠纷、劳动纠纷等，能够被类型化的纠纷本身就隐含了其具有格式化的特征，否则就无法被类型化。因此，在面对具有格式化、规范化的纠纷时，法律成为最便利的依据。再其次，越高层级的调解活动与其他司法活动、执法活动相互对接的几率增加，这也就意味着调解需要与司法体系、行政执法体系保持规则上的一致，这对调解的规范化和法治化提出了更高的要求。特别是作为更高层级的调解制度，如果不能保持与其他制度体系所使用的规范的相容性，则会在工作衔接上产生很多问题。例如，在诉调对接中，如果法院与调解组织运用的规则不一致，法院以法律规则为准绳，而调解组织以习俗道德为依据，这不仅会造成调解前后的话语体系混乱，还会增加调解协议在司法确认和后续执行上的难度。在调解协议的司法确认环节，可能出现法院以司法的方式确认了以道德或习俗为依据产生的调解结果，道德与习俗似乎就此获得了司法性质的约束力。因此，作为经常需要与司法制度、执法制度对接的更高层级的调解体系，必须坚持对法律规章制度的依赖。最后，将法律的统一规定作为调解的尺度，可以避免日后产生因为尺度不一而带来的治理危机。在日常生活的纠纷中，即便纠纷性质相同，但纠纷发生的过程、细节、当事人的家庭情况等个性化因素不可能相同，这些综合性的因素可能会在道德风俗、"人情面子"或舆论的作用下对最终的调解结果产生影响。过去，调解毕竟是一种就事论事的纠纷解决方式，调解的目的在于处理好个案纠纷，而缺乏对调解结果体系化建立必要性的认知。而调解结果的个案化可能会在将来带来一定的治理问题，例如，有些交通事故伤亡赔偿纠纷中，当事人就拿出之前个案纠纷调解的结果作为依据，要求多赔或者少赔。因此，纠纷调解机构也越来越重视对于标准的统一，法律规范是标准统一的基础。因为只有法律规范才是具有统一适用性的制度规则。

从整体来看，纠纷调解的规则体系有着比较明显的层次区分，越高层级的调解组织就越偏向于采取法律规范的规则，而越低层级的调解组织就越偏向采取具有地方性和熟人社会特色的规则。调解的规则体系朝着复杂和有序的方向发展。

第三章

"一站式"矛盾纠纷调解的"组装"机制

第一节　"一站式"矛盾纠纷调解的组织机制

一、"一站式"矛盾纠纷调解的组织框架

　　2019年，集合贯彻诉源治理和弘扬"枫桥经验"的双重目的，浙江省F市在全市范围内建立县一级的矛盾纠纷调处化解中心。与其他地区的实践经验有所不同，F市的县域"一站式"纠纷化解经历了"从法院代管到党委主管"[1]的转变。在县一级政法委的统筹协调下，县一级的矛盾纠纷调处化解中心整合了县综治中心、县信访中心、诉讼服务中心、公共法律服务中心、行政争议与调解中心、12309检察服务中心，12345政务平台、社会治理综治中心，将原有的涉及社会纠纷矛盾化解功能的平台体系进行了整合。此外，一些与矛盾纠纷化解相关的组织单位也通过轮驻和常驻的方式，进驻县一级矛盾纠纷调处化解中心，包括公安、司法、市场监督、人力资源和社会保障、城管、律师、法院、交通纠纷调解委员会、医疗纠纷调解委员会、婚姻家庭纠纷调解委员会、校园学生伤害纠纷调解委员会、劳动人事争议纠纷调解委员会、物业纠纷调解委员会、商事纠纷调解委员会、保险纠纷调解委员会。县级矛盾纠纷调处化解中心为公益一类事业单位，人财物由县一级财政负责，矛调中心除各个进驻单位外，还设立了综合协调科、信息科、备案科等科室，

---

[1]　参见刘婧：《"一站式"多元解纷的中国实践与经验专题研讨发言摘登》，载《人民法院报》2021年10月9日，第2版。

工作人员目前适用的是事业编制。

县域的"一站式"矛盾纠纷化解机制以县矛盾纠纷调处化解中心为原点，形成了横向到边、纵向到底的格局。横向上整合了上文中提到的各个中心与相关的部门或组织，纵向上也形成了"县—镇—村"的三级矛盾纠纷调处网络。镇、村两级并不进驻县级矛盾纠纷调处化解中心，而是作为县级矛盾纠纷调处化解中心的延伸，作为分级处置纠纷的向下触角。

县级矛盾纠纷调处化解中心的建立，首先是发挥了县级党委对各个组织单位的领导功能。在县域范围内，包括对法院、检察院、公安等职能部门在内的干部实行双重管理的原则，即地方党委和职能部门党委共同管理。县一级党委可以通过对职能部门党委实现对职能部门的领导。各个部门的党组织对各个部门内部的资源分配和具体工作具有统筹的功能，其中就覆盖了部门内部的各项重要工作。这为打破部门间的条块壁垒，整合纠纷化解资源提供了可能。此外，"归口管理"是党对国家机关进行重组，将职能相关的国家机关、政府机构整合入党的管理体系之中，依靠党的对应职能部门来具体实现党的领导作用的一种方式。县委通过政法委归口管理法院、检察院、公安、司法等政法部门，也正因此，县级矛盾纠纷调处化解中心的建设与管理也归口到政法委之下。其次，F市将诉源治理和弘扬"枫桥经验"作为当地党政工作的中心工作来做，这也就为县委政法委能够调动并统筹各个机关和部门资源奠定了基础，这也是T县的矛盾纠纷调处化解中心能够在相对短的时间内建立起来的原因。

县域"一站式"矛盾纠纷化解机制的日常运行以县一级矛盾纠纷调处化解中心为体现，县矛盾纠纷调处化解中心以综合服务中心集中办公的方式为体现，纠纷当事人可以在服务台将待处理纠纷录入系统，由服务台按照纠纷类型归口到相关职能的调解组织，并将当事人导引到对应的调解组织窗口。窗口核对确系本调解组织管辖的类型纠纷，则在系统上操作接单。简单的纠纷一般能够通过相应对口的调解组织完成纠纷化解工作，即"录入—分流—引导—接单"。

复杂的纠纷则有所不同，复杂的纠纷可以分为两类。第一类是纠纷内容本身较为复杂，可能涉及多个职能部门工作的，这类纠纷由窗口反馈给矛盾纠纷调处化解中心，矛盾纠纷调处化解中心通过分析研判认定为重大纠纷后，则牵头并协调相关职能单位联合解决。例如，在一些群体性的工程劳资纠纷，施工单位是由住建部门负责管理，劳务关系和工资问题属于劳动保障部门负责管理，而工头恶意拖欠有可能构成刑事犯罪，则属于公安机关负责管理。此外，由于涉及人数众多，牵扯地方维稳问题，综治信访部门也有涉及。在此类纠纷中，县级矛盾纠纷调处化解中心就会牵头并动员相关入驻单位，派员共同参与纠纷化解的整个过程，共同商议解决方案，在纠纷化解的过程中各自履行各自的职责。

第二类是纠纷解决的流程中，按照先后顺序需要牵涉不同职能部门的。例如，一些复杂的交通事故纠纷既牵扯到责任划分与赔偿金额的确定，同时还涉及保险公司的后续赔付问题。这类纠纷就会由公安、交管、交通事故人民调解委员会与保险纠纷人民调解委员会共同调解。这种矛盾纠纷的化解是将过去需要当事人先后到访的三个部门整合在一起，将化解纠纷的多方职能组织或部门联合到一起，在同一时空下进行纠纷调解，为当事人节省时间，也提升了纠纷解决的效率。此外，纠纷协议如果无法履行完毕的，当事人还可以在调解协议完成后到人民法院的窗口进行司法确认，这也减少了当事人带着证据材料和调解协议再前往法院的麻烦。对于一些调解失败的纠纷。当事人可以前往公共法律服务平台咨询律师，也可以到人民法院窗口咨询起诉立案的相关事宜。

县级矛盾纠纷调处化解中心作为协调组织，不仅仅是为各个部门提供了统一的、集中的矛盾纠纷化解空间，也会对调解的结果、纠纷调解的进度进行实时追踪，督促调解的进行。在纠纷案件办结后，县级矛盾纠纷调处化解中心会对当事人进行回访，进行满意度评价。此外，作为协调机构，县级矛盾纠纷调处化解中心还需要对日常进入解纷体系内部的纠纷进行分类、归口。对复杂的矛盾纠纷，协调多个部门进行解决。县级矛盾纠纷调处化解中心还提供了技术平台上的支撑，通过录入矛盾纠纷调处化解平台实现全程跟踪和对纠纷证据的资源共享。此外，县级矛盾纠纷调处化解中心还借助社会治理事件处置平台和社会风险研判平台，将数据信息传递与共享辐射到乡镇、村（社）当中，通过村（社）、乡镇和矛调中心的数据抓取，进行预警分析，并对事件的紧急情况进行分级处置。处置过程往往需要利用到矛盾纠纷调处化解机制的纵向体系，即发挥镇一级的矛盾调处化解中心和村（社）一级的纠纷化解力量。例如，某村的一户居民，在派出所处理与邻居间的纠纷中，因不满处理结果，扬言自杀。派出所民警出警结束后，将纠纷处理情况通过社会治理事件处置平台进行登记，该信息被社会风险研判平台系统自动抓取后反馈到县级矛盾纠纷调处化解中心，中心分析研判后联系该居民所述村的"治调主任"和村级组织，要求村级组织到家中走访，确保不会发生极端事件。

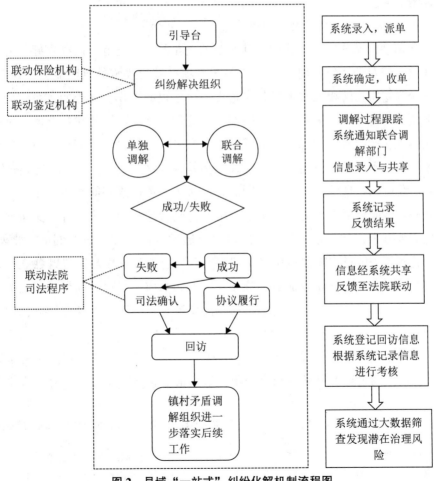

图2　县域"一站式"纠纷化解机制流程图

二、纠纷调解组织结构再造的机制

"一站式"纠纷治理的要旨在于：打破各类解纷资源在传统分布中的空间阻隔与职能壁垒等困境，以"一站式"平台整合多元解纷力量，进行集约式、协同化和"一站式"的解纷服务。[1]而如果处理不好上下级信息关系，条块关系和部门利益关系就会发生组织失灵。[2]因此，组织再造的内在机制就突出表现在打破空间阻隔、破除部门职能与信息壁垒、建立强有力的领导协调机制等方面。

（一）纠纷化解功能的空间整合

所谓"一站式"纠纷化解，其实质就是在同一时空范围内办理好所有纠纷化解所需的手续，将与纠纷相关的事项办结。按照科层职能分工体系，每一个与纠纷化解相关的主体各自负责各自条块的工作，这样的体系结构具有分割性，将不同的事项纳入不同部门的管理，这实际上是对社会的一种理想化治理。按照科层的思路和模式处置，有时不但解决不了问题，还可能激化矛盾，使不同矛盾发生叠加产生聚合效应。[3]在一般的纠纷调解过程中，与纠纷化解的各项资源分散在不同的政府机关、单位或民间组织当中。纠纷的化解可能既需要不同的行政执法单位的行政管理权力作为支撑，又需要相对熟悉地方风俗和人情世故的民间调解员通过"情与理"进行润滑。此外，纠纷化解相关的过程需要经历多个程序和阶段，这些程序与阶段既独立又连贯，且相互之间还存在着前后的顺序关系，如果前一步存在问题，那么下一步往往无法进行。例如，有的纠纷前期需要鉴定，中期需要联合调解，后期又需要保险赔付或司法确认，涉及程序复杂，主体繁多。

在构建县域"一站式"矛盾纠纷调处化解机制的过程中，空间再造是第一步。而空间再造需要考虑两个问题，第一是空间再造需要吸纳哪些机构与

---

〔1〕 参见温丙存：《我国基层纠纷治理的制度转型与创新发展——基于 2019~2020 年全国创新社会治理典型案例分析》，载《求实》2021 年第 4 期。

〔2〕 参见程熙：《"运动式治理"日常化的困境——以 L 县基层纠纷化解活动为例》，载《社会主义研究》2013 年第 4 期。

〔3〕 参见顾培东：《试论我国社会中非常规性纠纷的解决机制》，载《中国法学》2007 年第 3 期。

部门，第二是空间再造应当以什么样的方式进行，如何将不同条块关系下的部门整合再造到同一空间之内。

T县采取了两条集中具有纠纷化解功能组织部门的思路。第一条思路是围绕复杂纠纷本身，复杂纠纷往往是多个矛盾相互叠加形成的复杂网络，这需要与矛盾纠纷有关的不同的职能部门或组织的介入。第二条思路是围绕纠纷化解的流程与需要将相关部门或组织进行集中，纠纷化解往往并不仅仅涉及化解机构本身，还需要考虑与纠纷化解有关的鉴定程序、执行程序、救助程序以及纠纷化解不成后的兜底程序等。

县域"一站式"纠纷化解机制中的空间整合主要是通过对各个职能部门和组织的功能分区进行空间整合实现的。换言之，每一个职能部门在社会治理中扮演着不同的角色，并发挥着不同的功能。例如，行政执法部门承担着执法的职能，但是，行政调解也是其工作之一，通过行政执法吸纳纠纷解决也是其在社会治理当中的重要功能。在此条件下，行政执法部门的功能就可以被划分为执法、管理、纠纷化解等不同的逻辑功能分区。既然在现有的行政体制之下无法打破科层分工，那么将不同职能部门具有相似或相同的功能分区进行整合就成为"一站式"矛盾纠纷化解机制的主要实现途径。例如，T县将交通事故纠纷调解功能整体集中到交通事故纠纷人民调解委员会，T县交警部门派专门的调解员和交通民警进入交调委。而T县交警则不再对具有争议的交通事故赔偿进行调解，只负责出具交通事故责任认定书。由此可见，T县交警部门纠纷化解的功能分区就被整合到了矛盾纠纷调处化解中心这一具体的主体和空间当中。

空间整合对于组织再造具有重要意义，通过空间整合不但便利了纠纷化解，也将纠纷化解活动及其风险控制在封闭的组织空间之内，避免外界的干扰，并以空间的方式确定了组织内部的秩序安排。由于调解空间与执法空间相类似，可以借鉴执法空间的理论模型对本书所提到的调解空间进行分析。空间由物理空间、社会关系、权力运行三个维度构成。[1]从物理空间角度来看，不同空间提供不同的场景。在"一站式"纠纷化解的过程当中，纠纷化

---

〔1〕　参见陈柏峰：《乡村基层执法的空间制约与机制再造》，载《法学研究》2020年第2期。

解的工作集中在县级矛盾纠纷调处化解中心展开，而这一空间具有封闭性、集中性的特征。对纠纷化解这一工作而言，纠纷化解行为将在一个可控的物理空间内部展开，纠纷化解的治理场景对应了明确的物理空间，即县级矛盾纠纷调处化解中心。纠纷化解者以一定的标准和程序在特定的物理空间内展开活动，便意味着治理行为的启动，被治理者在识别出相关信息后会采取相应的行动。[1]明确的空间边界意味着纠纷化解不再是分散、零碎的工作，而是在特定场景和特定地点的具有权威性的专项活动。人们自然而然会得到规训，在遇到纠纷后来到特定的场所解决问题，由此，纠纷化解中存在的风险也变得可见可控，可以被控制在特定的物理空间当中。

从社会关系角度来看，矛盾纠纷调处化解中心窗口或调解室所集中的往往是与纠纷解决密切相关的组织与部门，这些入驻人员分别来自不同条线的机关单位或社会组织，他们之间原本并不存在横向的关联。空间整合中，上述入驻人员的社会关系发生改变，他们需要联合参与各类纠纷的调解工作。他们之间被建构起了新的关系。此外，空间的整合有利于当事人在同一封闭的空间内同时和多个与纠纷化解相关的组织相协商，是从物理空间上降低了当事人与各个组织部门之间的协商成本，强化了纠纷当事人与各个纠纷解决组织之间的关系。这种具有特定场景的在场式的纠纷解决，不但便于信息的传递、反馈，及时消除误会，纠正错误。而且便于调解者及时观察、体会当事人的情绪变化，掌握当事人的心理动向，对当事人的说辞进行识别和判断。除了上述作用外，特定的空间与场所具有封闭的特征。相比于"街头"的人员流动、陌生与不可控，这里与外界相对隔绝，几乎可以隔绝外界对纠纷化解过程的干扰。

从权力运行的维度来看，可以分为两个方面。一是在纠纷解决问题上的权力资源的集约，二是组织内部权力秩序的形成。在纠纷解决问题上，各个职能机关单位或社会组织入驻封闭的空间，意味着他们将以在场的方式提供资源和帮助，这也就意味着具有专业化、正式化特征的不同类型的调解权威将在同一时空之内作用于单一纠纷本身，调解资源集约，发挥"耦合"效应，

---

〔1〕 参见吕德文：《治理技术如何适配国家机器——技术治理的运用场景及其限度》，载《探索与争鸣》2019 年第 6 期。

加快纠纷解决的速度。此外，组织空间的再造实际上为县级矛盾纠纷调处化解中心内部秩序的安排发挥了作用。入驻机构在组织空间内部的格局确定了其功能与地位。例如，大部分入驻单位作为服务窗口被设置在一楼大厅，表明其作为一线的服务单位需要直面前来咨询纠纷解决的当事人，作为当事人进入县级矛盾纠纷调处化解中心所遇到的第一接待人，需要按照"首问负责制"的原则协助到底。而各个调解委员会则作为隐藏在窗口背后的办公室当中，在窗口力所不逮时，才会把当事人请进调解室，此时调解委员会发挥主要作用。而无论是窗口还是调解委员会，他们都必须服从于矛盾纠纷调处化解中心办公室的指挥和调度，这样的空间格局更便于领导者在面对纠纷时对资源的调动和支配。

（二）组织内部信息技术平台的整合

矛盾纠纷调处化解中心这一新的组织机构成立，首先依据纠纷化解的功能区分在空间上进行了整合与再造。但是，物理空间的组织再造仅仅是第一步，信息技术平台的整合解决了组织内部信息传递与沟通的问题，同时也赋予了入驻组织更多的权力（资源调动秩序与支配格局发生改变），更便利了自上而下的监管与约束。此处的平台整合指的是信息技术平台的整合，即上文中所提到的分散的信息技术平台整合为一个综合性的技术平台。在县级矛盾纠纷调处化解中心，应用最多的则是在线矛盾纠纷多元化解平台（ODR平台）。不仅县级的矛盾纠纷调处化解中心的各个职能窗口使用该平台，乡镇司法所、"警调""诉调"等组织也使用该平台系统。参与调解的部门需要在系统当中录入纠纷信息、证据材料、文书资料并更新调解进展，这些信息可以被矛盾纠纷调处化解中心中的指挥中心所浏览和查看。指挥中心会对信息的更新速度进行监控，并实时跟进。录入系统的信息一方面可以提供给后续的纠纷化解部门查看，另一方面为风险研判做依据。

首先，技术平台的整合正是对组织内部信息传递模式的再造，整合破除了原有条块之间的信息壁垒。技术平台的整合并不存在技术上的难处，通过网络平台，达到了对各个与调解功能相关职能部门和组织进行虚拟联结的结果。技术平台的整合，首先是对组织与组织之间信息传递方式的改革。原有的科层分工体系之下，从横向看，部门与部门、部门与组织、组织与组织之间都存在着信息传递隔绝的问题。特别是在跨程序、跨地区的纠纷解决活动中，信息传递的不顺畅是影响纠纷解决效率的重要因素。技术平台的应用将各个原本隔绝的部门或组织联结在一起，减少了由于信息获取所需要支付的成本。例如，在矛盾纠纷调处化解中心未能调解结案的纠纷，将会转到法院立案或转到法律援助提供咨询，纠纷化解责任主体虽然发生变化，但当事人无须为此再付出额外的时间成本。法院或援助律师可以通过信息平台上的信息迅速判断，给出建议并采取下一步的行动。

其次，信息技术平台的整合便利了每一个入驻单位在必要时申请资源整合与资源支援，可以说，"技术嵌入为多元主体与资源介入基层治理搭建了信息化平台"[1]。信息技术平台整合赋予了组织内部基层个体更多的话语权和资源获取能力。具体而言，在纠纷化解工作中，入驻单位认为单独调解存在难题，需要联合解决的。能够通过平台及时向上级提出申请，并及时将案件信息分享给其他参与调解的部门或组织。上级能够通过平台及时指令其他的纠纷解决职能部门与原调解主管部门进行联合调解。相比在条块相隔离时期，联合调解必须通过县级党委统一协调，借助上级党委的权威而言。这种技术平台的应用，无疑是赋予了基层入驻单位更多的话语权并增强了资源获取的能力。

最后，信息技术平台整合强化了自上而下的监控与约束，县级矛盾纠纷调处化解指挥中心可以对各个职能部门和窗口的工作情况进行及时的掌握，把控关键节点，从而提高了整个组织内部的工作效率。一方面，技术平台的整合加强了县级矛盾纠纷调处化解指挥中心对各个入驻机构在纠纷化解过程中的过程控制。各个职能部门需要按照时效在系统上响应接单，录入信息，并在规定的时限内将调解结果通过系统反馈。通过信息技术平台的整合，县级矛盾纠纷调处化解指挥中心形成了对各个职能部门或组织的实时跟踪与监控，对关键节点的情况进行把握。对于长时间没有响应，或是未在规定期限内结案的纠纷，县级矛盾纠纷调处化解指挥中心会对案件情况进行跟进，从而形成对入驻调解部门的约束。另一方面，技术平台的整合也促进了县级矛

---

〔1〕 张帆：《信息技术赋能基层治理的路径与限度》，载《兰州学刊》2021年第10期。

盾纠纷调处化解指挥中心对调解的结果控制。调解的具体结果以及当事人的满意度会通过信息技术平台进行反馈，当事人是否因为同一个事件反复申请调解或上访，也都可以通过信息系统的监控一目了然。这样的信息系统为矛盾纠纷调处化解指挥中心对各个部门的约束提供了技术条件。换言之，矛盾纠纷调处化解中心可以借助信息技术平台实现对新建的组织内部的有效管理。

此外，县域"一站式"矛盾纠纷化解机制不仅仅体现在矛盾纠纷调处化解中心这一机构的物理空间内部，在实践中，县级矛盾纠纷调处化解中心也会对乡镇级矛盾纠纷调处化解中心、村（社）级矛盾纠纷调处化解人员进行专门的指导和指引。乡镇级矛盾纠纷调处化解中心以及村（社）级矛盾纠纷调处化解中心工作人员成为"一站式"矛盾纠纷调处化解机制向下的抓手。从组织再造的角度来看，乡镇一级的矛盾纠纷调处化解中心、村（社）级矛盾纠纷调处化解中心人员均成为县级"一站式"矛盾纠纷化解组织体系中的一部分，成为县级矛盾纠纷调处化解中心向下的延伸。由于县级矛盾纠纷调处化解中心与镇级矛盾纠纷调处化解中心、村（社）级矛盾纠纷调处化解中心之间并不存在行政关系上的隶属关系。因此，通过技术平台，县级矛盾纠纷调处化解中心内的指挥中心可以收集由镇级矛盾纠纷调处化解中心、村（社）级矛盾纠纷调处化解中心人员所搜集上来的信息，并督促镇级矛盾纠纷调处化解中心、村（社）级矛盾纠纷调处化解中心尽快解决当事人所反馈的纠纷问题。

技术平台的应用，强化了新形成的组织体系。[1]特别是强化了信息传递，打破了信息传递的科层分工壁垒，此外，信息技术平台被官僚体系俘获后，用于社会控制和权力再生产，[2]从而强化了组织内部从上对下的监控和自下而上的反馈。再造了组织内部的支配关系，实现管理与信息传递的扁平化。

（三）组织领导关系的再造

县域"一站式"纠纷化解机制通过建立县级矛盾纠纷调处化解中心的方式，将部分政府职能部门和社会组织的纠纷化解功能进行了物理空间上的整

---

〔1〕参见刘法杞、陈柏峰：《技术平台对科层体制的重塑及其治理效应》，载《河南大学学报（社会科学版）》2020年第6期。

〔2〕参见吴旭红等：《技术治理的技术：实践、类型及其适配逻辑——基于南京市社区治理的多案例研究》，载《公共管理学报》2022年第1期。

合，这使县级矛盾纠纷调处化解中心具有了组织空间面貌和明确且精细的组织功能定位，完成了组织的空间与功能再造。而技术平台的整合则是在不打破原有行政体制之下科层分工的基础上，用技术的方式顺畅了各个窗口、入驻部门、入驻组织之间的联络，同时也构建起了一套相对独立和完善的组织内部信息传递机制与立体的组织监管途径。在此基础上，县域"一站式"纠纷化解机制的组织再造需要考虑最后一个方面，也就是组织领导关系的再造，即实现从"多中心"管理向"一中心"管理的转化。

所谓领导关系的组织再造是指县级矛盾纠纷调处化解中心内部领导关系是如何形成的，这种自上而下的支配关系是如何建构的，又是如何促进再造的组织有效运作的。县级矛盾纠纷调处化解中心内部入驻的部门和组织都隶属于县级政府职能部门或其他社会组织，入驻单位的工作人员的人事关系仍然隶属于原来的职能部门或社会组织。而且，这些政府职能部门和社会组织独立于县级矛盾纠纷调处化解中心，在行政职级上，他们同属县级机关单位。可以说，从行政级别的角度来看，县级矛盾纠纷调处化解中心并不具备支配其他县级机关单位的资格。更进一步说，县级矛盾纠纷调处化解中心作为县政法委下属的事业单位甚至还较一般的县级机关低一层级。在此情形下，如何构建起有力的组织内部领导体系，调和组织内部的条块关系矛盾就显得尤为重要。胡仕浩认为，要坚持发挥党政主导、综治协调与多元共治相结合的系统功能。[1]杨华也认为，党政体制和条块体制在县域治理中发挥了重要作用，而党政体制有利于调和条块矛盾。[2]因此，在县域"一站式"纠纷化解机制中，党政体制对于领导关系的再造发挥了重要作用。

组织内部领导关系的再造需要重点关注以下两个问题，第一是县级矛盾纠纷调处化解中心的领导关系结构呈现出何种经验现象，与通常有何不同。第二是在这种领导关系结构背后，领导权威如何运行，如何发挥作用。

从组织内部的领导关系结构的维度来看，T县矛盾纠纷调处化解中心的领导分为双重领导格局。但是，不同于一般机关单位内部人员的"一体双管"

---

〔1〕 参见胡仕浩：《多元化纠纷解决机制的"中国方案"》，载《中国应用法学》2017 第 3 期。

〔2〕 参见杨华：《治理机制创新：县域体制优势转化为治理效能的路径》，载《探索》2021 年第 5 期。

的同主体党政双重领导格局，县级矛盾纠纷调处化解中心组织入驻人员的领导出现了"双体双管"的双主体的结构。第一种领导关系结构中主体是矛盾纠纷调处化解中心，表现为中心党委对入驻人员的党组织关系领导，通过将入驻工作人员的党组关系统一划归到矛盾纠纷调处化解中心的党组织关系之下，实现矛盾纠纷调处化解中心对内部功能分区入驻人员的领导。入驻工作人员的党组织关系转入县级矛盾纠纷调处化解中心党委，由县级矛盾纠纷调处化解中心党委对入驻工作人员的日常工作进行党组织上的领导和考核。第二种领导关系结构是科层体系内部的行政领导，由于与一般的县级机关单位不同，矛盾纠纷调处化解中心内部的入驻人员在行政上仅接受原来所在的业务主管部门的行政领导。入驻人员的人事关系仍然隶属于原来所在的业务主管部门，其职务升迁、绩效考核仍由原来的业务主管部门负责。

从领导权威运行的角度来看，一般的行政官僚体系当中，党委制发挥了重要作用，是领导权威运行的主要方式。《中国共产党章程》第10条第5款规定："党的各级委员会实行集体领导和个人分工负责相结合的制度。凡属重大问题都要按照集体领导、民主集中、个别酝酿、会议决定的原则，由党的委员会集体讨论，作出决定；委员会成员要根据集体的决定和分工，切实履行自己的职责。"在一般的科层体系中，尽管领导权威包含行政权威与党的权威这两个维度，但党的权威具有统领全局的地位，而行政权威一般需要服从党的权威。例如，在一般的行政单位当中，行政关系当中的上级权威作用于下级体现在上级领导对下级职员工作的安排、业务能力的考核、工作情况的评价等具体的人员管理上。同时，单位行政职级中的领导通常是单位党委的成员。单位内部的重大事项决策、重要的人事变动都需要经过党委会的讨论，党的一些政策或决定也是通过这种方式在科层体系中实现贯彻。在一般的科层体系中，党委通过嵌入科层体系，利用科层体系中的行政权威，实现对科层机构日常工作的领导和对人员的管理。可以说，在一般的科层体系当中，组织权威的运作包含党的权威与行政权威的叠加，而且行政权威与党的权威这两条运行的路径并未显得泾渭分明，相互之间无法割裂，呈现出合并运行的状态。

县级矛盾纠纷调处化解中心不同于一般的行政官僚，其组织再造具有特殊性。县级矛盾纠纷调处化解中心更类似于党委政府围绕某一特定问题而成立的组织机构，在以往，这类组织机构具有临时性的特征，通常是为了迅速解决某一问题，在地方党委的岗位推动下，围绕某一中心工作建立起来的临时组织，能够在短时间内利用党委的压力实现对资源的整合。因此，在过去，临时性的组织机构常常是运动式治理的产物，并不涉及常态化领导的问题。但在县域"一站式"纠纷化解机制中，既需要解决运动式治理状态下的组织领导问题，更要解决在日常常规状态下的组织领导问题。由于县级矛盾纠纷调处化解中心的基层工作人员属于入驻机关单位的派驻人员，其日常的行政业务管理仍然属于原来单位。特别是在人事管理、业务考核、工资发放方面，原来的业务主管单位仍然具有绝对的领导权威。如果县级矛盾纠纷调处化解中心的领导班子不能对各个机关单位或社会组织的入驻人员进行有效的支配，那么这种"一站式"纠纷化解机制必然是松散的，无法达到统一配合，形成理想的纠纷解决效率。

正如上文所述，在县级矛盾纠纷调处化解中心组织内部的组织领导结构都依赖于党组织，"通过发挥党的领导在场和政治势能来产生凝聚力，整合跨部门利益，黏合高度分化的科层结构，重组科层体系的运作方式"〔1〕。组织体系内部的党的领导一方面基于党在社会治理中的领导地位，另一方面来源于县级矛盾纠纷调处化解中心本身就是县级政法委下设的事业单位。因此，县级矛盾纠纷调处化解中心是县级政法委直接指挥并领导的，同时也与县委保持密切的关系。一方面，县级矛盾纠纷调处化解中心可以利用中心党委的权威，直接领导入驻机关单位和组织的工作人员，从党管干部的角度，对入驻干部的作风、纪律进行管理，这种管理成为日常情况下的最常见的组织管理方式；另一方面，中心党委借用县级政法委的权威，利用县级矛盾纠纷调处化解中心与地方政法委的紧密关系，在党的归口管理制度基础上，将矛盾纠纷调处化解中心各入驻人员的具体表现纳入县委对县级各机关单位和组织有关纠纷化解工作的考核体现出来。在县级矛盾纠纷调处化解中心的组织管理中，领导权威以党权威运行为主，党权威的运行成为矛盾纠纷调处化解中

〔1〕 郑智航：《党政体制塑造司法的机制研究》，载《环球法律评论》2020年第6期。

心形成对入驻人员有效支配的基本方式。例如，T县利用政法委每个季度召开的联席会议，通报各个入驻单位的情况，间接地通过"党—政"的方式，转化为入驻部门或组织上级对其形成的行政领导。县委对基层法检、政府职能部门的领导作用体现在一系列的考核当中，比如，文明城市创建考核、党风廉政建设考核、法治县（市、区）建设考核等，这些考核纳入条块系统中展开。[1]上文中曾经提到，县级矛盾纠纷调处化解中心党委对入驻部门或组织的日常工作进行考核，考核结果上报至县级政法委，政法委再通过每个季度由政法委召开的归口部门的党政联席会议进行通报，并将通报结果纳入县委对各个入驻单位或部门进行考核的重要依据，并且会最终影响入驻部门的年终奖绩效考核，与工资挂钩。换言之，通过"矛盾纠纷调处化解中心党委"—"县政法委"—"各部门或组织"—"入驻部门或组织"的方式形成了县级矛盾纠纷调处化解中心对各个入驻部门或组织的间接考核与激励。

综上所述，可以看出，县级矛盾纠纷调处化解中心中的党的领导存在着直接与间接两条路径。一方面，县级矛盾纠纷调处化解中心通过内部党建工作，通过党员会议、党员评比等党内的约束方式，强化对各个入驻单位或组织的领导。另一方面，县级矛盾纠纷调处化解中心作为县级政法委设立的常规化的纠纷化解协调组织机构，可以利用上级政法委员会对归口单位的党政考核，来强化行政科层体制下，对入驻单位或组织的领导与约束。这样一种二元的组织领导关系，成为县级矛盾纠纷调处化解组织中心内部的领导与支配关系，从而实现矛盾纠纷调处化解中心对入驻单位的有效领导。

第二节 "一站式"矛盾纠纷调解的运行机制

"一站式"矛盾纠纷调解可以分为内部的"一站式"与外部的"一站式"。内部"一站式"的特点有调解组织的层级化、专业化特征，以及调解组织在内部运转过程中的规范化与司法化倾向。外部"一站式"的特点有人民调解组织与其他纠纷治理机制的联动性特征，以及人民调解与司法调解、治

---

[1] 参见刘磊：《县域治理中的基层法院：体制结构与制度逻辑》，载《法治现代化研究》2021年第3期。

安调解相互融合的趋势。

一、构建专业化的分级分类治理模式

(一)组织内部层级化与专业化

层级化与专业化特征指的是调解体系内部的组织结构越来越完善，并按照纠纷类型的不同出现了明确并且具体的分工，甚至在一定程度上出现了层级化的调解机制。因此，纠纷可以按照一定的标准和规则方式，被分流到不同层次、不同分工的调解机构。

首先，在调解系统内部出现了层级化特征，分为"县（市、区）—镇（街）—村（社）"三级的人民调解层级网络。这些层级机构是根据管理调解委员会的部门的层级而建立起来的，也被称为调解的"垂直扩展"。[1]例如，品牌调解室是由镇（街）一级的司法所负责管理，"警调"工作是由公安派出所和司法所共同管理。因此，品牌调解室、"警调"都属于镇（街）层级的调解组织，其职能范围以镇（街）层面为主。而专业性调解委员会，其日常受市级矛盾纠纷调处化解中心和市级司法行政机构管理，因此，专业性调解委员会所面对的就是县（市、区）一级层面的矛盾纠纷，负责解决县（市、区）域范围内的相关纠纷。在2011年，中央社会治安综合治理委员会、最高人民法院等16部门联合印发《关于深入推进矛盾纠纷大调解工作的指导意见》，要求各地建立矛盾纠纷大调解三级网络工作机制。随着县（市、区）级矛盾纠纷调处化解中心的设立，各类调解委员会均被纳入各级矛盾调解中心的统一管理之中，换言之，调解委员会随着矛盾纠纷调处化解中心科层体系的建立而逐渐形成了工作程序上的上下级关系。例如，在县（市、区）一级的专业性调解过程中，市级调解组织认为某纠纷可以由镇（街）调解组织进行调解，就会通过市级矛盾纠纷调处化解中心流转到下一级调解组织。市一级的调解组织借助矛盾纠纷调处化解中心搭建起来的层级结构，对下级调解组织在一定程度上产生了支配作用。

其次，除了层级结构外，越来越明确的分工也是"一站式"矛盾纠纷调

---

〔1〕 参见范愉、李浩：《纠纷解决——理论、制度与技能》，清华大学出版社2010年版，第173页。

解运行的重要特征之一。调解内部正在朝着精细化分工的方向发展，这被称为调解的"水平扩展"。[1]调解中的专业性调解委员会已不是新鲜产物，但是，随着调解体系化建设的发展，地方司法行政系统越来越重视行业性或专业性调解委员会的建设，司法部曾经于 2011 年 5 月发布了《关于加强行业性、专业性人民调解委员会建设的意见》，当中提到要加强行业性、专业性调解委员会的建设，但并未对地方建设的行业性、专业性调解委员会的具体种类作出明确规定。因此，在行业性、专业性调解委员会的建设上，各地出现了比较大的差异化特征。T 市近年来对行业性、专业性调解委员会的建设相对重视。因此，出现了越来越完善的专业性调解委员会，随着专业性调解委员会的不断建立，该市的纠纷调解也出现了相应的变化。特定的纠纷开始被分流到特定的调解委员会，特定的调解委员会"垄断"特定类型纠纷的调解工作。

综上所述，调解中的层级体系结构与精细化分工逐渐给该市的调解带来体系化的改变。最终，"一站式"调解遵循着"小事不出村，大事不出镇，矛盾不上交"的原则建立起来。调解体系对纠纷按照"大小""事项""属地"进行了分类。实际上，体系内部对"大小"的界定并没有明确的规定，但在实践中，邻里纠纷、家庭婚姻继承纠纷都属于小纠纷，而那些涉及人身重大伤亡的、财产数额较大的、特定类型的纠纷，则会由更高层级的调解委员会来解决。小纠纷按照属地管理原则，由属地的社区和品牌调解室负责调解，大纠纷按照事项属性的不同，由不同类型的专业纠纷调解委员会负责。基层多次调解仍然调解不好的纠纷，可以通过镇（街）、县（市、区）两级矛盾纠纷调处化解中心转送到县（市、区）层级的调解委员会进行调解。可以看得出，"一站式"调解意味着调解制度内部对纠纷调解的责任划分作出了明确的体系化规定，调解不再是大事小事一起抓，什么纠纷都解决的"兜底"式解决，而是通过组织内部分工细化，将调解权限细分成若干小块，按照一定的规则和方式确定了每一个调解组织的纠纷解决范围和纠纷解决权限。

---

〔1〕 参见范愉、李浩：《纠纷解决——理论、制度与技能》，清华大学出版社 2010 年版，第 173 页。

(二) 分级分类治理模式的具体机制

分流治理是以纠纷的 "集散分流中心" 为枢纽，将星罗棋布分散的行业性或专业性纠纷解决组织串联成网，分流与分级纠纷解决的优化性配置组合，共同构成我国多元化纠纷解决的完整网络。[1]"一站式" 矛盾纠纷调解在面对纠纷时，表现出了精细化的治理过程，具体而言，"一站式" 矛盾纠纷调解根据纠纷的大小、性质等因素对纠纷加以细分，通过体系化、制度化、信息化的手段，将纠纷分流到 "一站式" 矛盾纠纷调解体系内部的各个组织当中加以处理和解决。对于升级的纠纷，体系内部有着一套独立并且固定的制度运作逻辑。整个矛盾纠纷解决体系在分级分类治理上表现出了非常明显的精细化区分治理的特征。

正如上文中所提到过的，"一站式" 矛盾纠纷调解分级分类治理需要以 "纵向分级，横向分工" 的 "一站式" 矛盾纠纷调解组织作为基础，进而通过对纠纷进行分级归类后将纠纷导向不同的调解组织做进一步处理。"小事不出村，大事不出镇，矛盾不上交" 是对该地区纠纷分级治理的最好概括。小事一般指的是村庄、社区之内的矛盾纠纷，例如，邻里之间发生的鸡毛蒜皮的纠纷，家庭内部成员之间因为琐事引发的纠纷。这些纠纷本身不复杂，涉及的纠纷金额也不高，当事人常常是为了争一口气、争一个面子，甚至没有法律上的索赔诉求。这类纠纷属于当事人不愿意 "闹大"，但又需要一定的权威介入的纠纷。因此，这类纠纷通常需要运用 "人情面子"、道德舆论等综合手段进行解决，这类纠纷的法律关系不复杂，当事人对证据、程序的要求都不高，反而对迅速化解矛盾纠纷有着比较高的期待。因此，通过社区调解处理上述类型的纠纷是比较适宜的，一来适应熟人社会的需要，二来具有一定的权威性，三来效率高程序简单。

"大事" 一般指的是涉及人身伤害、涉及人数众多、积怨较深的纠纷，这类纠纷当中，"人情面子"、道德舆论等手段发挥的作用有限，因此需要同时运用适当的法律规范。在所谓的 "大事" 当中，当事人通常既希望能够迅速解决纠纷，但同时因为涉及的金额数额较大，又往往会为了多赔夸大事实，

---

[1] 参见王丽惠：《分级与分流：乡村基层纠纷解决的谱系域合》，载《甘肃政法学院学报》2019 年第 3 期。

或者为了少赔而故意抵赖,此时,就需要通过法律规范的震慑作用。例如,笔者调研的 CF 镇,当地某楼盘在售房时曾采用了虚假的宣传手段,误导了购房者购买房屋。因为涉及人数众多,可能会引发群体性事件。为此,相关纠纷统一由镇(街)司法所调解委员会负责协调解决。在所谓的"大事"中,要么当事人之间就是陌生人,几乎没有人情面子可言;要么当事人之间积怨已久,面子人情已然无法解决他们之间的矛盾。此时,当事人对权威有着更高的期待,调解者的层级越高、权威色彩越浓厚就越能让当事人产生信服感。这种高层级的人民调解组织的介入,能够让当事人感受到调解组织对其纠纷的重视,降低当事人对调解活动的抵触情绪,使当事人更容易接受调解结果。

对于"大事"当中的"难事",例如,那些专业性较强的纠纷,镇(街)一级的调解组织也无力应对。对于这类特殊的纠纷,就需要在更高层级的调解组织中细化分工进行调解。充分调动专业知识的资源,促进纠纷的解决。在这类纠纷当中,当事人对纠纷解决的期待比较高,希望调解组织能够在纠纷责任的划定上提供充足的专业意见。而调解组织的专业化能够给当事人以充分的专业感和权威感,由此展开的调解活动能够充分取得调解员的信任。在 T 市,当地专业性调解组织的种类比较齐全,但细分的专业性调解组织并不是完全按照纠纷种类进行罗列式设置,而是按照纠纷数量的多少有针对性地进行设置。例如,当地根据近些年物业纠纷数量的上升,专门设置了物业纠纷调解委员会,以达到对特定纠纷的精细化处理。

值得关注的是,层级化的"一站式"矛盾纠纷调解结构与分类型的纠纷调解组织是纠纷精细化分级分类治理的制度框架,因此,纠纷的精细化分级分类治理不仅需要纠纷调解组织的层级化建设,还需要将纠纷进行分类,并分流到相应的纠纷调解机构。实际上,包括专业性调解委员会在内的多元化人民调解组织已经存在于法律文本上很多年了,法律文本当中虽然并没有对"层级化"的人民调解体系作出明确清晰的系统性规定,但实际上相关的一些规定分散在相关的法律规范和部门规章之中。然而,在实践中,大部分地区并没有像法律文本所描绘的那样设立相应层级和专业性的人民调解组织,一些地区虽然设立了相应的专业性调解组织,却并没有发挥良好的作用。原因在于,以往的分层分类治理只是将调解纠纷的调解机构进行了分层分类,并没有对进入调解组织的纠纷进行精细化的区分。以往的人民调解组织呈现出高级调解组织包容低级调解组织功能，综合调解组织包容专业调解组织功能的特点。尽管制度设定上调解已经呈现出制度化、体系化的特征，但是在处理纠纷的过程中，由于种种因素的限制，大部分地区并没有严格依照文本上预设的组织分工处理纠纷，导致调解机构的实际运作并没有按照精细化的分级分工的方式进行。

当事人自己并不会自行区分纠纷的大小与专业性，当事人只会简单地认为"越高级的纠纷调解组织就越具有权威性"，在寻求纠纷调解的过程中，也很少能够区分不同调解机构的不同功能和作用。因此，针对纠纷的精细化分级分类治理更关键的步骤就是疏导纠纷进入对应的纠纷解决组织，换言之，"一站式"矛盾纠纷调解过程不仅仅是停留在制度文本上的一站式，还应当是实践过程中的一站式。而过程的一站式则必须做到对纠纷的精确分流、精确治理。T市通过"镇—市"两级矛盾纠纷调处化解中心将低层级与高层级的人民调解组织串联起来，将不同类型的专业性调解并联起来。矛盾纠纷调处化解中心作为纠纷的诊断、分流处理机构，肩负着对纠纷"大小"性质的判断工作和对纠纷是否属于专业性纠纷人民调解委员会调解范围的确定工作。通过矛盾纠纷调处化解中心对纠纷的繁简分流、大小分流，从而使大纠纷、小纠纷、专业纠纷的调解主导权分别"垄断"掌握在镇（街）人民调解委员会、社区内部的调解委员会、专业性调解委员会的手中。换言之，高层级的人民调解组织不至于再被鸡毛蒜皮的纠纷所连累，而低层级的调解组织也不至于再独自面对一些超出力所能及范畴的纠纷。例如，某乡镇发生了一起致人死亡的道路交通事故，社区内部的调解委员会和乡镇调解委员会一般不会独立进行调解，而是要由市里的交通事故纠纷调解委员会进行调解。当然，社区调解委员会和乡镇调解委员会作为联动单位，在有必要的时候，需要配合交通事故纠纷调解委员会的工作。但是，调解工作的主导权仍然在交通事故纠纷调解委员会的手中。

二、构建符合司法要求的规范化调解模式

（一）组织内部的规范化与司法化

就调解制度本身而言，它是随意性、不规范性、简约性、非程序性的简

约治理技术,是依据"情理法"的实践技术。[1]就调解的特征而言,其本不具有规范化的特点。

"一站式"矛盾纠纷调解表现出了规范化运作的特征。这种规范化体现在以下几个方面,首先,在调解的规则上表现出了规则体系化的特征。在调解的过程中,无论是哪一种调解,都比较看重证据、看重现行法律的规定,在赔偿问题上更注重对统一标准的把握。因此,可以看到即便是社区当中的品牌调解室,尽管其层级较低,其调解会在调解策略上侧重于运用"人情面子"、道德舆论等手段,但其仍然对调解过程的合法性较为看重。例如,品牌调解室的调解员虽然文化水平不高,但在调解一些有关兄弟之间分家析产、遗产继承的纠纷时,就会主动翻阅相关的法律规定,甚至还会主动向其主管部门司法所咨询相关法律的规定。[2]一方面,作为人民调解管理者的地方司法行政系统对各类人民调解机构的合法化提出了要求;另一方面,只有合法性强的调解协议才可能获得司法确认,获得当事人的认可和自觉服从。这样的调解过程与以往的人民调解有很大不同。其次,在调解的文书制作上也表现出了规范化的特征。各个调解机构虽然在地理位置设置、人员身份上表现出了与其他机构的"亲密特征"(如附设型调解组织、专业性调解组织),但司法所加强了调解机构的系统性管理。与"各自为政"式的调解不同,司法行政机构加强了对所有调解机构的文书管理与文书监督。这使得无论什么类型的调解组织,无论调解组织内的人员属性如何,都必须接受司法行政机构的统一化规范化管理,而这种管理则最终落实并体现在文书的规范化上。作为对各类调解组织进行管理的司法行政机关,其不可能时刻监督着调解组织的调解工作,因此,衡量调解组织工作水平好坏的依据就是对各个调解组织相关文书的考核。这种针对文书规范化的要求与考核,倒逼调解组织不断完善其调解的规范化过程。例如,在"警调"与"诉调"所制作的调解卷宗中,不仅仅有调解文书,还包括《人民调解申请书》《人民调解当事人权利义务告知书》《移送人民调解函》等双方签字认可的法律文书。这些法律文书明

---

〔1〕 参见王丽惠:《结构转型:乡村调解的体系、困境与发展》,载《甘肃政法学院学报》2015年第4期。

〔2〕 2020年9月4日下午,CF镇某品牌调解室,陈某访谈。

确告知当事人的权利义务，并且明示了接受调解的后果。如果调解组织遗漏了调解文书，则会受到工作考核的影响，如果恰好这一纠纷当事人投诉纠纷调解过程，或反悔了调解协议，调解员则可能受到更为严厉的追责。

所谓司法化，就是在调解过程中，调解员像法官一样，通过听取当事人陈述、审阅双方当事人的证据材料来了解纠纷的事实经过，划定当事人的责任，依照相应的赔偿标准划定赔偿金额的范围等。调解方式方法的统一化是调解司法化的一种重要体现。大部分调解都以庭室调解为主，偶尔会通过实地走访、调查、入户的方式进行调解。调解的过程也逐渐统一朝着司法化的方向发展。无论是村（社）的品牌调解，还是县（市、区）一级层面的专业性调解委员会，都按照标准化的方式设置了纠纷调解的办公场所。一般而言，每个正式的调解组织都会有两间调解室以便对当事人分开调解。

另外，在调解的结果上，"一站式"矛盾纠纷调解组织的调解员不仅仅考虑调解后纠纷能否案结事了，还需要考虑调解结果的合法性与正当性问题，在调解结果上，调解员具有向司法判决靠拢的倾向。特别是在责任划分、标准确定上更看重双方当事人提供的证据。在调解的过程中，"人情面子"属于辅助性的手段。调解员通常是通过双方提供的证据划定一个金额，再通过"人情面子"等其他辅助性手段去做工作，让双方都能接受这一结果。总体而言，调解委员会所做的调解结果，与法院实际的判决结果差距不会太大。除此以外，作为调解组织的上级管理机构，即司法行政部门，越来越看重纠纷解决中对责任划分、赔偿标准规则的统一化，着重做到"类案同调"。例如，在交通事故的纠纷调解过程中，交通事故调解委员会严格按照相关法律规定的赔偿标准制定赔偿方案，此外，基于统一赔偿口径的需要，该市将所有的此类纠纷都划归到交通事故调解委员会进行调解，以防止各村镇在调解过程中可能存在"开口子"的现象。[1]因此，在"一站式"矛盾纠纷调解的过程中，类似纠纷调解处理标准的一致赋予调解更为规范化、司法化的属性。综

---

〔1〕 2020年9月9日下午，T市"交调委"，曹某等人访谈。据被访谈人介绍，当地曾经因为类似案件未能做到相似的调解结果而产生了群体性事件，特别是有人借助"同命不同价"的口号挑起事端。为了形成统一的标准，当地有意将调解结果向司法判决结果靠拢。以达到调解、判决都是"同命同价"的结果。

合上述两点特征来看，调解运行具有司法化的特征。

（二）纠纷调解中的类案同调机制

韦伯在官僚制组织的技术优越性中就提出，精准、迅速、明确、持续、谨慎、统一是官僚制组织的优势。[1]类案同调是"一站式"矛盾纠纷调解的追求，其含义指的是对于相似的纠纷，需要确保调解结果的一致，特别是在责任分配和赔偿数额的结果上，相似的纠纷不能出现较大的差异。在笔者调研的 T 市，为了避免同类纠纷调解结果的差异过大，T 市采取了两种手段。第一种手段，是通过统一纠纷调解主体的手段确保纠纷调解结果的统一性。即通过前文所述的手段，确保特定类型案件的调解主导权掌握在相同的调解组织手中，同时排除其他调解组织对此类纠纷的调解权限，确保调解尺度把握的统一。例如，在 T 市范围内的致人死亡的道路交通事故纠纷，就全部由 T 市交通事故调解委员会进行调解。其原理在于，县（市、区）级调解委员会主持调解可以避免镇（街）、村（社）在面对重大纠纷时由于出于维稳心态而过于偏袒某一方作出调解的情况发生。同一调解组织的调解员对纠纷的处理尺度几乎是一致的，包括在对法律规范的理解与适用上，都能作出较为统一的判断。这样就有利于他们对类似纠纷作出相同调解，确保调解结果不会出现太大的差异。第二种手段，是通过统一规则适用的手段确保纠纷结果的一致性。这也就是韦伯所说的，官僚制的另一个重要优势，在于官僚决策的非人格化特征即理性决策。[2]即几乎不考虑个案当中的特殊性因素，在纠纷调解的过程中，各个调解组织严格依照法律规定、司法解释和人身损害赔偿标准的规定计算赔偿数额。特别是在那些涉及金额较大、争议较为复杂的纠纷当中，法律规范在调解依据中所占的比重要远远大于其他因素。调解不同于司法审判，更没有最高人民法院发布的指导性案例制度。因此，如果想要保证类案同调，就只能严格依照法律规范的规定进行调解。由于专业性调解委员会只是规范了部分种类纠纷的调解，因此，其他类型的纠纷则仍然处于

---

〔1〕 参见［德］马克斯·韦伯：《支配社会学》，康乐、简惠美译，广西师范大学出版社 2004 年版，第 45 页。

〔2〕 参见白冬冬、郭晓冉：《韦伯眼中官僚制的弊端与其政治无力感》，载《人民论坛》2014 年第 26 期。

不同的综合性调解委员会的处理范围之中。在过去，不同的调解组织总是会根据纠纷的不同情况作出不同的调解结果，纠纷强调个案解决，由此，引发了一些当事人的不满。在这种情况下，T市司法行政部门对各个人民调解组织的具体调解工作提出了要求：在处理涉及人身损害赔偿类的纠纷时，需要严格按照人民法院的人身损害赔偿标准对赔偿数额进行计算，确保所谓的"同命同价"，避免由于标准尺度不一而造成的不良影响。正所谓科层制的"切事化"风格，即"切事化"地处理事务主要即意指，根据可以计算的规则、"不问对象是谁"地来处理事务。[1]

调解结果是衡量"一站式"矛盾纠纷调解机制成效的重要尺度之一，更是调解是否规范化的一种表现。具体而言，可从以下几个方面进行理解。首先，调解结果的统一，证明人民调解不再仅仅是以个案解决为最终目的，而是包含了对规则体系的维护与追求。过去调解会比较侧重于个案情况的特别处理，类似的纠纷可能会出现截然不同的调解结果或是差距较大的赔偿数额。这意味着调解制度非规范化，换言之，不同的调解组织调解出来的纠纷结果差异巨大，意味着调解内部没有处理类似纠纷的体系化标准。而这会进一步损害人民调解的权威性，造成人民调解被理解为"和稀泥""看人下菜碟"的非规范的纠纷解决机制。因此，可以说，调解的类案同调首先是在维护制度本身的规范性。其次，调解结果的统一，更便于纠纷的"一站式"解决。表面上看，调解的结果统一是尺度拿捏的问题，实际上，调解的成果统一是调解的规则与标准的统一。而且，规则与标准的统一不单单是调解体系内部自定规则与标准的统一，而是与司法体系的规则与标准相统一。这意味着调解在向司法看齐，力求调解结果与司法判决结果相匹配。这样的标准与规则的统一，为人民调解与司法审判、行政执法相对接打下了基础，换言之，也就是为调解制度融入更为广泛的法治化的矛盾纠纷化解体系提供了前提条件。正如韦伯所描述的，在科层之下，业务的执行须遵照一般规则，这些规则必须是，多少是明确的、多少是全面包罗的以及可以学习的。职务的行使以规则

---

〔1〕 参见 〔德〕马克斯·韦伯：《支配社会学》，康乐、简惠美译，广西师范大学出版社 2004 年版，第 46 页。

为准。[1]

第三节 "一站式"矛盾纠纷调解的协作机制

一、构建多元主体联动及无缝对接模式

(一) 组织外部联动常态化

调解的联动性则是"一站式"矛盾纠纷调解的外部特征。在我国的矛盾纠纷治理体系当中，除了调解外，还包括诉讼、仲裁、信访、行政调处等诸多纠纷解决途径。调解只是其中的一种，调解在整个纠纷解决系统当中的地位较低，其主要的作用就是承担地方政府在社会治理过程中所面临的一些治理难题。实际上，调解很少与诉讼、信访、行政调处之间发生关联。很难发挥出应有的作用和效果。这样的调解虽然表面上是出于我国的纠纷治理体系之内，但是，它只是一座纠纷解决的"孤岛"，被动地等待着"纠纷自己上门"，动用自己手中的资源化解纠纷，运用自己的策略督促调解协议的履行。调解内部形成了一种程序上的闭环，尽管人民调解嵌入在纠纷治理体系之中，但又显示出游离于矛盾纠纷治理体系的张力，因此，调解的存在感很低，实际效用并不明显。

"一站式"矛盾纠纷调解的另一个特征就是让调解这座纠纷解决体系当中的孤岛，开始逐渐与外界发生联系，建立起了与其他纠纷解决机制相关联的桥梁。联动成为调解"一站式"的一个特征。换言之，"一站式"意味着调解真正融入了社会纠纷治理的体系当中，它与司法系统、社会治理系统之间发生了密切的关联。这种联动主要体现在以下几个方面：

首先，调解制度通过主动附设的方式与其他矛盾纠纷治理体系发生了关联，内嵌在其他纠纷治理体系之中，主动对接司法体系、执法体系并且承担并分流了其他纠纷解决机构的纠纷解决任务，附设型调解制度就是典型的例子。附设型调解制度根据纠纷流动的特性，将调解贴近纠纷治理的源头。实

---

〔1〕 参见［德］马克斯·韦伯：《支配社会学》，康乐、简惠美译，广西师范大学出版社 2004 年版，第 24 页。

际上，这是将调解体系中的部分调解机制嵌入司法体系和行政执法体系，调解不再是一座"孤岛"。司法系统当中的纠纷、110报警平台所受理的纠纷都通过确定的程序和机制进入调解的体系。调解不再局限于处理那些自行找上门的或者是地方政府基于维稳需要而派下来的纠纷，而是真正主动地贴近了纠纷。除此以外，"一站式"矛盾纠纷调解还意味着调解系统与司法系统，行政执法系统之间的互动更加规律和频繁。例如，调解不仅帮助人民法院处理纠纷，同时，也在部分纠纷中为人民法院的后续工作奠定基础，如促进当事人达成一定程度的共识，调查出案件的真实情况，调解过程中调解员所作出的一些中立性的调查可以帮助法官更好地了解清楚案件真相。再例如，调解不仅帮助公安派出所处理纠纷，同时，纠纷当事人能否达成和解协议影响着公安机关的后续工作，如果双方无法达成调解协议，那么，公安机关就需要依照《治安管理处罚法》的规定对当事人双方展开后续的治安管理处罚工作。综合上述情况来看，调解已经改变了原本的孤立的状态，深深地嵌入由国家正式权力所组成的司法体系与行政执法体系之中。

其次，调解制度通过矛盾纠纷调处化解中心为中介，建立了与信访综治、劳动环保等国家行政和社会治理单位的联动机制，能够将自身难以处理或解决不了的纠纷导出，或者寻求其他单位的协助。除了上文中所提到了内嵌式的联动模式外，目前的调解运作还出现了围绕矛盾纠纷调处化解中心而展开的联动模式，调解在整个纠纷解决系统中的地位不再被动，通过矛盾纠纷调处化解中心的设立，调解组织可以与其他的纠纷解决机制形成协同式的纠纷解决模式。当纠纷通过各级矛盾调解中心进行处理时，调解组织可以将仅依靠自身能力可能无法解决的矛盾纠纷通过矛盾纠纷调处化解中心进行转送，由矛盾纠纷调处化解中心组织其他职能部门共同协作，解决纠纷。在这里，调解随着矛盾纠纷调处化解中心的建立而发生了改变，逐渐融入了整个纠纷解决体系当中，并真正成为纠纷化解当中的重要一环。

（二）纠纷调解前后程序的对接融合机制

之所以称之为"一站式"矛盾纠纷调解，究其原因，就在于这种调解模式融合了与纠纷解决相关的诸多程序，减少当事人的东奔西跑，可以在"一站式"矛盾纠纷调处化解中心里将矛盾纠纷解决。

矛盾纠纷的解决可能既需要一些前置程序，如司法鉴定、事故责任认定、仲裁结果等；可能也需要一些后续程序，如司法确认等。这些前序和后续程序成为纠纷调解的羁绊所在，也成为影响纠纷调解效率的主要因素。举例而言，在交通事故纠纷当中，启动调解程序最依赖的就是交通警察部门出具的交通事故责任认定书，交通事故的定责及其依据会成为对后续经济赔偿的重要依赖。在一些交通事故纠纷当中，当事人需要先跑交警部门，拿到了事故责任认定书后，再去找调解部门进行调解，或者是跑到人民法院起诉。在这个过程中，当事人解决纠纷的时间成本和经济成本过高。此外，还有些当事人可能对事故责任认定的结果不理解，进而把这种不理解的情绪带入后续的纠纷调解工作中。在处理前序程序方面，"一站式"矛盾纠纷调解将多职能部门融合在一起，纠纷调解工作无缝对接交警部门。交通事故纠纷责任认定的相关卷宗资料均可以直接对接纠纷调解部门，纠纷调解部门可以全面了解相关事故的经过和责任认定的法律依据，在调解过程中可以给当事人及时释法，解除当事人对责任认定的疑虑。同时，针对有些当事人提出的特殊情况，如家中经济状况不好等。区县一级的交通事故调解委员会还会联系村（社）一级组织，了解当事人家中的具体状况，为纠纷调解工作的顺利展开做足准备。"一站式"矛盾纠纷调解免去了当事人跑到交警部门责任认定，再跑到调解委员会的过程，更免去了当事人要自己想办法证明自身特殊情况的过程。一切前序程序都被"一站式"解决，大大节约了当事人的时间成本。

在后续程序方面，一些当事人如果对纠纷调解的结果满意，希望进行司法确认。交通事故调解委员会可以直接对接人民法院的工作窗口，将相关案卷材料通过网络系统的方式传送至人民法院窗口，双方当事人可以直接在人民法院窗口办理司法确认的相关手续，从而达到对调解协议的司法确认，确保纠纷调解协议的司法效力。一些当事人如果对纠纷调解的结果不满意，希望通过法院诉讼方式解决，交通事故调解委员会同样可以将相关案卷资料通过网络系统的方式传送至人民法院窗口，由人民法院负责立案程序操作。从而节约双方当事人的时间精力。

调解程序与其他纠纷解决程序的"无缝对接"节约了纠纷化解的成本，降低了纠纷化解上的难度，增强了各个纠纷解决组织之间的协调效率，在一定程度上降低了工作的重复性。

二、"三调融合"的趋势倾向

2011年，中央社会治安综合治理委员会、最高人民法院等16部门联合印发《关于深入推进矛盾纠纷大调解工作的指导意见》，要求各政府部门建立以行政调处为主的矛盾纠纷调处工作平台，三调联动的实际工作机构一般是"矛盾纠纷调处化解中心"。[1]人民调解参与诉前调解与治安调解是人民调解系统化后的又一个明显特征。一般而言，诉前调解的责任主体是法院，主要是在当事人起诉前对矛盾双方进行调解。尽管法律规定诉前调解可以由人民法院进行委托调解，但在实际工作中，委托调解被采用的情况比较少。治安调解的责任主体是派出所，主要是针对公安治安管理工作中出现的违反治安管理相关规定的纠纷，但是，由于110"有警必出，有难必帮"的群众性要求，导致公安派出所将一部分民间纠纷的调解工作也纳入治安调解工作。治安调解是行政调解的一种，行政调解依靠的是国家行政机关，根据政策、法律的规定，说服教育，促使双方互谅互让。[2]行政调解与行政处理总是相伴相随。在过去的人民调解实践中，人民调解、诉前调解、治安调解之间几乎不存在任何关联，由于各个调解负责主体的不同，科层体系的条条划分导致每个部门的调解工作几乎都是嵌入其部门本职工作之中。

"三调融合"成为"一站式"矛盾纠纷调解的一个新的增长点。所谓"三调融合"是指通过让人民调解的力量参与诉前调解或治安调解，并且将过去实际由人民法院或公安派出所承担的纠纷调解功能划归到人民调解之中。例如，在"警调"工作室当中，调解活动的法律属性是人民调解，调解员的身份也是调解员。但同时，"警调"工作室位于派出所之中，处理的是本应当由公安派出所负责的110报警平台上接收的纠纷。更重要的是，"警调"工作室虽然是人民调解的性质，但是遵守公安机关的相关制度规定，调解员具有双重身份，具有调解员身份的同时还具有辅警身份。再例如，在"诉调"工

---

〔1〕 参见陈会林：《国家与民间解纷联接机制研究》，中国政法大学出版社2016年版，第133页。

〔2〕 参见陈会林：《国家与民间解纷联接机制研究》，中国政法大学出版社2016年版，第25页。

作室当中，诉调活动的法律属性同样是人民调解，但是，"诉调"工作室设立在人民法庭，当事人参与调解不是以人民调解组织的名义发送通知，而是通过人民法院的名义发送通知。可以说，附设型调解组织都是以人民调解的法律之名，行治安调解与司法调解之实。从调解的功能上看，诉前调解与治安调解的调解主体发生改变后，并没有影响调解在诉讼或是行政执法中的地位与作用。可以说，人民调解承担起了原本由司法调解与治安调解的功能。人民调解这种社会权威属性的调解也已经开始以正式的形式介入国家司法与执法的活动中。原本存在于人民调解与司法调解、行政调解之间的界限逐渐变得模糊。

第四章

"一站式"矛盾纠纷调解的社会功能

第一节 促进溢出纠纷与剩余纠纷的有效治理

一、承担纠纷分流解决功能

多年来，调解并不像司法审判、执法、仲裁一样，有着明确的受案范围，事实上，在纠纷解决的舞台上，调解更多充当的是配角。长期以来，调解工作属于地方司法行政系统的工作内容之一，一方面，调解工作不属于司法行政系统的中心工作；另一方面，地方司法行政系统的财政支出很大程度上取决于地方财政的发展。因此，调解普遍表现出相对弱势的地位，特别是在纠纷解决这一大的系统内，调解发挥的作用十分有限。原本就处于配角的地位加上发挥作用的不显著，导致调解在实际运用的过程中缺乏存在感，因而，也就未能达到其在纠纷解决体系内部的定位与功能。但随着"一站式"矛盾纠纷调解机制的发展，调解承担纠纷分流解决的功能逐渐显现出来。

（一）分担化解溢出纠纷的功能

所谓"溢出纠纷"指的是原本属于某一纠纷解决主体职能范围内但是由于该主体纠纷解决能力不足，导致纠纷无法得到及时有效的解决，而被迫游离于纠纷治理体系之外的纠纷。例如，受纠纷解决机构资源配置不足的影响，一些纠纷可能无法及时得到调解机构的回应，滞后的回应可能降低当事人寻求正确的法律纠纷解决途径的积极性，导致纠纷游离于法律的控制，成为"溢出纠纷"。例如，当事人因为餐厅消费问题与餐厅老板发生了争执，对于消费纠纷当事人原本可以通过诉诸市场监督管理部门的方式，获得解决。但实际上，市场监督管理部门的资源有限，无法达到有求必应、呼之即来的效果。当事人 C 某，因为菜品的价格和质量问题与饭店老板产生了纠纷，C 某联系了市场监督管理部门，但恰逢周末，值班人员表示只能等到周一上班时再处理。而 C 某需要自己保存好与纠纷相关的证据，C 某不愿等待，但又咽不下这口气，因此想拒付餐费，引发新的纠纷，导致饭店老板报警。[1]市场监督管理部门作为行政执法机关，不是专门的纠纷解决机构，纠纷解决只是其执法活动吸纳的另外一项附属活动。根据笔者了解，实际上该镇的市场监督管理部门只有 2 名执法人员，即便是在工作日，也不可能随叫随到。因此，当事人诉诸正式的法律纠纷解决途径并不一定能够达到在其期望的时间内获得回应的目的。增强执法力量虽然是解决问题的最有效办法，但是，这并非一朝一夕之事，特别是涉及执法权和人员编制，这将牵涉行政体制改革的若干问题。类似的纠纷还有很多，大多都是因为无法及时得到法律权威的有效回应而逐渐变为"溢出纠纷"。

随着社会经济的发展，社会矛盾日益增多。无论是司法诉讼，还是派出所都面临着严重的纠纷解决的数量上的压力、效率上的压力以及社会治理层面的维稳压力。"纠纷爆炸"的局面是人民法院和基层派出所面临的共同难题。案件久拖不决，派出所"接警不出警"等情况时有发生。[2]这样的结果不但导致纠纷不能得到及时处理从而逐步积累形成大矛盾、大纠纷，还可能导致国家权威的公信力受损，让人们在遇到纠纷时不愿再诉诸正式的纠纷化解机制，反而追寻私力救济或是通过上访等渠道进行解决。因此，这就需要发挥调解的分流疏导功能，分担其他纠纷解决机制的不足，承担对"溢出纠纷"的化解功能。

"一站式"矛盾纠纷调解分担其他纠纷解决机构的纠纷解决压力，体现在如下方面：首先，"一站式"矛盾纠纷调解通过培育经验丰富的调解员，在村（社）这一层级上注入了丰富的调解资源，依靠居委会和村委会组织组建起具

---

〔1〕 2017 年 8 月，重庆市某派出所，随民警出警时记录。

〔2〕 参见孙冲、强卉：《社区治理中的警务实践调查报告——以 C 市 M 公租房社区警务室为对象》，载公丕祥主编：《中国法治社会发展报告（2020）》，社会科学文献出版社 2020 年版，第 245~263 页。

有体系性的调解组织体系，从而增强了对纠纷的整体化解能力，避免一部分纠纷扩大、升级为治安纠纷或需要进入人民法院解决的纠纷。具体而言，"一站式"矛盾纠纷调解利用了村（社）内部的网格员体系，将网格员发展成为调解员和信息排摸员，这些网格员由于工作性质的原因，往往与网格内的各家各户走得比较亲近，从而能够及时发现一些不稳定因素或纠纷苗头。除此以外，"一站式"矛盾纠纷调解通过发掘和培育优秀调解员，组建品牌调解室的方式充实村（社）一级的专业调解力量，在品牌调解室的发展过程中，品牌调解室能够不断积累并形成一定的经验，在专门的家庭纠纷、邻里纠纷上发挥重要的调解作用，这种良好的声誉经过社区内的传播，能够驱动更多的纠纷当事人主动到品牌调解室寻求纠纷解决的帮助，减少纠纷逐渐演化放大，从而走向派出所或法院的结果。

其次，"一站式"矛盾纠纷调解建立了直接与法院和派出所对接的"诉调""警调"对接机制，同时建立了独立的调解机构，将分担法院和派出所纠纷解决的机构专门化，从而提高了纠纷化解能力。调解机构专门化运作的好处是调解组织内部的分工越来越精细和明确，使得调解的人力资源充足且经验丰富。分工明确是提高效率的基础，而人力资源充足则是提高效率的保障。"警调"工作室作为专门对接110报警平台的人民调解组织，能够直接对110出警接到的纠纷进行调解。这种点对点的"无缝衔接"式的工作模式一方面提高了化解纠纷的效率，减少了纠纷从一个部门到另一个部门的传递链条，从而减少了纠纷传递过程中带来的信息损耗、时间损耗，提高了纠纷化解的效率；另一方面，避免了部门衔接带来的组织运行不顺畅、部门对部门的支配力弱等问题。综上所述，从整体上看，调解组织的体系化程度不断完善增强了调解组织的纠纷化解能力，使"一站式"矛盾纠纷调解组织能够更多地承担从其他纠纷化解机构的"溢出纠纷"。

最后，"一站式"矛盾纠纷调解建立起了专业性调解委员会，也是对其他纠纷解决机构纠纷压力的缓解。解决纠纷的压力不仅仅来自纠纷的数量，而且来源于纠纷的繁琐程度和棘手程度，换言之，压力还来源于时间效率和治理性压力。一些纠纷所涉及的专业知识多、涉及面广，还有一些纠纷的当事人出于种种原因需要在短时间内得到纠纷解决的回应。复杂的纠纷、涉及专业知识多的纠纷必然会拉长纠纷解决者解决纠纷的时间，无论是法官还是警察，可能都不擅长某一特定领域的知识，如医学领域、物业领域。一方面，会影响纠纷解决的效率；另一方面，还可能增加纠纷解决出现偏差的几率。还有一些纠纷，虽然问题不复杂，但因为涉及专业的鉴定程序，因此，需要花费较长的时间。但当事人出于种种原因，需要尽快解决纠纷。由此，可能引发当事人对纠纷解决机构的不理解，甚至引发上访等治理性问题。从而给纠纷解决机构增加麻烦和工作负担。专业性调解委员会的建立则可以缓解纠纷解决机构，特别是法院，在解决复杂性、专业性纠纷时可能遇到的诸多难题，有效分担人民法院在遇到专业性、复杂性纠纷时专业知识不足的压力，将部分纠纷通过"调解—司法确认"的方式消化掉。而对于那些比较棘手、当事人希望能够尽快得到回应的纠纷，专业性调解委员会能够发挥专业性优势，节约在鉴定程序上的时间，在双方自愿的基础上相对快捷地给出解决意见，从而缓解法院等纠纷解决机构在预防不稳定因素上的压力。

（二）分担化解社会剩余纠纷的功能

除此以外，"一站式"矛盾纠纷调解增加了对社会"剩余纠纷"的化解能力。所谓社会"剩余纠纷"，就是指那些不能通过正当的、合法的纠纷解决途径得到解决的纠纷。社会剩余纠纷形成的机制比较复杂。一些社会剩余纠纷的形成源于当事人主观的选择，也就是当事人主观上未积极寻找合法有效的纠纷解决办法，导致纠纷未能对接具有相关纠纷解决职能的机构，最终成为无法解决的社会剩余纠纷，纠纷游离在社会当中。例如，当事人因为司乘问题与"滴滴司机"产生纠纷，当事人原本可以通过平台投诉或到人民法院起诉的方式进行解决。但是，当事人一方面不信任客服平台，另一方面又觉得诉诸人民法院成本过高。因此，选择拨打110报警，寻求公安机关的帮助。然而，公安机关作为治安调解机关，对于司乘等消费类、经济类纠纷并没有法律意义上的管辖权。一方面，当事人不愿意选择真正有效且合法的纠纷解决途径；另一方面，当事人求助的纠纷解决机构又是无权管辖此类纠纷的机构组织。可见，当事人的主观选择并没有契合法律的设定，尽管当事人看似诉诸"正式的"法律权威，但实际上则是选择了错误的道路和方向。在这种情况下，出警民警一般只会告知其正确的纠纷解决途径，并不会真正介入纠纷解决。纠纷无法得到有效的解决，始终处于游离的状态，成为纠纷治理中的"盲区"。

还有一些社会剩余纠纷源于其本身就不处于法律调整的范围之内，而是由于社会的剧烈变动，导致原本调解人与人之间关系的旧有机制失效，相应的纠纷无法得到原有机制的解决，无论是司法纠纷解决途径，还是行政调解、仲裁都无法回应这一类纠纷。这种现象随着社会原子化的发展以及大规模的人口流动，显得越来越突出。举例而言，大部分情感纠纷是法律所不能规制和改变的，法律能够调整人们的行为，但是无法调整人们的情感。情感纠纷虽然表面上可能会表现为谩骂、殴打等法律所禁止的行为，但是矛盾的根源并不在此，如果想从根本上解决情感矛盾，法律则并不是最好的解决办法。笔者在重庆市某派出所调研时，遇到一起家庭纠纷就因得不到派出所的有效回应而形成了所谓的"剩余纠纷"。当事人是一对夫妻，女方拨打110说男方有家暴行为，110民警出警到场后，发现这仅仅是一起家庭内部纠纷，纠纷的源头还是双方当事人之间的情感纠葛。事实上，男方并没有家暴行为，于是民警对报警人进行警告，告知当事人110只负责处理家暴行为，而情感纠纷不属于110的处置范围。由于家庭矛盾并未得到有效解决，该女子又接二连三地拨打110报警电话报警，甚至以"自杀"威胁民警。[1]从这一纠纷的处置过程来看，民警的确没有义务也没有权力介入当事人的家庭纠纷，如果没有发生家庭暴力，民警出警的意义也仅仅在于预防暴力行为的发生。家庭纠纷原本属于家庭内部的"家务事"，中国文化中有"清官难断家务事"的古语。在过去，家庭纠纷由家庭内部的长者负责调解。没有家庭长者的调解，有些热心的邻里街坊等熟人也会帮忙调解。单位制时期，单位的领导、同事有时也可能会介入比较严重的家庭纠纷。但随着社会的变动，人们背井离乡，身边早已没有了所谓的"家庭权威"，就算居住于传统农村地区，随着社会结构的原子化，家庭长者的势力也早已经衰退。除此以外，邻里关系逐渐淡漠，单位制早已瓦解，发生在原子化核心家庭当中的婚姻情感纠纷当然就没有了调解机制。对于由于类似原因产生的纠纷，法律同样是无能为力的。现有的

---

〔1〕 2017年8月，重庆市某派出所，随民警出警时记录。

纠纷解决体系里，法院可以判决离婚与否、分家析产，但是对于化解家庭矛盾，挽救家庭危机的贡献微乎其微。因此，很多由于社会变动而带来的处于法律调节的空白之处的纠纷成为社会"剩余纠纷"，始终处于游离状态。

社会"剩余纠纷"长期以来处于游离和不被重视的状态，大部分社会"剩余纠纷"要么被自然消解掉，要么逐渐升级为更为严重的纠纷。从提升社会治理能力的角度而言，让社会"剩余纠纷"维持目前的状态并不利于社会的长期稳定。"一站式"矛盾纠纷调解成为应对社会剩余纠纷的最好机制。具体而言，"一站式"矛盾纠纷调解机制主要集中在村（社）、镇（街）两级层面，调解利用较低的成本，发动较多的社会资源，能够在基层编织起严密且全面的大网。这张网络可以承载来源于基层的、大量的、琐碎的纠纷，同时，这张大网还具有极强的包容性，能够应对不同类型的、不同需求的纠纷。人民调解所涉及的规则体系不仅仅包含法律规范，还包括道德规范、地方习俗等多元的规则。因此，"一站式"矛盾纠纷调解既可以满足当事人低成本高效率的纠纷解决需要，还可以将发生在社区内部的琐碎的邻里纠纷、家庭纠纷全部纳入正式的纠纷解决体系内，不至于让纠纷处于游离状态。除此以外，通过调解的外部体系化，可以加强人民调解与其他纠纷解决机构联动关系，当其他纠纷解决机构出现不足时，通过矛盾纠纷调处化解中心的联动，可以弥补法律权威在基层的"最后一公里"困境，即法律权威悬浮于基层，无法及时介入基层纠纷的问题。人民调解在基层的严密网络编织出来以后，可以发挥一定的替代与补充作用。

二、确保后续程序的有效对接

"一站式"矛盾纠纷调解增强了调解分担其他纠纷解决机构解纷压力的能力，但是，仅仅关注到调解对纠纷的承接是不够的，还需要关注调解的疏导功能，换句话说，就是调解能否有效对接调解协议的履行程序，能否让调解协议得到完善的履行和普遍的服从。只有当调解协议得到有效的履行时，调解消化社会冗余纠纷的能力才会得到真正的提升，换言之，调解才算是真正解决好纠纷。调解的"一站式"发展，不仅使其他解纷机构的纠纷进入调解组织体系变得更为顺畅，而且同时使调解与其他纠纷解决体系的对接也变得更为顺畅。

（一）司法确认程序的顺畅

早在 2011 年，学术界和实务界就已经针对调解协议的司法确认做了理论层面的探讨。新版的《调解法》也将人民调解协议司法确认的相关规定纳入国家制定法的法律条文中。但长期以来，调解协议的司法确认在实践中都处于"休眠"状态，其中一个重要的原因在于调解协议的司法确认需要经过人民法院的审查，而现实中调解协议大多都具有瑕疵，因此，难以通过司法确认。此外，从调解组织到人民法院，司法确认需要当事人自己跑到法院办理，客观上阻碍了当事人的积极性。由此，调解开始了一种恶性循环。在过去，调解组织为了保证调解协议的顺利履行，调解组织不得不采取"土办法"，例如，在赔偿类纠纷的博弈中，调解组织帮助责任方降低赔偿金额，但条件是责任方必须当即全款履行赔偿义务。同时劝导受害方降低预期，以能够当场拿到责任方的全部赔偿金为吸引，引导受害方接受低于正常标准的赔偿。显然，这样"有失公平"的调解协议更难在司法确认程序中得到法院的确认，而调解组织就会想尽各种其他的办法，来促进调解协议的当即履行，以避免出现后续的麻烦。

当纠纷调解朝着"一站式"的方向发展时，与"一站式"运行发展相适应的规范化要求也不断加强。而调解的一站式与规范化必然导致人民调解朝着符合司法体系的格式化要求和实质化要求的方向发展，上文中曾经提到，调解的"一站式"运行中的特点之一是调解呈现出规范化和司法化的倾向。调解在运行的过程中，一方面越来越重视其在法律适用上的合法性，另一方面也在极力追求调解结果的公平性，甚至是与司法审判结果的趋同。

"一站式"矛盾纠纷调解不仅仅是组织体系上的内外联动，在调解规则的选取、程序的选择上也呈现出与司法体系相契合的趋势。具体而言，调解的规则体系受"一站式"纠纷解决的影响，法律规范所发挥的作用越来越明显，道德风俗等规范发挥的作用在逐渐下降。在 CF 镇的品牌调解室、乡镇司法所调解委员会等调解组织的调解活动中，调解员最主要关注的是法律规范的规定，"找法"是调解员调解纠纷时的首要反应。即便是在婚姻家庭继承纠纷中，调解员也会首先查阅法律的规定，对于可能违反法律规定的调解活动，保持谨慎的态度。例如，品牌调解室在调解一起分家析产的家庭纠纷时，在当事人提交的财产清单中有一间收纳农具的仓库。但在当事人提交的证据材料里，却没有这一仓库的产权登记证件。调解员经过与当事人的反复确认，最终确定这间仓库属于历史违建，没有合法的产权登记。因此，在后续分家析产的过程中，并没有把这间仓库纳入分家析产的对象中。[1]由此，调解组织作出的调解协议不存在法律瑕疵等问题，能够顺利进入司法确认程序之中。

　　除了对于可能违反法律规定的调解活动保持谨慎态度外，调解对于难以确定的事实也会采取谨慎的态度，而非像过去一样通过"和稀泥"的方式解决。例如，在一起物业纠纷当中，当事人一方未能针对其诉求列举出有利的证据合同，调解组织最终没有对这项内容进行调解。原因在于缺乏证据证明，为了保证调解结果的公平性，调解组织干脆不对没有证据支撑的诉求进行调解。

　　"一站式"矛盾纠纷调解使得调解的规则体系也在朝着法治化方向发展，这使得整个调解的活动都越来越符合法治框架的要求，因此，也就能够越来越顺畅地对接司法确认的司法体系。在 CF 镇的调解活动中，有一半以上的纠纷都进入了司法确认程序。"一站式"矛盾纠纷调解的发展打通了调解协议进入司法确认程序的"梗阻"，其积极作用在于调解无须为了达到促进调解协议当即履行而被迫牺牲调解的公平性，从而大大提升了调解的工作效率，对于不能当即履行的纠纷，调解可以通过司法确认的方式将执行的责任传递给人民法院，从而减少了调解的工作量。

　　（二）行政执法程序的顺畅

　　一些纠纷可以在调解组织的安排下得到调解并同时履行调解协议，还有一些纠纷在调解机构得到调解并通过对接司法确认的方式保证履行，另外有一些纠纷在调解机构得到调解并最终影响后续行政执法的结果。"警调"对接是将调解与行政执法进行联结的制度，也是调解"一站式"的重要体现。这种"一站式"发展的结果不仅有利于纠纷通过派出所的接处警工作流转到调解组织，同时也有利于调解组织将调解结果反馈给公安机关，以便公安机关

---

〔1〕　2020 年 9 月 4 日下午，CF 镇某品牌调解室，陈某访谈。

采取下一步的行政执法措施，从而完成法律意义上的案结事了。

"一站式"矛盾纠纷调解完善了调解的组织机构，使"警调"有了专门的组织机构。另一方面，"一站式"矛盾纠纷调解的发展使"警调"同时兼具调解的自治色彩和派出所的权威色彩。"警调"在"一站式"的发展过程中不但吸收了调解所应当遵守的程序、规则，同时也吸收了派出所部分工作所应当遵守的程序与规则。

例如，"警调"工作室的属性虽然是调解组织，但是遵守公安机关"经济案件不调解"的原则。除此以外，对于重伤以上的纠纷，"警调"组织不调解。对于不属于公安机关职责范围内的纠纷，"警调"组织不调解。由此可见，"警调"工作室从制度要求上与公安派出所保持高度一致性。这种"一站式"确保了经过"警调"处理的纠纷一定能够顺利对接公安派出所的行政执法活动。

除此以外，在治安案件的调解中。"一站式"纠纷解决确保了调解与派出所的联动机制，规范化成为体系化的内在要求。调解的规范化程度越高，在接下来对接公安派出所的工作就越顺畅。举例而言，在治安案件调解中，调解组织需要当事人双方签订《人民调解当事人权利义务告知书》，当事人必须表示是自愿接受调解并自愿达成调解协议的。这样的权利义务告知确保日后纠纷了结后，公安部门可以将双方自愿达成的和解协议作为对过错方从轻处罚的依据。可以看出，"一站式"矛盾纠纷调解实施后，一些程序性的铺垫工作会增加到调解的具体工作中。这些程序性的铺垫工作不仅可以增加调解自身的规范性，同时也为今后与行政执法的顺利对接作了铺垫。

第二节　提升社会治理的治理水平

一、为社会治理提供大数据资源

"一站式"矛盾纠纷调解不仅联通了调解体系内部的各个组织，还联通了调解体系与其他矛盾纠纷治理体系。体系联动的一个重大意义在于数据信息的共享。T市在建联"县（市、区）—镇（街）"两级矛盾纠纷调处化解中心的同时，利用矛盾纠纷处理一体化平台整合信息数据，通过社会风险研判平台进行数据分析，将可能发生的群体性事件、上访事件以及其他具有风险性的纠纷数据自动抓取出来，从而提高纠纷解决的前瞻性、精准性的需要。

具体而言，在调解组织从"多头"管理走向矛盾纠纷调处化解中心的单一管理的过程中，数据的汇报与系统的使用都被矛盾纠纷调处化解中心进行了统一。如果当事人想要寻求县（市、区）、镇（街）调解机构的帮助，就首先需要在矛盾纠纷调处化解中心的登记窗口进行身份登记。此时，当事人的身份信息与纠纷基本情况就被记录在矛盾纠纷调处化解中心的系统当中。如果当事人自行寻求村（社）调解或品牌调解室调解时，调解员也会将相关的纠纷信息录入统一的矛盾纠纷处理一体化平台系统当中。如果存在当事人多次寻求调解组织帮助的记录时，社会风险研判平台系统就会自动抓取相关信息，并将信息反馈给县（市、区）一级的矛盾纠纷调处化解中心，县（市、区）级矛盾纠纷调处化解中心可以通过分析研判将相关信息传送给镇（街）矛盾纠纷调处化解中心，再由村（社）负责治调工作的干部负责落实具体工作。例如，T市矛盾纠纷调处化解中就收到了一起情况预警。预警信息是某镇"警调"工作室反馈上来的，某镇"警调"工作室在处理一起110报警纠纷时，当事人情绪消极，多次扬言要自杀。[1]当事人离开"警调"工作室后，调解员如实在系统中填报了这一情况。随后这条信息就被社会风险研判平台进行了抓取。预警信息反馈到市矛盾纠纷调处化解中心，市矛盾纠纷调处化解中心马上与镇、村取得联系，要求他们及时介入化解纠纷，避免真的发生自杀等情况。

除此以外，调解的信息数据还可以辅助执法机构及时获取相应的违法信息，实现矛盾纠纷数据信息对整个社会治理的帮助。例如，T市下辖的各个镇矛盾纠纷调处化解中心、"警调"工作室陆续接到关于某商品房开发商与购房者之间发生的纠纷。由于各个镇之间信息不互通，"警调"与乡镇调解委员会也并非时时进行沟通，因此，大部分纠纷调解机构都以普通的购房纠纷进行调解。但是，相关信息反馈到矛盾纠纷处理一体化平台后，社会风险研判平台通过信息抓取发现这些纠纷与某一固定的房地产公司相关，而纠纷的类型大多是关于房地产公司的虚假宣传。通过联动机制，市矛盾纠纷调处化解

---

[1] 2020年9月9日上午，T市矛盾纠纷调处化解中心，傅某访谈。

中心将某房地产公司可能存在的虚假宣传行为反馈给属地市场监督管理部门和住建部门，并由执法部门对某房地产公司可能存在的违法行为展开调查执法活动。

由此看来，"一站式"矛盾纠纷调解机制的建立，不仅仅是在组织的管理上从"多中心"走向"一中心"，组织联动也并非仅仅停留在组织间的工作内容上。"一站式"矛盾纠纷调解机制建立后的数据和信息的联通与共享为提升社会治理的整体治理水平提供了新的契机。

二、充分调动并利用基层资源

（一）让纠纷调解的触角向更基层延伸

在过去，调解制度以相对粗线条的方式发展，调解组织凌乱，特别是村（社）一级的调解通常表现得并不正规，且调解资源相当不充分。在村（社）一级，"治调主任"是负责调解工作的干部。但实际上，在村（社）一级，社区干部的工作往往是复合性的，除了调解工作，干部往往还需要负责村里的其他综治条线的工作。用"上面千条线，下面一根针"来形容再不为过。除此以外，随着合村并组、合村并居、高密度居民小区的建立，村（社）地域广泛，人口密度大已经成为普遍存在的问题。笔者调研的大多数村庄，人口都在4000人~5000人，而城市社区则更多，加上流动人口平均在9000人。如此庞大的居住群体，仅仅依靠1名"治调主任"几乎是远远不够的。因此，"一站式"矛盾纠纷调解的发展方向就是增加基层调解力量，动员更多的组织或个人参与调解活动。

"一站式"矛盾纠纷调解的过程不仅是向上的层级建立，同时也包含向下的层级延展。实际上，在村庄和社区中，还有着大量的网格员在分担着纠纷调解的工作，这部分力量是社会治理中的关键力量。在传统的调解中，这些分散在网格员力量上的调解也被称作"人民调解"，但网格员发挥主要作用的调解工作始终未被划入镇（街）司法所统计与管理的人民调解范围之内。但随着"一站式"矛盾纠纷调解的发展，完善基层调解力量越来越受到重视。"网格化"与"微治理"是基层在社会治理过程中的组织形式创新，基层网格员往往具有多重身份，网格员来自小组长、楼道长，他们既是信息员，又是纠纷调解员。"一人多能"是对网格员身份的概括。随着基层治理体系中网格化的建立,调解制度通过充分利用网格资源和网格层级将调解工作向更基层方向延伸。

(二)解决了调解员的动员与选拔问题

此外,通过日常的网格工作,调解员不断发掘可以动员的民间力量。例如,在 CF 镇的品牌调解室,这些热心公益的离退休干部就是在网格工作中不断发掘出来的。通过网格工作,可以发现那些相对热心公益事业同时又具有一定文化水平,比较擅长与人交流、能说会道的人。例如,在 CF 镇,一个被当地群众称为"毛毛阿姨"的人就在日常网格工作中表现比较突出,她为了化解纠纷矛盾,会把网格内邻里发生的小摩擦全部用本记录下来,然后通过给每家每户做工作的方式化解纠纷。除此以外,那些成为调解员的离退休老干部,也是网格员在日常工作中摸排发现的,网格员会把那些比较热心的离退休老干部的情况汇报给村(社),村(社)再汇报给镇(街),由镇(街)派人到离退休老干部家做动员工作,动员老干部参与调解工作。

通过网格工作,还可以培养一批调解员。"一站式"矛盾纠纷调解机制成立后,基层网格也被纳入调解的体系网络。"一站式"体系化的作用不仅仅是将工作内容加以统合,还包括从下级人民调解组织中发现、培育和选拔优秀调解员的功能。通过网格调解工作,一些比较擅长调解的网格员会因工作中表现突出而被村(社)发现,一些村(社)有意识地培育和锻炼这样的网格员多参与调解工作。并将优秀的网格员安排到社区下属的品牌调解工作室,在品牌调解工作室工作,也是一种锻炼。县(市、区)一级的调解组织也会定期开展"金牌调解员"的评选活动,就是通过在下级调解组织中遴选优秀者,并将其安排到市级调解组织工作。

上述动员与选拔活动在过去是不可能实现的,动员与选拔的必要前提条件是要具备顺畅的组织关系,在过去"多中心"管理的调解体制下,上下组织关系无法顺畅沟通,调解员只能采用聘用专门人员的方式,或者由政府组织人员代替。真正具有调解能力、擅长调解的调解员往往无法被发现,更无法接受正确的引导和培育,导致调解队伍的实力始终不强。在"一站式"矛盾纠纷调解的背景下,调解由"多中心"管理走向"一中心"管理,各个调解组织之间的关系逐渐顺畅，矛盾纠纷调处化解中心作为中心连接点将各个人民调解机构统筹在一起。优秀的调解员被组织发现后，经过培养可以通过顺畅的渠道输送到更重要的调解组织中去，从而达到发动并利用来自基层优秀资源的目的。

第三节　改善纠纷治理体系的整体生态

一、提升了调解自身的地位

纠纷化解体系是一个包含众多纠纷解决机制的综合性体系，它包括司法裁决、仲裁、调解等诸多方式。纠纷化解体系内的地位可以分为两个方面，一方面是调解在整个纠纷解决体系内的功能性地位，另一方面是调解在整个纠纷解决体系内的政治性地位。

（一）功能性地位得到提升

在纠纷化解体系中，调解始终处于相对弱势的地位。从调解的管理体制来看，调解由地方司法行政机关进行管理。实践中，大部分地区的调解工作一般由镇（街）一级的司法所承担。而在大部分地区，司法所资源配置紧缺，一些经济落后地区的司法所常常面临"一人所"的尴尬局面。除了纠纷调解，司法所还肩负着刑满释放人员的安置帮教、社区矫正、普法等诸多工作，因此，调解成为一项边缘化的工作。在纠纷化解体系中，调解始终未能扮演重要角色。

2010年前后，"大调解"成为社会纠纷化解体系的创新方向，调解的地位有所提升。一些经济发达的地区，开始针对特定的纠纷开展设立专业性调解委员会。例如，在2011年前后，由于医疗纠纷导致的"医闹"事件频出，一些地方尝试建立医疗纠纷人民调解委员会制度。随后几年，一些地方也尝试在相应的行政职能主管部门之下建立纠纷调解委员会。例如，一些地方尝试在工商部门（现为市场监督部门）之下建立消费纠纷人民调解委员会，还有一些地方尝试在劳动与社会保障部门之下建立劳动纠纷人民调解委员会。尽管"人民调解委员会"的数量增多，但纠纷解决的实效很难令人满意。一些纠纷并没有像人们期待的那样，进入相应的人民调解委员会进行处理。调解仍然处于不瘟不火的状态，未能在纠纷化解体系当中占据应有的位置。

究其原因，调解作为一种广泛的调解形式并没有一定的组织结构，往往附属于行政职能部门之下，成为行政职能部门之下的一个内设机构或内设部门。它们所处理的纠纷，往往是通过信访、投诉以及行政执法等相关活动而被发现，从而进入相应的调解组织进行调解的。因此，调解受理的纠纷数量少。即便调解组织进行了调解，人们也往往认识不到调解组织在其中的作用，而是把"功劳"归结于调解组织所隶属的行政职能部门。

随着"一站式"矛盾纠纷调解的不断完善，调解组织逐渐从原有的行政职能部门中剥离出来，成为矛盾纠纷调处化解中心的子机构。通过"县（市、区）—镇（街）"两级矛盾纠纷调解中心，将原有的人民调解组织联结在一起，同时综合信访等其他职能部门，形成纠纷的集约化和联动化解决。所有的调解机构都集中在矛盾纠纷调处化解中心之中，所有的纠纷均通过矛盾纠纷调处化解中心的集中分配。在调解的一站式体系化运行过程中，矛盾纠纷调处化解中心抓住了两大纠纷"源头"，一是110报警平台，二是人民法院的立案中心。矛盾纠纷化解中心通过与110报警平台的联动，将大量发生在社区当中的非治安纠纷导入矛盾纠纷调处化解中心，再通过派单的方式，调度相应的人民调解机构进行调解。"一站式"体系化运行后的调解组织性更强，受调动能力更强，能够接触到更广泛的"案源"。此外，矛盾纠纷调处化解中心通过与人民法院立案中心的合作联动，除了建立"诉调"对接机制外，还将特定类型的纠纷引流到专业调解委员会进行调解，增强了调解在诉前调解上的作用和能力。

得益于"一站式"矛盾纠纷调解体系的建立，人民调解在整个纠纷化解体系当中的地位和作用得到增强，成为调解活动的核心。在矛盾纠纷化解中心的组织下，人民调解形成了结构性的大网。从其受理的纠纷数量上看，人民调解体系化后，大量纠纷涌入人民调解体系，缓解了其他纠纷解决体系的压力。随之而来的是人民调解在整个纠纷化解体系当中政治地位的提升。

（二）政治性地位得到改善

调解本身就蕴含了强大的政治意涵，在传统理论中，人民调解是群众路线的一种实践形式，人民调解的意义不仅仅在于调解本身，而且在于发动群众和联系群众，在于让广泛的群众力量参与到纠纷化解的过程中去。有学者认为，人民调解"不但是一项具有中国本土特色的定分止争、增进和谐的非诉讼解决方式，而且是中国共产党贯彻群众路线、正确处理人民内部矛盾以增加政治认同、强化社会团结的理想设计，因而构成国家的优质执政和治理资源"。[1]但是，随着改革开放后社会的转型，法律中心主义的确立，法学学者理想图景中的法治国家是一个去政治化的、中性的国家概念。[2]人民调解的法治化和"去政治化"越来越明显，人民调解的政治属性和政治功能逐渐消退，人民调解的政治地位逐渐衰落，人民调解甚至一度遭到批判。但随着社会治理体系与治理能力的不断提升，人民调解被注入了新的要素，人民调解作为新时代"枫桥经验"的实践方式，其政治地位又一次得到提升。随着人民调解体系化的发展，人民调解被重新解读为"三治融合"的实践典范。

具体而言，首先，人民调解的形式是法治的，人民调解必须在遵循法律规范的前提下进行。体系化后的人民调解在程序的规范性、调解结果的公平性上都有所提升。无论是调解中对法律规范的把握程度，还是调解前后签署各类权利义务告知性法律文书来看，从形式上看，人民调解总体的法治化程度越来越高。其次，人民调解的过程包含了自治的成分。如果说，"警调"、"诉调"，以及专业性调解委员会的国家色彩浓厚、国家权威属性明显，那么品牌调解室的自治性则显得更为突出。品牌调解室的调解员都是村（社）当中年纪较大、比较热心的人士，从身份上看都不属于国家机关或组织的工作人员，身份色彩单纯。最基层的人民调解组织和层级稍高的人民调解组织具有不同的色彩和属性，在人民调解体系化运行的过程中形成了具有权威梯度差异的结构，因此，在国家色彩之外又融合了自治的色彩。最后，人民调解的标准不仅仅是法律规范这一单一要素，还包括了道德规范、人情面子、地方习俗等德治因素。尽管人民调解朝着法治化的方向发展，但是法律自身的局限性和调解具有的兜底解决功能决定了人民调解不可能只依靠调解这一单一的规则体系。人民调解所依赖的规则体系势必也是多元的，那些没有被法律所考虑和评价的道德性因素应当成为人民调解所考虑的因素。在调解的实

---

〔1〕 刘正强：《人民调解：国家治理语境下的政治重构》，载《学术月刊》2014年第10期。

〔2〕 参见季卫东：《法治秩序的建构》，中国政法大学出版社1999年版，第11页。

践中，层级越低的人民调解组织在调解中使用道德评价，参考地方习俗，运用人情面子的频率越高。因此，人民调解体系化发展后，其在道德标准的使用上也呈现出梯度差异的色彩。在人民调解的标准选择上，可以被理解为融合了德治因素。人民调解体系化运行所隐含的"自治""德治""法治"因素成为将人民调解理解为新时代"枫桥经验"典范的重要依据，也正是如此，人民调解获得了更高的政治地位。

从现阶段对纠纷化解机制的侧重程度来看，人民调解的价值又重新得到重视，法律中心主义的观点也有所减弱。体系化后的人民调解重新取得了在纠纷调解这一宏观体系中的重要政治地位。

二、改善了调解与其他纠纷治理机制间的关系

人民调解的体系化发展既包括人民调解内部组织结构的完善与精细化发展，同时也包括人民调解与其他纠纷治理机制之间不断建立的联动机制。人民调解的体系化发展不是孤立的，而是与其他纠纷解决机制的发展亦步亦趋。随着人民调解功能性与政治性地位的加强，人民调解工作开始逐步嵌入并影响其他纠纷解决机制的具体纠纷解决活动。它们之间建立了"内嵌式"的关联性。

举例而言，在诉前调解活动中，人民调解组织的调查行为、收集的信息材料可以在调解失败的情况下，帮助主审法官快速了解案情。从严格的规范意义上来看，人民法院在审理民商事案件时，应当根据原被告双方提交的证据材料，根据原被告双方的陈述与辩论等厘清案件事实。当然，法官也可以采取庭前证据交换等手段，在庭前对案件事实进行了解。但在实践中，有的时候法官仅仅凭借当事人的陈述和证据材料并不能完全还原事件真相，从而影响法官对案件的整体判断。原因在于，原被告双方的实力有时并不均等，一方聘请了专业律师，而另外一方是没有聘请任何代理人的普通农民。在实力悬殊的情况下，往往是法律实力占优势地位的一方会在诉讼结果上取得优势。作为法官，在案多人少的压力之下缺少仔细调查案件事实以探索真相的时间，但另一方面，法官也肩负了巨大的责任，在法官责任制的背景之下，法官对于探究案件事实真相有着更重的责任。因此，由人民调解组织担负的诉前调解的意义就不仅仅在于化解双方当事人的矛盾，还在于通过人民调解

组织的能动性，主动调查清楚纠纷的事实真相。例如，在一起物业纠纷当中，受人民法院委托进行诉前调解的物业纠纷调解委员会的调解员，为了调查清楚物业纠纷当中的争议事实，主动到争议现场进行考证，通过拍照取证、书写材料的方式将现场情况作了还原。尽管这起案件最终未能调解成功，但是调解员会将调解中进行的调查、调解笔录等资料提供给人民法院。[1]而主审法官在拿到上述材料后，可以参考人民调解期间的调查情况。这对主审法官了解案情、节约审理时间有着重要的作用。

除了上述功能外，诉前调解还为人民法院的后续审理作了铺垫，有利于当事人认识纠纷、接受判决或司法调解的结果。很多当事人认识纠纷的方式存在一定的误解，用通俗的话来讲，就是盲目认为自己才是占理的一方，自己的诉求应当得到法院的支持。但实际上，很多当事人并未意识到自己对纠纷的认识存在偏差，直接进入诉讼环节，由法官主持调解或审判容易导致当事人对调解或判决结果的不接受，特别是心理落差，还可能引发当事人对法官的不信任。人民调解组织作为诉前调解机构，往往在最初就对当事人的责任利弊做了详细的分析，出于体系化发展的要求，人民调解组织会按照法律规范的相关规定给出调解建议，在这一过程中，调解员通过说理分析的方式让当事人对纠纷有了大体正确的认识，并对可能的结果提前有了一个预估。调解员在诉前调解的活动中常常会告诉当事人，按照法律规定其在纠纷当中负有什么样的责任，按照法定赔偿标准可以获得多少赔偿或取得多少赔偿，而这一金额与法院判决相差不会太大。无论诉前调解成功与否，人民调解的铺垫作用已经悄然发挥。这样的铺垫不但有利于后期当事人对司法判决或司法调解结果的接受，也有利于节约法官的实践，节约诉讼成本。

从上述两个案例中，可以看出，人民调解已经成为嵌入司法纠纷解决体制中的一种辅助机制，人民调解的作用不再是孤立的，它可以同时满足纠纷化解以及为后续的司法纠纷解决程序做准备的双重功能。因此，可以说人民调解的体系化发展改变了人民调解与司法纠纷解决机制之间的关系。

---

〔1〕 2020年9月9日下午，T市"物调委"，王某访谈。

三、促进纠纷治理体系内部权责关系的理顺

"一站式"矛盾纠纷调解进一步分流了原本堆积在派出所的大量纠纷，这些纠纷之所以堆积在派出所，并不是因为派出所拥有解决纠纷的权力和能力。而是由于派出所曾经与调解组织一样，承担了群众路线的重要政治功能。20世纪90年代初期，漳州110首次提出"有警必出，有难必帮，有求必应"的口号，后来人们耳熟能详的"有困难找民警"就出自这一时期。公安部为了树立公安机关在老百姓心目中的良好形象，在全国范围内推广漳州110的经验。随着通信技术的普及和社会纠纷的日益增多，通过110解决纠纷成为大部分人遇到纠纷时的习惯。笔者在重庆市某派出所调研时，当地一个派出所每天20余起警情，其中70%都是纠纷类警情，而在这70%的警情中，又有超过一半的纠纷不属于公安机关管理的民间纠纷，剩下的治安纠纷当中，大部分纠纷的根源也与违反治安管理处罚的行为无关，打架斗殴都是由其他纠纷引起的。这就对公安派出所的日常纠纷调解工作造成了很大的困难。[1]

首先，公安机关面对的都是非职权范围内的纠纷。作为执法机关，在法律层面公安机关只对涉及违反治安管理的纠纷具有调解管辖权，也就是所谓的"治安调解"。对于常见的消费纠纷、劳资纠纷，如果纠纷不涉及违反《治安管理处罚法》和《中华人民共和国刑法》（以下简称《刑法》）的相关规定，那么公安机关没有正当的理由介入。按照《110接处警工作规则》的规定，人民警察不宜介入非治安纠纷以外的纠纷，应当告知当事人向有关职能部门申请帮助。但事实上，出于预防"民转刑"案件以及来自上级部门对基层出警满意率考核的压力，出警民警一般仍然会视情况介入非职权范围内纠纷。

进而，这就涉及权责体系不对等的问题。公安派出所基于治理责任和预防刑事案件的职责介入民间纠纷，但实际上，并没有与之对应的法定权力。民警只能劝导双方当事人，同时又要注意自己执法者的身份。遇到一些棘手的纠纷时，民警在调解过程中要特别谨言慎行，以免让当事人误以为民警在

---

[1] 2017年8月，重庆某派出所调研所获得材料。

实施执法行为。当遇到一些难缠的纠纷当事人时，民警又会利用警察自带的权威性，让当事人妥协。无论民警采取哪种调解策略，实际都处于权责不对等的情况之下，造成民警在处置这类纠纷时常常带有一定的顾虑。

除此以外，这种权责不对等还影响到普通民众对纠纷调解的认知。大部分民众早就已经将110与纠纷联系到一起了。当110提出要求当事人自行寻找有关部门寻求帮助时，当事人会认为公安机关在推诿责任。而当110民警介入纠纷但在调解中相对保守时，当事人又会认为公安机关未能尽职尽责。普通民众对公安机关的责任认知仍然停留在"有困难找民警"的政治责任层面，并没有随着执法法治化的发展而改变。

上述因素的综合影响导致基层派出所在纠纷调解中呈现出权责混乱的局面，公安派出所面对着政治责任、治理责任和上级压力，但并没有相应的法律职权。最终造成公安派出所的调解实践越发混乱，甚至出现了"接警不出，出警不理"的乱象。[1]

调解以"警调"工作室的形式对接公安派出所，与公安派出所联动；110指挥中心通过与县（市、区）一级矛盾纠纷调解中心对接，与各级调解组织联动。调解的体系化为110疏导纠纷的同时，也理顺了派出所纠纷调解过程中的权责关系，改善了过去派出所在纠纷调解上权责不对等的局面。在"一站式"矛盾纠纷调解实施后，调解以层级化的方式对接了110接警遇到的各类纠纷，对于不属于公安机关管辖的纠纷直接交由专业性调解委员会、镇（街）调解委员会和各个村（社）进行调解，对于属于公安机关调解的治安纠纷，则交给"警调"工作室进行调解，"警调"工作室能够针对纠纷发生的根源问题展开具体的疏导。原来需要由公安机关完成的政治责任与治理责任，通过联动对接的方式转移给调解，由调解承担。

---

〔1〕 笔者2017年在重庆市某派出所调研，由于警力资源紧张，当该派出所接到110指挥中心转来的一起关于包工头欠薪导致的纠纷时，直接回复报警人不属于公安机关职权，不予出警。并在报警人连续报警三次的情况下，均未出警。

第五章

"一站式"矛盾纠纷调解的不足及内在逻辑

第一节　调解层级化引发的问题

一、层级化引发问题的表现

层级化引发的第一个大问题是组织悬浮性的问题。上文中曾经提到，随着调解的体系化发展，调解逐渐形成了体系化的组织形式，调解在面对纠纷时形成了有梯度的调解模式。从县（市、区）一级的专业性调解组织，到镇（街）一级的综合性调解组织，再到村（社）的调解员、网格员和品牌调解组织。调解逐渐形成了"县（市、区）—镇（街）—村（社）"的三级网络，并按照"小事不出村，大事不出镇，矛盾不上交"的原则将纠纷分级分类处理。这种纠纷调解的组织形式虽然提高了纠纷的解决效率，促进纠纷调解的正规性、公平性，但是正如韦伯所描述的，科层制也会有盲目层级化的缺陷。[1]因此，调解的系统化运行也存在一定的问题。

调解以贴近群众著称，其最显著的特点是"接地气"。在具体实践中表现为，调解善于利用当事人的"人情面子"、利用当地道德风俗、集体舆论等非法律规则的资源来化解纠纷。相比其他纠纷化解机制，调解的优势在于能够贴近当事人，根据当事人的具体情况做具体分析，找到适合个案的纠纷解决方法。在传统理解里，调解员一般都是熟悉当地习俗的，在本地有一定威望

---

〔1〕　参见［爱沙尼亚］沃尔夫冈·德雷克斯勒：《重识官僚制：马克斯·韦伯与今天的公共行政》，于文轩、贾小荷译，载《中国行政管理》2020 年第 9 期。

的人。调解员通过一定关系可以比较方便地了解到当事人的家庭情况、性格特征，特别是在熟人社会中，调解员甚至可以通过熟人关系结识当事人的亲朋好友，发动亲朋好友做当事人工作。从实践经验来看，镇（街）属于尚且可以适用这一套"接地气"方法的最大地域范围。在笔者调研的镇（街）司法所调解委员会中，司法所通过在各个村（社）聘请熟悉本村情况的社工的方式，发动了一批熟悉当地情况的人参与调解。这些调解员来自各个不同的村（社），从而确保镇（街）一级的调解组织能够在调解中及时通过这些熟悉本村（社）情况的调解员了解纠纷当事人的具体情况，方便调解工作的开展。无独有偶，在镇（街）派出法庭的"诉调"工作室，调解员也都是曾经服务于不同片区，具有与纠纷调解或治安工作相关的经验，换言之，因为过去的工作经历，这些调解员不仅对所在片区的情况非常熟悉，同时也被片区内的群众所熟悉。在调解过程中，上述调解员擅长运用本地人的"人情面子"、人际关系网络做工作，通常能够在纠纷调解中取得不错的效果。

然而，随着调解层级的建立，三级网络逐渐拔高了调解的组织结构。县（市、区）一级的调解委员会很难利用上文中提到的"人情面子"，更难以了解某一个地方的具体风俗习惯、道德传统等。这些地方性知识[1]并不为高层级的调解组织所具备。上文中曾提到过，县（市、区）一级一般是聘请具有专业知识的人员作为调解员。因此，一方面，这部分调解员不如曾经从事调解工作或治安工作的人有经验；另一方面，县（市、区）一级地域相对辽阔、人口众多，作为县（市、区）一级调解组织的调解员很难有足够的资源摸索清楚当事人的家庭情况、性格特点，难以准确掌握当事人在纠纷调解博弈过程中真正的心理预期和诉求，因此，会影响调解的效果。除此以外，县（市、区）之下的各个镇（街），在风俗习惯、传统观念等方面可能会有所差异，如果调解员不能准确把握这些信息，也会影响到调解的效果。在笔者调研的 CF 镇，一些镇（街）司法所调解委员会的调解员自述道："原本一些交通事故损害赔偿纠纷是放在镇（街）一级调解委员会进行调解的，如果当事人都是本镇人，调解一般都会比较顺利。毕竟本镇人之间相互熟悉，调解员对每个人

---

〔1〕 关于地方性知识这一概念，可以参见 ［美］克利福德·吉尔兹：《地方性知识：阐释人类学论文集》，王海龙、张家瑄译，中央编译出版社 2000 年版。

的家庭也都有所了解，赔多赔少的数额上可以拿捏得比较准确（符合当事人的心理预期），但是，随着交通事故损害赔偿纠纷的调解权限被县（市、区）一级'垄断'后，调解只能在县（市、区）一级展开，县（市、区）一级并不了解当事人的具体情况，有时也把握不好当事人的心理预期，调解工作并不好开展。有的时候，县（市、区）一级调解委员会还会要求村（社）、镇（街）两级分管负责的干部参与调解，原因在于县（市、区）一级实在没有办法摸清当事人的心理状态，无法做通调解工作。"[1]

调解的层级体系建立后，高层级的调解组织的行政化色彩明显。与镇（街）和村（社）的调解不同，高层级的调解组织按时上下班，周六周日不工作，需要当事人自行到距离 20 余公里处的矛盾纠纷调处化解中心进行调解，纠纷的发生不会考虑时间、地点因素，因此，一些纠纷发生时恰好处于县（市、区）级调解组织的非工作时间，如果当事人想要进行调解，就只能等到工作日再议。但在镇（街）司法所的调解委员会，即便是非工作日、非工作时间，一旦发生了致人重伤或死亡的交通事故时，调解员就会放弃休息，立即到岗对当事人双方进行调解。这种工作方法的差异性对纠纷能否及时化解产生了重要的影响。

综上所述，"在纠纷'金字塔'中，层级越低，纠纷成因越错综复杂、识别难度越高"[2]。在"一站式"矛盾纠纷调解发展后，部分调解组织的层级过高，调解组织所辐射的地域范围过于广泛，因此，开始悬浮于基层之上，并出现了行政化的色彩，造成调解丧失了原本具有的优势因素，包括熟人关系网络、"人情面子"、道德风俗、集体舆论等。由此可见，调解的组织层级影响调解组织辐射的地域范围，而地域范围与调解运行中赖以存在的"人情面子"、道德风俗、集体舆论和熟人关系网络密切相关。过于广泛的地域范围，会由于地理空间的增大导致熟人关系网络断裂、集体舆论消失和风俗习惯的差异化，进而影响调解功能和作用的发挥，造成调解的悬浮性问题。

层级化引发的第二个大问题是隐性"审级"制度的出现。调解不同于诉

[1] 2020 年 9 月 1 日下午，CF 镇司法所调解委员会，孙某访谈。
[2] 王丽惠：《分级与分流：乡村基层纠纷解决的谱系域合》，载《甘肃政法学院学报》2019 年第 3 期。

讼，诉讼有着明确的审级制度规定，这是出于确保司法审判秩序的稳定、司法程序的顺利进行而制定的。与审级制度相配套的是完善的上诉、申诉制度。此外，诉讼制度隐含着国家司法的权威性与严肃性，这种审级制度不允许被打破。与诉讼不同，调解设置层级制度和分工制度的功能上文已经进行了论述，体现在提高纠纷解决效率，节约纠纷解决资源以及确保"类案同调"结果的司法化调解结果。

在过去，一些邻里间、家庭中的鸡毛蒜皮的纠纷增加了镇（街）司法所调解委员会以及公安派出所的负担。当事人认为一些纠纷已经长期困扰自己时，可能会主动到更高层级的调解机构寻求帮助。一方面，当事人具有对更高级权威的依赖倾向，一些当事人相信更高层级的调解机构能够作出更公正的调解；另一方面，一些当事人是在尝试了村（社）调解后并未达到良好的解决效果，进而又通过110报警或直接到镇（街）司法所寻求帮助。随着"一站式"矛盾纠纷调解的运作，社区当中的邻里纠纷、家庭纠纷开始更为集中地流向村（社）调解组织。镇（街）司法所调解委员会、公安派出所的"警调"工作室都有了更为明确的受案范围。随着"县（市、区）—镇（街）"两级矛盾纠纷化解中心的建立，调解逐渐形成了隐形的"管辖"与"审级"制度。调解的"管辖原则"逐渐从"属地原则"发展到"属事原则"，"审级"与纠纷的"大小""性质"产生了密切的关联。即便是作为综合性调解组织的镇（街）司法所调解委员会，也会对纠纷加以甄别，当综合性调解委员会认为纠纷不大，应当由社区进行解决时，可以通过矛盾纠纷化解中心将纠纷解决"下移"到村（社）一级。

尽管层级化促进了纠纷解决效率，但是事实上，这样的纠纷调解体系化安排也造成了一定的问题。这样的层级化分流机制缺乏对纠纷的筛选机制，仅仅依靠纠纷的"大小""性质"分流造成调解的灵活性受损，使原本以便民为目的的调解变得"刻板"与"教条"。打个比方，有一些发生在村（社）的纠纷，当事人并不是一开始就跑到高层级的镇（街）调解委员会寻求帮助的。当事人拿着"小问题"来找镇（街）调解委员会，可能是由于村（社）未能解决好，或者是村（社）在解决的过程中存在怠慢等问题，最终造成当事人对调解结果的不满，从而引发当事人到镇（街）司法所调解委员会要求调解。例如，笔者在宜昌市某司法所调解委员会调研时就遇到过一个案例，当事人是一位年近 70 岁的老人，纠纷的起因是其田界问题。老人本来找了村小组长、村"治调主任"解决，但是小组长和"治调主任"都没有把纠纷调解好，矛盾纠纷一直存在。无奈之下，老人直接找到了司法所调解委员会，希望镇一级的组织出面对纠纷进行调解。[1]这样的纠纷如果严格按照 CF 镇矛盾纠纷调处化解中心的要求，肯定会重新安排村里出面协调解决，结果是纠纷依然得不到妥善调解，矛盾纠纷转了一圈后又回到了村里。

除此以外，还有些当事人在遇到交通事故等纠纷时，本想在镇（街）司法所调解委员会的组织之下达成调解，却不得不按照纠纷的分级分类原则跑到几十公里外的县（市、区）级矛盾纠纷调处化解中心去解决。而在层级式纠纷解决中，层级越高，纠纷当事人需要付出的成本越高，这会造成当事人成本的增加，违背当事人意愿。[2]由此可见，当"一站式"矛盾纠纷调解实施后，调解组织的层级化势必导致纠纷分流的机械化，而纠纷分流的机械化难免会出现外界看来的责任"推诿现象"，同时也会造成纠纷调解的效率低下。

调解的层级化建立后，上级调解组织在实际运行过程中对下一级调解组织具有了事实上的支配权，借助镇（街）一级的矛盾纠纷调处化解中心，镇（街）调解委员会可以将纠纷通过压力传导的方式压向更基层的纠纷调解组织，通过综合平台根据属地原则统合纠纷分流。[3]这样的分层结构可能被高级调解组织当作规避治理风险的方式，即将一些具有治理风险的矛盾纠纷传递到基层，从而加大基层的纠纷治理压力。

二、层级化问题的内在原因

（一）理想化层级与实践之间的错位

"一站式"矛盾纠纷调解的过程并非自下而上的推动，换言之，纠纷当事人对于纠纷调解机构的体系化发展并没有十分强烈的意愿。相反，"一站式"

---

〔1〕　2020 年 7 月，宜昌市某司法所，与当事人访谈。

〔2〕　参见王丽惠：《分级与分流：乡村基层纠纷解决的谱系域合》，载《甘肃政法学院学报》2019 年第 3 期。

〔3〕　参见王丽惠：《分级与分流：乡村基层纠纷解决的谱系域合》，载《甘肃政法学院学报》2019 年第 3 期。

矛盾纠纷调解的过程源于自上而下的高位推动，具体表现在县（市、区）、镇（街）两级政法委员会联合法院、公安、司法等职能部门设立矛盾纠纷调处化解中心，建立矛盾纠纷调处化解中心与 110 报警平台联动机制上。这些体系联动机制的建立，以及由此引发的调解组织层级体系的建立，主要是为了满足地方治理者的治理需要，包括减轻人民法院、派出所等机构的纠纷治理压力，防止纠纷调解差异化带来不稳定因素，将调解的法治化纳入地方法治建设的指标体系当中，将创新调解机制作为政绩竞争的一种手段等。由此可以看到，调解组织层级体系的建立，主要是为了便利治理者的矛盾纠纷治理工作。

在一项制度体系化的发展过程中，高位推动实际上是必不可少的，高位推动能够迅速整合资源，打通不同机构、组织之间的壁垒，特别是各个职能部门在条条上的限制，这一直以来都是影响政府工作效率的重要因素之一。在"一站式"矛盾纠纷调解的过程中，高位推动帮助各个调解组织从分散走向整合，打通了法院、派出所与调解之间长期以来的隔阂。特别是在高位推动的背景下，调解能够嵌入法院的"前司法程序"和派出所的"前执法程序"当中。但是，高位推动同样也带来了问题，高位推动之下调解的体系化发展渗透着行政权威的意志，换言之，调解的体系化发展是基于行政权威意志对调解的建构。通俗地说，是行政权威认为调解应该怎样发挥作用，而非调解实际应当如何发挥作用。这种人为建构将调解制度的发展理想化了，具体体现在以下几个方面。

1. 对调解性质和工作方法的理想化设定

在将调解体系层级化之前，治理者对调解的预设是理想化的。治理者将调解理想化为一种专门的、纯技术性的纠纷解决手段，是一项具有行政意味和法律属性的工作。所谓的"科层理想的程序"，即按部就班的递进式程序，严格遵循逻辑法条主义与程序规则。[1]在此种情况下，调解组织当然要强调专业化、分级化，并且这种划分的导向也一定是与专业化、行政级别紧密相关的。将调解理解为一种专业性的、技术性的纠纷化解手段实际上是弱化了

---

〔1〕参见［美］米尔伊安·R.达玛什卡：《司法和国家权力的多种面孔：比较视野中的法律程序》，郑戈译，中国政法大学出版社 2015 年版，第 62 页。

调解中"人民"的含义，而只突出"调解"的色彩。"人民"不应该只被简单地理解为政治性的语言表述，"人民"一词本应带有更丰富的内涵。关注人在调解中的作用是"人民"调解的特色。人是嵌入社会关系网中的一个个独立个体，人与人之间相互连接，产生各种各样的关系。调解不单单将处理纠纷视为处理事的问题，还将处理纠纷视为处理人与人关系的过程。例如，有些纠纷表面上为当下之事，只有熟悉当事人的调解者才知道，其实过往之事才是纠纷发生的深层次原因。再例如，一些纠纷事实清楚，当事人仅仅为了一口气，此时若能有熟悉的人在旁边劝上几句，气消则纠纷也就化解掉了。人的作用往往可能比专业技术、法律知识等因素发挥的作用更为重要。有人会认为，社会的结构正在发生变化，原子化的陌生人社会在逐渐形成，不仅仅是在城市，当下的乡村也在面临社会结构的深刻变革，正在从熟人社会向陌生人社会转变。的确，社会结构的变化让人与人之间的关系变得淡漠，这似乎为以专业化、技术化的导向改革调解制度提供了正当性论据。人与人之间早已变得陌生，所以，只有切事化的纠纷解决方式才能应对社会结构变革中的纠纷。这种前提与假设其实也是理想化的，正是因为理想化的预设才最终导致了调解体系走向了以专业化和技术化为导向的层级化发展。实际上，虽然社会结构发生了变革，但是人永远是处于层层的社会关系之中的。尽管陌生化、原子化的社会结构特征越来越突出，但是，这并不意味着社会关系的彻底断绝。在城市，依旧有相互熟悉的邻居，单位制改革后留下的单位小区依然保持着熟人社会的特征。在乡村，尽管村庄社会原子化，但是依旧改变不了的是地理空间的封闭带来的人与人之间的熟悉。在社会结构异质化的大前提下，将调解按照完全陌生人社会的社会结构进行改革，以切事化的"专业性""技术性"为导向，将调解机构进行层级化的分工与分级的行为实际上就是对调解工作的理想化设定。

2. 对当事人选择的理想化设定

当事人对调解机构的选择常常与理想化的纠纷流动状态不同，"小事不出村，大事不出镇，矛盾不上交"是调解活动的目标与追求，但事实上，这种目标与追求成为"一站式"矛盾纠纷调解过程中组织层级化体系建设的基本要求。换言之，治理者将追求的目标理解为一般状态，在这种预设下，调解组织的层级化建设可能会出现与当事人选择之间的错位。

当事人在选择调解的时候，首先，往往以最便利为目的；其次，还会考虑调解组织的权威性；再其次，考虑调解组织的实效性；最后，还会结合纠纷的特殊性，例如隐私性、纠纷成员的特殊性等。因此，当事人选择纠纷解决机构的过程往往是复杂的，并不是简单地按照纠纷的"大""小"去判断纠纷应当归属于哪一层级的调解组织进行调解。换言之，对纠纷"大""小"的分类是从治理者的角度出发，从治理的难易程度或治理所涉及范围的大小所作的判断，与调解当事人的自我选择无关。所以，当事人对调解组织的选择往往并不仅仅是以纠纷的"大""小"进行区分的。当事人以自己的意志带着纠纷找到对应的调解组织时，就出现了当事人选择的错位。

除此以外，在日常发生的纠纷当中，有相当一部分当事人抱有对高等级权威的依赖倾向，即认为越高等级的调解组织权威越高。因此，司法、信访活动中向上申诉的经验自然而然地被带到了调解活动之中。然而，调解组织的层级化只是为了将"大""小"纠纷进行分流分类治理，这样的层级化并不意味着越高等级的调解组织就有越高的权威。调解组织的层级化引发了人们对纠纷调解等级的错误认知，抱着"越高级就越有用"想法的当事人就会频频跑到高层级的调解组织寻求帮助，从而也造成了当事人选择的错位。

(二) 层级发展的弊端

韦伯早就论述过科层制发展的弊端，其中之一就包括对个人自由的抹杀。[1]在传统的组织社会学理论中，科层对自由的抹杀通常被理解为科层体制对体制内个人自由的抹杀，因为科层体制的意义在于让每一个人像机器上的零件一样运转，因此，个人无须发挥自己的主观能动性，只要按部就班地完成任务即可。美国公共政策学者迈克尔·利普斯基根据科层制体系运作的模式、执行活动的压力、工作节奏的强度，将基层公职人员比喻为"机械系统中的齿轮"。[2]层级化是科层发展的一个方面，在调解的层级发展过程中，调解员被要求按部就班地按照法律规范的规定进行调解，包括做好程序上的

---

〔1〕 参见［德］马克斯·韦伯：《支配社会学》，康乐、简惠美译，广西师范大学出版社2010年版，第100页。

〔2〕 参见马雪松：《科层制负面效应的表现与治理》，载《人民论坛》2020年第25期。

工作。在这样的要求之下，调解工作在对"人"的要求上逐渐改变了标准，调解活动更看重调解员对法律规则的把握能力，而对调解员发挥主观能动性的要求在逐渐降低。层级越高，规范化程度就越高，因此，层级越高的调解组织更倾向于选拔那些具有专业知识和专业能力的人来做调解员，强调调解的专业性与规范性。除此以外，专业调解员往往陷于墨守成规的被动执行境地，以及不出错与不出事的工作要求，这导致调解工作成为一项"唯上"而不"唯下"的工作。调解员为了逃避风险，而裹足不前。在这种情况下，调解组织必然与基层之间逐渐形成了悬浮状态的关系，调解成为一项事务性的工作。

在以往对科层制的研究中，很少有研究将科层与地理空间相互联系。但在"一站式"矛盾纠纷调解中，调解组织的层级化等级与调解组织服务和管辖的范围有着明确的关联，这种关联也普遍存在于其他科层制的组织体系中。科层体系关联着行政级别关系，而行政级别关系则关联着行政区划等地理空间。服务和管辖的地理空间范围，决定了一个组织的工作方式以及可以调动的资源。具体而言，层级等级越高，组织服务和管辖的范围也就越广泛，地理空间范围越广泛，个体差异性大，能够形成共识的因素也就越少，调解的标准也就越单一。此外，地理空间范围越广，人口数量就越大，流动性就越强，人与人之间建立关系的链条也就越长，陌生化程度越高。反之，层级等级越低，组织服务和管辖的范围则越小。而地理空间范围越小，人们的同质化程度越高，他们所享有的经验的共同程度就越高。因而，在文化、习惯、道德等方面都具有较高的一致性。除此以外，地理空间范围越小，人们的交往密度就越高，人与人之间建立关系的通道越短，熟人化程度也就越高。因此，层级越高的调解组织掌握的非正式资源较少，只能利用手中的正式资源——法律规范。而层级低的调解组织则掌握着较多的非正式资源。从本质上看，调解不单单是一项法律实践活动，如果想完成好一项调解工作，还必须了解当地的风俗习惯、最好能够通过熟人关系取得当事人的信任。换言之，非正式资源的丰富性决定了调解组织的调解效果，因此，层级越低就越能显示出调解的作用和价值，能够充分利用起基层的资源。相比于层级较高的调解组织，低层级的调解组织能够更"接地气"。

在层级制当中，每一个组织和层级的管辖范围及权力分布都是预先设定好的，每一个组织或层级都有具体的分工，这种分工是制度设定好的，不可能被轻易打破。在这个层级体系当中，当事人的个人意志因素被抹除。纠纷一旦进入调解的体系，由哪个机构来调解，由谁来负责不是以当事人的需求为转移的。层级体系内有着明确的分工，调解体系的分工意味着每一件纠纷都有其固定的归宿，纠纷不能够随便由哪个纠纷调解机构来解决，而是必须统一按照一定的标准进行分类，每一类纠纷的调解被垄断在某一个或者是某几个纠纷调解机构手中。当事人的选择自由必然受到影响，调解必然呈现出刻板或教条的发展倾向。纠纷需要按照理想化的层级模式下进行流动，从而逐渐形成了隐性的"审级"制度。

第二节　调解中的个案牺牲问题

一、个案牺牲的表现

"一站式"矛盾纠纷调解之下，其中一个表现就是调解开始追求调解结果的"类案同调"，避免调解结果的差异化和特殊性。层级越高的调解组织，"类案同调"的要求就越强。为了保证不同地区的调解机构能够尽量做出相对一致的调解结果，体系化的调解强调法律规范和赔偿标准的严格执行。正如韦伯在描述科层制的特点时所说的"切事化"，即根据可以计算的规则，"不问对象是谁"地来处理事务。[1]这样做尽管能够达到"公平"的价值追求，但是忽略并磨灭了调解最重要的作用和功能，即对个案当事人特殊性的考虑。

在过去，调解相比较于其他调解组织的优势在于通过温和的方式化解矛盾，帮助当事人双方恢复和睦关系，从个案角度出发结合当事人的实际情况给出调解建议。调解的复杂性在于，它不仅仅需要考虑法律规范的要求，还需要考虑人伦常理、个人的实际情况等，努力在个案当中实现道德观念上的"公平"。举例而言，在交通事故引发的人身损害赔偿纠纷案件当中，调解组

---

〔1〕 参见［德］马克斯·韦伯：《支配社会学》，康乐、简惠美译，广西师范大学出版社 2004 年版，第 46 页。

织不但会考虑法律规范的相关规定，还会通过村（社）了解肇事人与受害人的家庭经济状况情况。肇事方或许是经济条件较好的一方，不但有保险公司能够为其分担一部分赔偿，其个人也有充足的赔偿能力。相反，受害人一方家庭困难，是家中的经济支柱，上有老人要赡养，下有儿女要抚养。受害人的死亡让原本并不富裕的家庭雪上加霜。在这种情况下，调解员出于人道主义和朴素的正义观念，会更倾向于让肇事方在法定标准上多赔一些以缓解受害人遇到的现实困难。调解员的考虑是基于调解的灵活性，从个案的角度出发，希望通过考虑当事人的具体情况，制定对应的赔偿协议。

从法律的角度看，赔偿金额应当以具体的事实为依据，以法律规范为准绳，感情和道德因素的介入可能会影响调解的公平程度。在"一站式"矛盾纠纷调解实施后，调解组织的法治化与规范化程度越来越高，调解对法律规范的追求取代了对朴素正义感官的追求，调解的各个组织之间也需要追求调解结果的协调性与一致性。因此，调解对个案当中特殊情况与特殊因素的考虑越来越少。在前述的纠纷中，现在的调解组织对当事人个人具体情况的考量在逐渐减少，调解员更倾向于严格按照司法解释的相关规定计算死亡赔偿金，按照法律的相关规定划分责任。可以说，由于调解在体系化的发展道路上越发追求法治化与规范化，从而导致调解牺牲了对个案的特殊考量，个案牺牲是"一站式"矛盾纠纷调解实施后的又一问题。

二、个案牺牲的内在原因

（一）官僚制"工具理性"下的必然

马克斯·韦伯认为科层制具有的一个重要的优势和特征就是非人格性，即"工具理性"。[1]而所谓理性就是否认人的主观价值在整个系统中所发挥的作用和具有的意义。"一站式"矛盾纠纷调解的过程就是调解组织科层化的过程，调解从一种基层自治色彩较浓厚的民间纠纷解决机制，逐渐变为行政色彩浓厚的官方纠纷解决机制。在科层制下，人的主观性并不是主动放弃的，而是迫于组织制度的约束而被迫放弃。具体体现在以下两点。

---

〔1〕　参见［德］马克斯·韦伯：《经济与社会》（下卷），林荣远译，商务印书馆2004年版，第791页。

1. 客观：制度规范逐渐细化。

我国司法实践越来越多地注意到纠纷解决过程中个案因素可能对个案公平性所造成的影响，因此，我国法院逐渐从制度层面尽可能地完善有关维护个案公平性的制度规范。随着法律法规的逐渐细化和明晰，那些从前可能会对赔偿金额的确定产生重要影响的个案因素，已经逐渐在司法实践中被摸索出来，并通过法律规范的形式进行了量化和明确。例如，浙江省高级人民法院民一庭《关于印发〈关于人身损害赔偿费用项目有关问题的解答〉的通知》中明确了人身死亡事故中的赔偿标准适用问题，对被害人以及被害人的被扶养人居住的城镇差异进行了细化分析和情况列举。由于法律规范的细化，留给调解自由发挥的客观空间越来越少，一些过去法律规范所忽视的细节逐渐被司法实践重视起来。特别是随着司法对社会的回应能力逐步增强，司法也愿意将除了法以外的"情理""事理"考虑到司法实践之中，因此，当司法解释越来越明晰时，个案性的问题通过总结形成了系统性、一致性的普遍性问题，调解无须"自由发挥"，只需要按照现行法律规范的规定进行调解即可。

实际上，随着规则的细化，调解人的主观能动性逐渐减弱，以至于在应当发挥主观能动性时仍然会机械地去理解法律规范。这种严格按照"法律规定"行事的模式就是科层制的机械性。[1]密尔在肯定"科层制"是政治技能与能力的政府形式的同时，认为"科层制"呈现出权力过分集中，统治过分强化的特征，因而导致争执活动能力低劣。他认为，科层制"毁灭与准则的一成不变"即它的机械性。[2]

2. 主观：避责心态的作用。

根据个案的具体情况，制定具体的调解方案，并对调解协议的赔偿数额进行调整。这需要调解员发挥个人的主观能动性，毕竟在调解的话语体系里，"公平感""正义感"都源自调解员的主观感受，虽然不能说这种主观感受完全缺乏客观依据，但是与司法纠纷解决机制相比，调解的主观性更强。在调解的话语中，"公平""正义"源自个人的主观判断，这种主观判断会受到调

---

〔1〕 参见冯笑：《西方学者视角下官僚制之利弊》，载《理论观察》2017年第3期。

〔2〕 参见［英］马丁·阿尔布罗：《官僚制》，阎步克译，知识出版社1990年版，第9页。

解员个人的文化水平、性格情感乃至个人经历的影响。譬如，一个曾经有过生活困难经历的调解员会对纠纷当中的弱者产生强烈的同情心理。同情弱者是人们共有的心理活动，而有过类似经历会让调解员更能感同身受，更容易被自己的情绪所左右。但是，在调解的实际过程中，弱者并不一定就是有理有据的一方。一些弱者恰恰是纠纷的主要责任方，是法律规则的破坏者。例如，在某一交通事故纠纷中，一方当事人文化水平不高，患有残疾，家中经济条件差。但恰恰是这样的人，交通法治意识薄弱，在道路交通活动中违法行车，导致车毁人亡的悲剧。当事人还有一个正在上初中的孩子，而丈夫早年间与其离异，家中只有母子二人相依为命。调解员对于当事人的遭遇感到同情，毕竟交通事故的发生让孩子失去了母亲，无论对错，小孩将承受巨大的悲痛。作为调解员，自然十分同情小孩子的遭遇，同时也产生了通过调解让小孩子多获得一些赔偿的想法。因此，尽管事故责任已经十分清晰，但是，调解仍然在计算事故赔偿金额时有所偏向。既然有所偏向，那么在调解过程中，调解员就通过"人情"、道德、风俗习惯等多方面对另一方当事人进行劝导，有的时候会采取放大责任、夸大赔偿标准的策略进行调解，尽管其目的并非出于私心，但是可能在一定程度上损害另一方当事人的利益。

尽管从理论上看，调解协议是双方意思自治的表现，换言之，只要当事人愿意，多赔或少赔法律都在所不问。事实上，很多人在签订调解协议之前由于受到了调解员的劝导，从情感上接受了调解员给出的调解意见。但是，在签订调解协议后，往往通过咨询律师或其他懂法的朋友，觉得自己"吃亏了"，想要反悔协议，甚至觉得调解员在欺骗自己，从而引发针对调解员的投诉或上访事件。作为调解员，在制定调解协议时并不存在私心，其想要追求的是道德上的"公平感"与"正义感"，从而总是倾向于弱者的利益至上。尽管并不是每一起纠纷都会按照这样的方式进行调解，但是，即便是少部分人的利益因此而受到损失也会引发调解的危机。换言之，调解员可能因为不够"法治"和"公正"而被投诉，在法治化的大背景下，调解员可能会因此受到追责。

除了来自当事人的追究外，由于信息化程度与个人维权意识水平的提高。一些人虽然不具备和上一个案例的被害人相似或相同的身世遭遇，但是一样遭遇了交通事故。这些人会故意忽略纠纷当中的特殊性因素，将上一个案例当作自己维权的依据，要求肇事方多赔。当其实际得到的赔偿低于其他案例中被害人得到的赔偿时，这些人就会以遭遇不公为由四处上访闹事，以期获得相同的赔偿。在这一过程中，纠纷调解者为了一起案件的"公平"与"正义"作出了超越法律规定的赔偿标准协议，但是引发了更多人对"公平"与"正义"的质疑，甚至引发了更多的不稳定因素。作为社会的治理者，必然不愿看到这种局面。作为纠纷调解者，反而可能因此而惹上"维稳"的麻烦。

从一些调解员的角度而言，多一事不如少一事。追求道德上的"公平"与"正义"并不会给自己带来充分的好处，相反还可能导致自己陷入麻烦之中，作为任何一个"理性人"，都不会再选择追求个案的"公平"与"正义"，而是选择按照法律规范的规定，像处理流水线上的产品一样，处理他所遇到的纠纷。在科层制中，文职官员在秘密的氛围中工作，其任务就是发布命令、循规蹈矩，刻板地按照既定规则处理，难以灵活应对现实问题。[1]因此，科层制下的认知官员也有着逃避责任的弊端。[2]更何况这种责任仅仅是一种社会道义上的责任。

（二）忽视了多元化价值追求的重要性

"一站式"矛盾纠纷调解的发展带来的不仅仅是调解组织结构的变化，还带来了调解整体价值追求的变化。在传统的调解活动中，调解追求的是个案的妥善解决，调解的价值实现于个案中当事人对纠纷解决结果的满意，即个案的完美解决以及个案中的纠偏作用。所谓纠偏，指的是一些纠纷在恪守法律条文规定的情况下，可能会出现事实感官上的"不公平"，与人民的朴素正义观念相冲突，盲目遵从法律规范可能会犯"教条主义"的错误。因此，调解作为一种灵活的纠纷解决方式，可以在调解的过程中考虑更多的情感、道德、实际情况等因素，而非简单地以法律条文作为评判是非对错、划分责任

---

〔1〕 参见白冬冬、郭晓冉：《韦伯眼中官僚制的弊端与其政治无力感》，载《人民论坛》2014年第26期。

〔2〕 参见［爱沙尼亚］沃尔夫冈·德雷克斯勒：《重识官僚制：马克斯·韦伯与今天的公共行政》，于文轩、贾小荷译，载《中国行政管理》2020年第9期。

大小以及计算赔偿金额的依据。因此，可以说调解对个案妥善解决的追求，表明了调解有着多元化的价值追求。

具体而言，调解的多元化价值追求之一体现在其对"和"的追求上。"和"意味"和谐""和睦"，调解常常以传统文化中的"和为贵"为调解和劝导的依据。因此，可以看到传统的调解在实践过程中并不急于对当事人的责任作出划分，特别是发生在熟人之间的纠纷，调解常常会分别指出双方各自的错误，这些错误可能是法律上的，亦可能是道德上的，还有可能是伦理情感上的。这样做的目的在于缓和当事人间的气氛，不仅仅是就事论事地解决当事人间的纠纷，还希望能够达到缓和当事人关系，以修复当事人之间受损的关系为目的。因此，也就不难理解调解为何将重心放置在个案之上，放置在纠纷的特殊性之上。因为只有这样，才能处理并解决好个案纠纷，恢复好本案当事人间的关系。由于当事人及其关系的独一无二性，导致纠纷调解也必须以个案为中心展开。

除此以外，调解的多元化价值追求之一还体现在其对当事人的教化与规训之上。在传统的调解实践中，调解制度除了化解矛盾纠纷本身外，还可以纠正当事人的思想，实现对当事人的教化功能。调解的这种功能在其被"去政治化"之前十分明显。调解员专注于个案本身，要厘清纠纷发生的真正根源，消除纠纷，不仅仅是要消除当前的纠纷，还要消除今后的纠纷隐患。所以，调解员需要联系纠纷当事人的家庭情况，通过熟悉当事人的旁观者了解当事人的脾气秉性、为人处世的风格、道德品质等。从而有针对性地采取说服教育等规训与教化的方式，改变当事人的思想，从而通过关注于对人的改造达到对纠纷的消除。这种教化与规训的功能必须建立在对独立个体的分析之上，换言之，以普遍性的视角审视纠纷无法达到具体问题具体分析的效果，因而，要专注于个案和个人的特性。

最后，调解的多元价值之一在于追求案结事了的实用主义价值。案结事了一直是调解最重要的价值追求，从纠纷当事人角度出发，当事人求助于调解组织的目的在于彻底解决他们之间的纠纷，这种解决既可能是经济上的赔偿，也可能是一个赔礼道歉，还可能仅仅是一个说法。从治理者的角度出发，治理者设立调解的目的在于利用调解的治理功能，通过彻底消除纠纷的方式消除潜在的矛盾隐患，从而促进社会治理的稳定。长期以来，调解更注重对调解结果的追求，相比较而言，对过程的关注度则没有那么高，不管通过什么手段，只要能够达到案结事了的目的就行。"无论是黑猫还是白猫，抓住老鼠就是好猫"可以形象地概括调解在追求案结事了上的特点。正因如此，在实践中，调解更关注如何针对个案挖掘出适合的解决方法，毕竟每一件纠纷都是不同的，当事人的心理状态、所处的境遇都可能影响到其对纠纷的态度，从而影响纠纷解决的效果。因此，调解采取个案解决而不是采取普遍适用的、以流水线作业的方式解决纠纷。

随着调解的体系化发展，调解的规范化与法治化程度提高。调解从一项政治性的、心理上的工作逐渐变化为一项单纯的技术性的、法律性的活动。这对调解提出了不同的要求，法律性的、技术性的纠纷解决活动所追求的目标是符合法治精神和法治要求，法律的精神在于明辨是非、分清主次责任，追求的不再是个案正义，而是普遍公平。模糊责任的调解行为可能被理解为"和稀泥"，规训与教化式的调解形式被理解为对个人自由的不正当干涉，追求案结事了可能被理解为过分强调结果而忽视了过程中的公平正义。法律是理性的、客观的。在法治化的背景下，调解为了达到过程的合法、公平就必须使用统一的规则体系、以统一的标准进行调解活动。个案中的特殊性不再重要，重要的是找出个案中的相似点，然后按照统一的法律规范，运用逻辑推理对法律规范加以适用，从而推导出符合法律规范的调解结果。上文中提到的"类案同调"机制就是调解规范化、法治化的一种表现。

从多元的价值追求走向单一的法治化价值追求，是调解内在价值取向变化的过程。也正是这一过程，造成调解忽略纠纷当中的个案特殊性，一些个案的特殊性在这一过程中被牺牲，那些确实对纠纷造成影响的情感、道德等因素被忽略掉。

第三节　调解中的文牍化问题

一、文牍化问题的表现

调解工作的文牍化，是指调解工作在实际运行过程中过分偏重文字材料的工作，刻意强调文字材料工作，甚至将文字材料作为衡量和考核调解工作的标准。在笔者调研的 CF 镇，文牍化的工作不仅仅发生在那些需要与司法或行政组织发生工作关联的调解组织中，而是发生在所有调解组织的日常工作之中。无论调解组织的大小与层级，当地司法行政机关对所有的调解组织保持同样的要求。在实践中，各级调解组织都花费了大量时间在卷宗等文字材料的制作上。调解员普遍反映，文牍化的工作增加了调解的工作负担，在一些情况下还对他们的工作造成了麻烦。

首先，文牍化的工作比较繁琐，细节化的东西比较多，从而占用了调解资源和时间。村（社）等纠纷解决逐渐被文牍台账等规范运行方式吸纳。[1]调解的工作本身并不复杂，工作的重点在于如何让双方接受一个博弈后的调解结果。作为一个非正式授权的纠纷调解组织，特别是在低层级的调解过程中存在一些策略或手段，例如，在调解过程中需要运用的一些"人情面子"、道德风俗、集体舆论等难以被规范化的文字所详细记录的内容。甚至存在一些约定俗成的做法，这些做法难以作为正式的工作方法并通过正式的文字化形式表现出来。如果要将这些过程都通过文字化的方式表现出来，不但会增加调解员的工作量，还可能造成调解的文字卷宗与实际调解过程存在出入，甚至对调解的合法性产生影响。因此，在实践之中，一些调解员为了避免麻烦，常常会选择对其调解的案件不立案、不制卷宗，即便可能造成少算工作量，但相比于立案、制卷带来的麻烦与风险，他们宁愿选择前者。

其次，文牍化的工作容易造成当事人对调解工作的不理解，解释与说明的工作反而增加了调解员的工作压力。我们必须承认调解过程中当事人需求的差异性，并不是所有的当事人都希望"白纸黑字"地记录下纠纷解决的全部过程。一些发生在家庭之间、邻居之间或其他熟人关系之间的纠纷当事人，正是基于调解的"非正式权威"性才愿意找到调解组织寻求解决纠纷方面的帮助。例如，一些找到品牌调解工作室调解婆媳纠纷的当事人。他们看中了品牌调解室的"民间"属性，认为让调解员介入不至于显得纠纷升级，才愿意接受品牌调解室的调解。但是，当调解员提出将纠纷调解的过程制成笔录，

---

[1]　参见王丽惠：《分级与分流：乡村基层纠纷解决的谱系域合》，载《甘肃政法学院学报》2019年第 3 期。

调解协议双方签字等需要将调解的过程与结果以文字化的形式确认下来的要求时，当事人通常充满了不理解甚至是抵触心理。当事人会觉得只是熟人之间的一点小事，请社区里面有威望、有能力的人过来调解一下，为什么就要"做笔录""签协议"。[1]"做笔录""签协议"的行为早已被普通民众贴上了"正式"的标签。一旦这样做，就意味着纠纷已经升级，需要留下白纸黑字的"字据"才行。当事人不满意，纠纷调解员就只能反复做工作，这实际上增加了调解员的工作量，甚至在一定程度上不利于当事人的纠纷调解。

最后，在文牍化的评价体系中，调解组织逐渐被文牍所"绑架"，各个调解组织开始追求文本的完善与表面数据的华丽。调解工作从对实效的追求变为对文本与数据的追求。随着调解的体系化运行，调解组织的日常管理也建立了统一和长效机制。各个调解组织之间也逐渐存在考核与竞争的关系。各个调解机构在制作卷宗等日常的文牍性工作中会更加谨慎、小心，尽量通过漂亮的数据表格和完善的卷宗展示自己的工作能力和工作绩效。为了确保纠纷调解成功率，一些纠纷调解机构可能会主动规避一些不好调解的纠纷案件，或者通过调解的科层体系，将矛盾纠纷转移到村（社）进行调解，从而规避调解责任。这种现象的出现意味着调解的运行出现了扭曲和异化，调解本应当以追求使纠纷得到良好的调解为最终目的，而现在却追求表面形式。调解本应当是重视实践和过程的工作，现如今却成为重视文本与结果的工作。这种异化的确影响了调解的实效性。

二、文牍化问题的内在原因

（一）司法联动和执法联动的需要

调解的一站式体系化运行增加了调解对接其他纠纷解决体系的机会，这倒逼调解要提高自身的规范化程度，以适应其他纠纷解决体系的需要。"一站式"矛盾纠纷调解的表现之一是调解组织的内外联动，调解组织嵌入司法以及执法的活动之中。"一站式"矛盾纠纷调解的后续需要配合司法确认程序的顺畅以及行政执法程序的顺畅。因此，调解活动必须以符合司法程序和行政

---

〔1〕 2020年9月4日下午，CF镇某品牌调解室，陈某访谈。

执法程序的工作方式进行，以方便后续的对接与联动。

具体而言，对于需要进行司法确认的纠纷案件而言，调解组织需要制作调解笔录，组织双方当事人签订调解协议。人民法院在对当事人提出的司法确认进行申请时，需要对调解协议的自愿性与合法性进行审查。而审查的依据就是调解组织在调解时所做的笔录和当事人最终签订的调解协议。因此，为了证明当事人的自愿性，调解协议需要尽可能详细地记录调解经过，以防止当事人在司法确认前以"非自愿"为由申请反悔调解协议。此外，调解组织还会反复审查调解协议的具体内容，对于调解协议的措辞、调解中是否存在程序违法、违反国家法律规定、违反公序良俗、侵害案外人合法权益等问题进行逐一核对审查，以防止调解协议最后被人民法院驳回的情况。在上述方面，"诉调"工作室是对笔录以及调解协议的规范性要求最高的一个，其他调解组织在遇到需要进行司法确认的纠纷时，也会增加在文牍上的工作量。

除了"诉调"工作室外，"警调"工作室也在面临着同样的问题。"警调"工作室需要对接的是公安派出所的行政执法活动，有些甚至是后续的刑事司法活动。因此，"警调"工作室在开展调解活动时也需要注意"工作留痕"。一方面，工作留痕的痕迹主义工作方法是避免在将来可能会发生的因程序瑕疵导致的追责；另一方面，无论是行政执法还是刑事司法，后续活动的展开需要以前序活动的合法性与正当性为前提，需要前续的调解活动以文牍化的方式证明其工作程序正当、合法，调解协议内容公平、合法。因此，可以发现，在"警调"工作室的调解活动中需要制作的文书最多，包括当事人双方签署的《人民调解申请书》，由此可以证明当事人是自愿接受调解而非被迫接受调解，这对人民调解结果的合法性有着重要的影响。除此以外还包括双方当事人签署的《人民调解当事人权利义务告知书》，由此证明当事人已经充分了解了自己的权利及义务，以免在后续程序中以误解为由要求撤销调解协议。除此以外，还有《谅解协议书》，通过《谅解协议书》表明一方当事人不再追究另外一方当事人的责任，这份协议书对后续的行政执法或刑事司法有着至关重要的影响。再包括公安部门与人民调解部门签署的《移送人民调解函》，由此证明纠纷是由公安部门移送到调解组织进行调解的，这是公安部门上一个程序结束和调解下一个程序开始的证明。当然,笔录和调解协议都是必不可少的。在最后的卷宗中,还包括当事人在公安系统中查询到的住址、电话等个人信息单,前科与行政处罚记录等。

由此可见,"一站式"矛盾纠纷调解带来的必然后果就是调解文牍化程度的增强,它们之间存在着必然的联系。当然,这种客观层面的必然性并不是唯一的原因,一些主观性的因素也在左右调解的文牍化现象。

(二)调解组织的主动选择

随着调解政治地位的不断提高,地方治理者为了确保调解能够符合法治的大前提,势必要加强对调解规范性的审查,提高对调解规范性的要求。上文中曾经提到,随着调解规范化程度的提高,调解越来越重视调解文书的规范化。在卷宗制作上,调解组织比以前更注重卷宗的完善与规范。专业纠纷解决的规范化、文档化、台账化成为村(社)纠纷解决的考评标准。

首先,调解热度的上升对于提高调解的地位、减轻其他纠纷解决机构压力和提高社会治理能力都有重要的作用和意义。调解政治地位的上升意味着在地方治理过程中,治理者需要调解通过特定的方式体现出其独特的价值和意义,价值与意义的展现过程往往与地方治理者的政绩观念密切相关。特别是当地方治理者处于社会治理的地方性竞赛时,就会更在意调解优势地位的突出。在地方治理者的社会治理竞赛中,调解优秀成果的呈现是一个重要的环节,优秀成果需要通过文本与数字呈现出来,由此导致调解组织重视文本、卷宗,轻视调解的具体过程与环节,特别是在调解中,可能会出现文本记录与实际调解过程有所出入。

其次,调解的过程是动态的,调解成果的呈现需要一定的载体和途径。因此,上级组织对调解好坏的衡量,是无法时时刻刻通过"监视"来获得。特别是在调解从一项边缘化的工作成为一项重要工作后,上级组织要加强对下级组织考核,了解下级组织的工作实效,就需要寻找重视下级组织工作内容的方式。这种方式就是通过静态的文本对调解组织的工作内容进行清楚的记录,进而通过这些文本材料来了解下级组织工作开展的具体情况。

最后,当调解以体系化的方式运作并成为纠纷治理体系当中重要的一种调解方式时,调解所承担的责任也随之增加,工作责任的承担是调解组织成员最为担心的事情。这源于目前的责任追究与责任倒查机制。前一点中提到，上级组织通过静态的文本与数字来衡量下级调解组织的动态纠纷处理过程。那么一旦纠纷调解后产生了社会治理问题或在与其他纠纷解决体系对接后产生问题时，责任的倒查与追究机制就会沿着文本材料这条线索进行。在实践中，就表现为调解工作一旦引发了上访或者在今后的司法确认程序中被发现了问题，上级组织就会对调解的卷宗等文牍材料进行审查。卷宗等文牍材料是否齐全、清楚、合法决定了下级调解组织在后续问题中的责任大小。下级调解组织的成员为了规避责任风险，在日常工作中势必会加大在卷宗与其他文牍材料制作上的精力投入，正所谓"办事留痕"。[1]正如一些调解员所讲，调解过程中难免有瑕疵、不合理与不合规之处，但是，如果卷宗材料做得完善，那么上述问题就不容易被发现。反而，即便调解过程没有问题，但是卷宗材料的问题过多，也可能会被追责。[2]

第四节　调解中的"执行难"问题

一、调解"执行难"的表现

调解的"执行难"通常发生在层级较高的调解组织所调解的纠纷当中。如县（市、区）矛盾纠纷调处化解中心下的专业性调解委员会、"诉调"工作室等调解组织调解的纠纷当中。在 T 市矛盾纠纷化解调处中心的数据中，纠纷的调解率高，但是执行率并不高。执行率不高的状况分为两种：第一种是签订了调解协议，但协议约定为分期履行，然而，一方当事人在履行几期后就不再履行，导致协议内容无法执行。第二种是签订了调解协议并且进行了司法确认，但协议内容并未当场履行，当事人在司法确认后仍然拒不履行。在不履行调解协议的人当中，有一部分当事人的确是由于自身经济困难，无法履行。还有一部分当事人，在签订调解协议的时候就已经抱有拖延时间、恶意避责的心态，也就是故意利用调解逃避履行义务。

---

〔1〕　参见桂华：《谨防基层"文牍形式主义"》，载《环球时报》2018 年 8 月 20 日，第 15 版。

〔2〕　2020 年 8 月 27 日下午，CF 司法所调解委员会，金某访谈。

对于"执行难"的问题，受到影响最大的固然还是另一方当事人。调解程序的结束以调解协议的签订为标志，一旦程序结束，当事人就无力再通过调解的方式要求对方履行义务。而对于进行了调解协议司法确认的纠纷而言，另一方当事人想要协议履行，就只能通过法院的执行程序。对于第一种情况下的"执行难"，"执行难"对调解组织的影响在于减损调解的名誉并且可能会给调解组织带来"维稳"问题。一些当事人在调解协议不能履行的情况下，又反复找到调解组织，要求调解组织负责解决。调解组织如不解决，当事人可能会采取上访等方式维权，调解组织要承受一定的"维稳"风险。同时，"调解无用论"的舆论会影响调解的声誉。调解组织如承诺解决，又会面临义务履行方不配合，而调解组织没有强制权力的窘境。因此，调解组织为了规避责任风险必然趋向于通过司法确认程序将执行责任转嫁给人民法院。

二、"执行难"问题的内在原因

调解遇到"执行难"的现象十分吊诡，按理说，调解的优势就在于能够促进当事人及时化解矛盾、促进案结事了。所谓案结事了不仅仅是签订调解协议，通常还包括履行了相应的义务。用通俗一点的话来讲，就是纠纷彻底了结，不再有后续麻烦。但是现如今的调解遇到了"执行难"的问题，换言之，调解遇到了减损自身优势的困境。其中的原因可从以下几个方面分析：

（一）调解分工的必然

调解在被纳入整个社会的纠纷治理体系时，就已经被拟定了相应的分工与职能。治理纠纷、理顺责任关系意味着调解的功能也只限于此，至于执行则已经不是调解的功能所在。分工意味着整体效率的提高，也意味着单个功能的减损。

调解制度经历了被"唤醒"和被正式启用的过程，在调解制度体系化之前，调解一直以辅助性制度的形态存在。在纠纷治理体系当中，调解的地位较低，发挥的作用也比较薄弱。更重要的是，调解制度的低地位、低作用导致它始终以孤立的系统形式存在。换言之，在发现纠纷、受理纠纷、调动资源化解纠纷、督促纠纷协议执行等方面，调解形成了自己独立的一套运行系统。从纠纷的发现、受理再到解决、执行，调解制度以自己的子系统囊括了所有功能。在被纠纷治理体系正式启用之前，调解制度体系自身的结构已经相对完善、精巧。因此，可以看到在传统的调解实践活动中，由于缺乏强制性的权力，调解员通常会通过策略性的方式在化解矛盾纠纷的同时，推动协议的履行。由于效率和成本方面的制约，既然不能指望调解与审判一样产生法律上绝对正确的结果，从而也不能依靠审判的强制性作为后盾来使当事者接受调解，则调解者不得不一面摸索稍稍折中的方案，一面动员自己能够利用的手段来谋求调解的成功。[1] 举例而言，在一起人身损害赔偿纠纷当中。赔偿义务方家庭条件困难，无法一次性履行赔付义务。即便签订分期履行的调解协议，依然有不能履行的风险。调解员通常会告知权利方具体情况，特别是赔偿义务方的经济状况以及可能存在的不能履行的风险，同时向权利方提出折中的解决方案，如降低索赔数额以换取赔偿义务方的一次性履行，避免可能存在的风险。与此同时，调解员会动员赔偿义务方尽快向亲朋好友借钱，调解员也会通过组织关系与赔偿义务方的村（社）取得联系，看能否为其争取到一定的资金支持。通过策略性的方式，调解将执行与调解过程融为一体，虽然在最终的赔偿金额上权利方可能一定程度上妥协，但是，不可否认的是调解在其体系内就将调解与执行完美地解决，达到了消除纠纷隐患的目的。

而在调解制度成为矛盾纠纷治理体系中的一个重要组成部分后，调解成为社会纠纷治理体系当中的一个子体系，调解不再是一个独立的封闭体系，而是与其他纠纷治理机制相互联系的开放体系，从而具有明确的、固定的功能与定位。在矛盾纠纷治理体系中，调解的定位是分流纠纷、减轻其他纠纷治理机制的压力。体系化的必然结果之一就是功能明确、责任清晰。调解作为重要的纠纷化解机制主要承担纠纷解决的功能。纠纷的发现、受理已经被矛盾纠纷调处化解中心、110报警平台等组织或机构所承担，纠纷调解协议的执行已经被司法确认程序所吸纳，由人民法院来负责处理。在矛盾纠纷治理体系当中，调解不再是自己形成闭环的小体系，而是融入并成为大体系闭环

---

[1] 参见［日］棚濑孝雄：《纠纷的解决与审判制度》，王亚新译，中国政法大学出版社2004年版，第57页。

当中的某一个环节。

综上所述，督促调解协议的履行不属于调解的实际工作，这一点从上级对调解组织的纠纷调解成功率的考核上也可以得到侧面考证。调解组织更关注如何让双方达成协议，而协议能否履行则在所不问。不能当即履行的协议，调解组织通过便捷的司法确认程序转给了法院，而纠纷是否真的得到解决，当事人的权利是否真的得以实现，还需要看法院的执行力度。

（二）调解法治化的影响

法治化与规范化是"一站式"矛盾纠纷调解的主要特点。而规范化与法治化必然对传统的调解方式方法做出改造。传统的调解能够依靠特定的手段促进协议的履行，但是在体系化后，这些行为有违法治化与规范化的目标，因此不得不被抛弃。在此之前，调解的督促纠纷协议履行的策略性手段以实用为目标，在合法性、公平性上有所不足。仍然以上文中所举的案例为例子，以权利方利益的部分减损换取义务履行方一次性完成给付义务的确会造成一定的不公平。从严格的法学角度出发，这是将义务方履行义务的成本转嫁给权利方所承担，对于本身就是受害者的权利方，是极大的不公平，即便权利方作出让步，达成妥协，却是权利方的无奈之举，并非其真正的自愿。更重要的是，这种做法是在鼓励义务履行方通过一次性给付的方式规避本来应尽的义务。久而久之，容易形成纠纷调解中的潜规则，即义务方只要一次性履行完毕就可以以此为由要求降低赔偿金额。从社会整体的公平角度而言，这种潜规则一旦形成，会对调解的公平性形成永久性的危害。这种潜规则无异于在纵容义务方少履行义务。

随着调解的体系化运行，调解的地位、功能都有所提升，调解在矛盾纠纷治理体系中的利用率越来越高。受诸多因素的影响，调解的法治化与规范化程度在逐步提升，上级治理者也提出了要让调解的过程更为法治化和规范化的要求。过去的策略性做法已经难以符合当下"一站式"矛盾纠纷调解发展的需要。"类案同调"等机制要求调解必须注意更广泛意义上的公平，因此，在个案中使用策略性的调解方法成为需要被改革的工作方法。在上述条件下，调解组织缺乏促进调解协议履行的必要手段。如果当事人一方拒绝履行调解协议的义务，那么权利方只能将希望寄托于人民法院的强制执行活动。

当然，法院的强制执行也并不一定顺利，这涉及更多的结构性问题，本书在此不赘述。总而言之，在法治化与规范化的要求下，调解失去了过去化解"执行难"问题的手段和能力。调解协议的执行只能依托于更为顺畅的组织联动。

第六章

"一站式"矛盾纠纷调解的价值反思与优化路径

第一节 "一站式"矛盾纠纷调解的价值反思

一、"一站式"矛盾纠纷调解需要回归人民性

调解的工具价值是"一站式"矛盾纠纷调解的主要驱动力。特别是在承担人民法院和派出所的纠纷解决压力上，调解表现出了分流纠纷的功能。体系化改革实际上是依社会纠纷治理中治理者的需要而进行的。很明显，在纠纷数量较多的人民法院、派出所专门的附设型调解组织。在面对一般调解组织不好处理的专业性纠纷时，会有专业性调解组织进行调解。为了达到"类案同调"，减少可能的治理风险，治理者将某类特定纠纷的调解权"垄断"到特定的纠纷调解机构手中。由此看来"一站式"矛盾纠纷调解虽然在一定程度上满足了"最多跑一地"的便民需求，但是其主要追求的仍然是为纠纷治理者服务。

在追求"一站式"矛盾纠纷调解的过程中，调解在纠纷治理体系当中的地位和功能悄然发生了改变。在体系化之前，随着人民观念的改变，传统"厌诉""耻诉"的观念逐渐消失，司法审判逐渐被人们接受。"有困难找民警"的110报警平台相比于调解更能够及时回应纠纷当事人的诉求。在此情况之下，调解是一种"弱存在感"的纠纷解决机制。它偶尔主动介入纠纷，利用法律、"人情"、道德风俗等资源化解纠纷，大多数情况下它是一种在纠纷治理体系之外被动等待当事人主动来激活的纠纷解决机制。一些学者的研究表明，"在近三十年的发展过程中，人民调解的功能是呈下降趋势的，与此

相反，司法的功能则在不断上升"[1]。在这种情况下，调解的实践与调解制度本身的预设相差甚远。国家采取了一系列改革，地方也开展了一些有益的实践。他们都希望通过一定的"行政化"手段，重新发挥调解的作用。"一站式"矛盾纠纷调解也的确是在这样的背景下被推动产生的。行政推动的调解，在行政力量的培育下重新焕发生机，从"默默无闻"变得"担当重任"。一些专业性调解机构产生，"诉调"对接也逐渐被提上日程。随着社会治理水平的提高，治理者对调解的要求也在不断提高。治理者已经不满足于调解功能的重新焕发，在调解法治化与规范化的前提下继续推进调解的体系化运行。在这种体系化运行之下，调解的规范化与法治化程度进一步提高，也更容易嵌入纠纷治理体系，并与其他纠纷化解机制产生紧密的关联。

通过总结，可以将调解功能发展的经历概括为三个阶段，第一个阶段是政治化阶段，调解充当"社会教化、道德促进和政治动员的管道，发挥促进社会整合的作用"[2]，在这个阶段调解是群众路线的一种实践方式，是"批评与自我批评"的过程，调解能够积极、能动地回应群众的需要。第二个阶段是工具化的阶段，随着司法审判等纠纷解决手段地位的提高，社会结构的变化，来自法治化的批判等因素的影响，调解逐渐剥离了原有的政治性功能，成为纯粹的纠纷治理工具。它所能发挥的是补充其他纠纷解决机制不足的作用。调解像一个兜底者，站在众多调解机构的下面，等待着法院、公安、信访等诸多纠纷解决者将化解不掉的问题丢过来。第三个阶段是体系化阶段，随着司法体制改革、公安体制改革的深入，社会治理水平的提升，调解组织不再仅仅是一个兜底者，而是要成为能够分担法院、公安纠纷解决任务的主体。调解不再仅仅发挥补充作用，更要发挥替代作用，调解要替代法院、公安的一些任务甚至是功能，嵌入整个纠纷治理体系，成为必不可少的一环。

第一阶段调解制度的价值意义不言而喻，作为群众路线的实践方式，调解还掺杂了对个人的道德教化和政治动员功能。其价值意义在于实现党的理念，密切联系与发动群众。它向社会提供本土的、个性化的服务，打通国家

---

〔1〕　黄建武：《中国调解功能的演变及制度创新启示——基于 1988 年至 2010 年统计材料的分析》，载《北方法学》2012 年第 5 期。

〔2〕　参见刘正强：《人民调解：国家治理语境下的政治重构》，载《学术月刊》2014 年第 10 期。

政治与民间生活的通道，激活传统伦理、文化与习惯。[1]陆思礼曾指出，毛泽东时代的调解具有解决纠纷、动员群众支持党的政策、抑制纠纷和社会控制四种功能。[2]调解的价值意义不仅仅在于化解矛盾纠纷本身，还在于它包罗的内容能够为执政党的组织动员提供一套全新的动员技术，能够发挥更为广泛的价值功能与作用。在王绍光的理论中，群众路线被认为是一种"逆向公众参与模式"，所谓"从群众中来，到群众中去"，就是要深入群众、了解群众。[3]套用达玛什卡的概念，可以称之为"能动性"。[4]在调解制度之下，治理者能够更容易地了解到社会矛盾纠纷发生的根源，更容易了解到当事人的具体需求。不但能够满足当事人事实上的纠纷解决困境，还能够解决当事人的心理需要。在这一阶段，"国家—社会"的关系非常紧密，调解制度起到了弥合国家与社会之间缝隙的价值作用。

第二阶段调解制度的价值意义从政治性走向法治性，人们开始用法治思维思考调解的意义。用法治话语消解政治话语，无论是从理论还是实践，人们都希望将调解装进"法治"这个袋子之中。具有法治特征的管辖、受理、回避等程序类规定产生，调解协议的属性被定义为"民事合同"。[5]调解成为法律之下的一类工具，作为被划归到法律体系内的制度，这类工具的具体作用并不明朗，人们也在探索之中。在一段时间内，调解与信访像是两个兜底式的纠纷解决机制，它们需要面对的是以当下阶段正式的纠纷解决机制无法妥善解决的社会纠纷，其价值意义体现在对社会剩余事务的兜底解决上。随着司法的社会认可度逐渐提高，调解的价值意义一度陷入了混乱。甚至有人认为，调解终有一天会被彻底消解。为了维持调解的存在价值，治理者通过制度安排，尝试将司法机关的一些纠纷分流到调解以增加调解的使用程度。

〔1〕 参见刘正强：《人民调解：国家治理语境下的政治重构》，载《学术月刊》2014年第10期。
〔2〕 参见陆思礼：《毛泽东与调解：共产主义中国的政治和纠纷解决》，载强世功主编：《调解、法治与现代性：中国调解制度研究》，中国法制出版社2001年版，第179~192页。
〔3〕 参见王绍光：《毛泽东的逆向政治参与模式——群众路线》，载《学习月刊》2009年第23期。
〔4〕 参见［美］米尔伊安·R.达玛什卡：《司法和国家权力的多种面孔：比较视野中的法律程序》，郑戈译，中国政法大学出版社2015年版，第100页。
〔5〕 参见王禄生：《审视与评析：人民调解的十年复兴——新制度主义视角》，载《时代法学》2012年第1期。

但事实上，在之前的一段时间内，这种衔接并不顺畅。主要还是因为部门缺乏动力且组织缺乏协调。总而言之，调解的价值意义一度变得虚无。在这一阶段，调解离本土越来越远，也不再是动员和面对广大群众的制度，而是面对一小部分群体的并无多大存在感的纠纷解决机制。

第三阶段调解的价值意义随着调解的体系化发展又逐渐显现出来。"一站式"矛盾纠纷调解是第二阶段的延续和发展，但又与第二阶段不同。调解法治化的水平越来越高，也就越来越符合法治化纠纷治理体系的要求，这方便了调解真正嵌入这一体系。调解的价值意义也随着体系化而发展，在体系化后，调解的价值意义存在于发挥司法制度与行政制度的替代作用，调解替代司法调解、行政调解，甚至成为司法和行政执法的信息与数据来源。尽管在第三阶段，治理者也尝试通过体系化的方式满足高低层级不同层次的解纷需要，特别是尝试通过重新唤醒自治，重新以能动的方式联系群众、解决纠纷。但是，不可否认的是这种"纠偏"在体系化自带的规范特征与法治特征的强大"吸引"下并未奏效，本土化并未回归。在此情况下，"一站式"矛盾纠纷调解实施后的价值意义主要还是在于在纠纷治理的过程中发挥替代作用。

蓦然回首，调解在经历了三个阶段之后的价值意义早已与最初不同，调解从面向最基层的"底层设计"，逐渐转为面向纠纷治理体系内部的纠纷治理替代工具。调解从复合型的纠纷解决、教化、激活本土资源的方式方法，逐渐转变为单一的纠纷治理方式。调解从具有能动性的活动，逐渐转变为程序性的、被动回应性的活动。调解在走向体系化后，进一步悬浮于基层之上，在"国家—社会"的互动关系中，调解也逐渐变成以一种正式的面孔去面对社会，无力弥合"国家—社会"之间的鸿沟。因此，调解的体系化仍然要注意避免体系化发展对各级调解组织的同质化影响，注重调解的"人民"属性，"一站式"矛盾纠纷调解应当让调解以更灵活的方式面对纠纷，继续担当弥合"国家—社会"鸿沟的"填充剂"。

二、"一站式"矛盾纠纷调解需要回归本土性

社会的陌生化不等同于传统文化的完全消失，在社会双转型的大背景之下，随着调解法治化的呼声越来越高，调解逐渐从一种"在地化"的纠纷治

理机制转变为一种具有普遍意义的、正式的、规范的纠纷治理机制。在调解法治化的背景下，系统化的调解逐渐采用了更为规范的纠纷处理方式，调解的组织体系也在朝着科层化的方向发展。一种去"在地化"经验的调解范式正在形成。

不可否认的是，在商品经济日益发达、社会流动性日益加速的今天。一些传统的社会观念的确在逐渐减弱，特别是在乡村（社）会，由于人口的流动性增加，导致社会的异质性增强，村庄传统的舆论、"人情面子"等道德伦理机制在纠纷解决中所能发挥的作用越来越有限。从历史的角度来看，社会陌生化的确带来了传统习俗、观念与文化一定程度的流失。而调解，在系统化的过程中，也越来越呈现出科层化的特征。韦伯认为，科层制的发展是对个性化因素的消除，是将人改造为没有感情的"机器"，也就是所谓的"理性状态"。[1]因此，在调解历经科层化的改造中，调解员的主观能动性被限制，除了法律以外的其他参考因素因为无法符合科层化的格式化要求而被逐渐忽略。除此以外，上文中曾经谈到，调解之所以要减少对道德伦理和传统文化观念的考虑，就是为了能够适应体系化过程中与其他法律机制的对接，过多的道德伦理与传统文化会减弱调解与其他法律机制之间的适配性。

本土性元素在调解过程中的减弱并不一定就是好事，尽管社会结构发生了改变，但是不得不说的是，中国传统道德体系的观念仍然具有现实意义，例如，中国传统文化中就包含"善"的价值目标，在"情、理、法"的融合中，有利于促进纠纷解决。[2]一些本土性的道德观念、风俗习惯虽然在历史的时间维度上有所减弱，但并不是说这些道德观念、风俗习惯彻底无法发挥作用。有些观念、情理早已根植在地方人民乃至整个民族的价值观念之中，其实也是具有普遍性意义的。除此以外，由于体系化后调解与需要与其他机制建立适配性的关联，以此认为本土化的价值观念没有"用武之地"也是对"本土"的过分抛弃。实际上，就算是司法制度本身，也包含着对"善良风

---

〔1〕 参见［德］马克斯·韦伯：《支配社会学》，康乐、简惠美译，广西师范大学出版社2004年版，第82页。

〔2〕 参见李拥军、戴巍巍：《中国传统司法功能的价值意蕴与现代启示》，载《吉首大学学报（社会科学版）》2018年第6期。

俗"的考量。有学者就通过研究发现，善良风俗在我国司法裁判中应用次数越来越频繁，乡土法律意识的生长对此有着重要的影响。[1]

苏力教授曾经提出过"语境论"的观点，他认为要力求语境化地（设身处地地、历史地）理解任何一种相对长期存在的法律制度、规则的历史正当性和合理性（因此它又与法律社会学、哲学阐释学具有一致之处）[2]。调解制度在传统时期对本土资源的利用，特别是一些传统的调解手段、策略的应用正是适应了一定社会历史条件背景下，社会纠纷解决的具体需要。因此，对于传统调解的手段、策略应当有所批判地继承。另外，这也意味着我们的调解制度在发展的过程中也不能忽视"语境化"，特别是为了改变而改变，更不能将"语境化"中一些有益的部分去除。正如苏力教授所言，在一个社会需要变革时，有时这种虚无主义和全盘否定也许会具有革命的社会意义和政治意义，甚至也不无促使学术传统更新的作用（但这仍然是社会的意义），但如果从知识上看，它无法满足智识的要求。[3]调解在经历了法治化的洗礼后，应当逐步回归到发展的"理性"上来。过分强调法治化以至于在"一站式"矛盾纠纷调解过程中不断淡化本土资源，这种行为实际上可以被视作调解在发展历史上的过分"激进"。因此，"一站式"矛盾纠纷调解中重新考虑"语境化"的合理性，适度回归"本土性"恰逢其时。

调解本身就是一项来自群众工作过程中诞生的"在地化"纠纷解决机制，其功能与特色就是运用"在地化"的资源，包括群众、道德、舆论等资源，来化解本土的纠纷，以达到快速消除纠纷的目的。调解制度虽然几经演变，经历了政治化到法治化的更迭，但调解最应该坚守的仍然是其本土性。实际上，调解嵌入纠纷治理体系当中的功能不仅仅是分担司法、行政等纠纷解决上的压力，更重要的是能够打通纠纷解决的"最后一公里"困境。"一站式"矛盾纠纷调解最需要注意的就是克服由于体系化所导致的科层体系的弊端。

---

[1] 参见孙梦娇、李拥军：《善良风俗在我国司法裁判中的应用现状研究》，载《河北法学》2018年第1期。

[2] 参见苏力：《语境论：一种法律制度研究的进路和方法》，载《中外法学》2000年第1期。

[3] 参见苏力：《语境论：一种法律制度研究的进路和方法》，载《中外法学》2000年第1期。

第二节　充实基层调解组织实力

一、将镇（街）一级作为调解的中心层级

（一）完善镇（街）"矛盾调处化解中心"下的调解组织

在目前的调解的"县（市、区）—镇（街）—村（社）"三级组织体系中，调解的组织重心实际在县（市、区）一级。主要体现在县（市、区）级矛盾纠纷调处化解中心是信息化平台的中枢，是"协同解纷平台"的指挥中心。县（市、区）级矛盾纠纷调处化解中心对镇（街）和村（社）的调解组织都有一定的支配权力。不但如此，所有的专业性调解委员会也都在县（市、区）一级。相比较而言，镇（街）矛盾纠纷调解中心之下只有司法所的综合性调解委员会和各个村（社）下的品牌调解委员会。由此可见，镇（街）一级调解委员会在实际运作中所具有的功能有限。上文中提到，"一站式"矛盾纠纷调解面临的问题之一就是调解组织的悬浮性问题。一方面，表现为专业性调解力量所在层级过高；另一方面，则表现在镇（街）一级调解组织的力量相对薄弱。

纠纷普遍发生在基层，而纠纷的解决普遍遵循"属地管理"原则，在我国的行政级别中，镇（街）一级是最低一级的行政组织级别，镇（街）一级具备相对完善的行政组织结构，包括综治、信访、市场监督、劳动与社会保障、公安、司法、人民法庭等。但是，在这一行政级别之下的调解组织却只有司法所下的综合性调解组织。在纠纷"属地管理"的原则之下，镇（街）一级对化解纠纷，维护辖区内的稳定具有首要责任和重要动力。特别是在一些相对严重的纠纷发生后，例如，致人死亡交通事故纠纷、致人死亡劳动意外纠纷，镇（街）政府都是最积极、最主动出面介入纠纷解决的组织。但是，奈何镇（街）一级的调解组织并不完善，特别是致人死亡事故纠纷的管辖权，一直保留在县（市、区）级矛盾纠纷调处化解中心下的专业性调解组织手中。无独有偶，T市市域内的物业纠纷也都统一由市一级的物业纠纷调解委员会进行调处，但是，市级物业纠纷调解委员会由于地理空间的区隔，对具体纠纷情况的了解程度不高。因此，该调解委员会或是通过阅读当事人递交材料

的方式了解纠纷事实，或是通过实地调查的方式了解纠纷事实，但是，上述两种方式要么效果不好，要么费时费力，成本较高。

相反，如果在上述情况之下，由镇（街）一级作为纠纷调解主体，则可以节约更多的时间及成本。相比于县（市、区）级，镇（街）一级在解决纠纷上则显得更得心应手一些。镇（街）一级在纠纷解决上有着天然的优势。首先，从"村（社）—镇（街）"关系来看，镇（街）一级直接领导村（社）一级的工作，镇（街）对村（社）的情况比较了解，通过村（社）的治调干部，镇（街）一级的调解组织可以很快了解清楚纠纷的来龙去脉，对提高纠纷的化解效率有积极作用。其次，"村（社）—镇（街）"的信息传递链条短，镇（街）一级的反应速度更快。信息传递链条越短，信息传输量越大，信息传输速度越快，信息失真与损耗越小。从实践情况来看，能够第一时间发现纠纷隐患的一般都是村（社）干部，而村（社）干部在发现纠纷隐患之后一般会第一时间向镇（街）政府上报。镇（街）一级能够拿到有关纠纷的第一手资料，也能够及时作出反应。最后，相比于县（市、区）级调解组织，镇（街）一级的调解组织更有可能主动介入纠纷，并且在纠纷中扮演积极能动的角色。县（市、区）级调解组织大部分情况下以庭室调解为主，毕竟在县（市、区）域这一地理空间范围内，调解组织的资源有限，县（市、区）级调解组织的能动性受到地理空间范围的极大制约。而镇（街）一级的调解组织则得益于较小的地理空间范围并能够直接调动的村（社）组织资源，可以在较短的时间内以积极主动的形式介入纠纷解决活动中，包括能动地到实地去调查纠纷、主动到当事人住所去劝导当事人、联系当事人的亲朋好友做当事人工作等。可以说，能动地调动基层资源服务于纠纷调解是县（市、区）级调解组织做不到的。

（二）下沉专业纠纷调解力量到镇（街）一级

在现阶段的"一站式"矛盾纠纷调解实践中，专业调解委员会仅仅在县（市、区）级层面设立，由此引发的调解的悬浮性问题前文中已有论述，在此则不再赘述。要想突破调解的悬浮性困境，其中的一条解决路径就是下沉专业性纠纷调解力量到镇（街）一级，充实镇（街）一级的调解资源。

将专业性调解力量下沉到镇（街）一级并不是没有可行性的。首先，专业性调解组织由矛盾纠纷调处化解中心负责调动，其业务方面由司法行政部门和业务主管部门负责指导。打个比方，交通事故纠纷调解委员会由县（市、区）级的司法行政部门和交通警察大队负责业务指导，由县（市、区）级矛盾纠纷调处化解中心负责指挥调动。实际上，无论是业务主管单位还是指挥调动单位在镇（街）一级都有相应的下设组织或机构。例如，司法行政部门在镇（街）设有司法所，交通警察部门在镇（街）设有交警中队，而矛盾纠纷调处化解中心也在镇（街）设有相应层级的组织单位。从业务指导和调度便利的角度而言，将专业性调解组织下沉到镇（街）一级并不存在难度。

那么，将专业性调解力量下沉到镇（街）一级关键之一就在于解决地方财政对专业调解力量保障的问题。在专业性调解力量与镇（街）一级所管理的品牌调解室的调解员、村（社）的治调委员不一样。品牌调解室的调解员大多是半公益性质的，他们参与调解主要依靠的是村（社）和镇（街）的动员，这些调解员往往是离退休的干部，有固定的退休金收入，镇（街）一级只需支付一定的补助即可。但在县（市、区）级的专业性调解委员会中，调解员往往是职业化的专职调解员，属于政府购买公共服务的一种形式。因此，县（市、区）级财政需要像为正常劳动者支付劳动报酬一样为专职调解员支付相应的工资。由于不同地区在财政能力上具有巨大差异，因此，这需要地方治理者加强对调解制度的重视，加大资金投入和资源倾斜力度。

除了直接将专业纠纷调解力量下沉到镇（街）一级外，还可以尝试建立专业纠纷调解组织向下派驻与联动制度，使调解工作更具联动性，以此克服调解出现的悬浮型危机。例如，当村（社）调解组织、镇（街）调解组织等组织接收到专业性的纠纷时，主动与专业性调解组织进行联动。由专业性调解组织派出专业调解员与村（社）、镇（街）等调解组织共同进行相关调解。调解的前期工作可以由熟悉当地情况的村（社）调解员、镇（街）调解员先负责，了解清楚事情的来龙去脉。当需要专业性的知识时，由当事人申请，进行调解组织联动，后期由专业性调解组织派员参加调解。

如何解决"类案同调"问题是专业性调解力量下沉到镇（街）一级的又一关键因素。毕竟，将同类纠纷纳入市级调解委员会统一进行调解的其中一个重要目的就是保证"类案同调"。实际上，随着专业性纠纷调解职能下沉到镇（街）一级，应当在强调"类案同调"的基础上，同时赋予镇（街）更大的自主权。具体而言，随着调解规范化和法治化的发展，镇（街）调解委员会在对规则和标准的把握上都有了较大程度的提升。特别是自上而下的考核已经对调解员的任意调解或"不公平调解"进行了限制。实际上，县（市、区）级矛盾纠纷调处化解中心完全可以利用"协调解纷平台"对类似案件进行汇总分析，并给出类似"指导性案例"的"纠纷指导案例"，指导各个镇（街）的调解委员会参照一定的标准制定调解协议。另外，"类案同调"不应当被教条化，"类案同调"的意义在于限制恣意调解和限制破坏公平。但对于确有特殊情况的纠纷，也应当具体问题具体分析，结合纠纷当事人的实际情况，制定适宜的调解协议。镇（街）一级作为对基层实际情况比较了解的组织层级，实际上是在确保整体公平与保证个案正义这两者平衡之下最理想的调解层级。

通过下沉专业调解力量到镇（街）一级，扩大镇（街）在专业性纠纷调解上的调解权限，有利于提高"一站式"矛盾纠纷调解实施后的整体工作效率，提高调解的被接纳程度。实际上，调解未来发展的走向是不断充实和完善基层力量，而非在高层级上走专业化的道路。

二、提升基层网格在调解工作中的作用

（一）增强"微网格"中调解的供给能力

在调解的体系化实践中，"微网格"中的调解处于体系化的末端，从调解的资源配置上看，"微网格"处于劣势地位。实际上，调解工作并非"微网格"承担的主要工作任务。"微网格"本是应社会综合治理的需要，为实现精细化治理而缩小治理单元的产物。"微网格"实现的是一网格多能的目的，即将诸多社会治理任务都细化到网格，例如，垃圾分类的宣传、人口普查工作、矛盾纠纷排查与调解、社情民意收集反馈等，都统一由"网格员"或"网格长"来负责，网格化管理成为社会治理精细化的新走向。因此，不仅仅是调解体系，其他的很多体系也将网格体系作为其体系的最末端，依靠网格体系打通通向基层的"最后一公里"。陈柏峰教授很早就认识到组织体系衰落对基

层治权的影响，而基层治权又进一步影响到资源调动等纠纷解决能力。[1]因此，充实网格中的调解的供给能力，是使"一站式"矛盾纠纷调解发展进一步优化的方向所在。

在上述情况下，网格体系特别是"微网格"需要承担综合性的职能，因此，在各项工作的开展中并没有特别的侧重。其工作以阶段性的村（社）中心工作为主，缺乏常态化的运行机制。调解想要发挥自身优势，就必须深入到群众中去。从人民群众中主动寻找问题，主动发现问题，主动解决问题。调解必然要走与其他纠纷治理机制不一样的模式。因此，相比于其他的纠纷治理机制，调解更依赖于这些广泛分布在基层各个角落的"网格员"，特别是"微网格员"，他们才是调解伸向基层社会的触角。调解可以尝试首先在网格层级上建立常态化的纠纷治理机制。包括矛盾纠纷的排查、矛盾纠纷的上报与矛盾纠纷的调解。首先，开发新的手机平台系统，可以便利"微网格员"利用手机平台系统上报矛盾纠纷的具体情况与调解情况，建立手机平台与县（市、区）级"协同解纷平台"的关联，让县（市、区）、镇（街）可以直接通过"协同解纷平台"指挥调动"网格员"参与具体的纠纷调解，并由"网格员"通过手机平台将相关情况做以汇报。网络平台可以实现对矛盾纠纷调解资源调度的扁平化，减少层级传递指令可能带来的信息失真与滞后。其次，加强对"微网格员"纠纷调解的业务能力培训。需要注意的是，虽然大部分"微网格员"都是热心公益事业的人员，但是，这并不意味着"微网格员"就都擅长调解工作，懂得调解工作的技巧。特别是在"一站式"矛盾纠纷调解的背景下，网格层级的调解也需要注重在规则上与向上层级调解的统一。因此，这就需要定期对"微网格员"展开调解工作的培训和业务指导。镇（街）一级的司法行政机构应当将调解部分的工作重心转移到培育优秀的网格调解员上来，与其自身承担大量的基层调解任务，不如发动基层网格力量共同参与调解。最后，要通过制度化的方式明确"微网格员"的调解员身份。在"一站式"矛盾纠纷调解的过程中，调解员似乎是一种特定的身份标识，只有被司法行政机构或有关业务主管部门聘请或认可的调解员才算是"调解

---

〔1〕 参见陈柏峰：《当代中国乡村司法的功能与现状》，载《学习与探索》2012 年第 11 期。

员","调解员"的身份需要官方权威的正式认可。事实上，调解工作是一项"群众性"工作，并不是一项需要官方认可的专门性工作。社区"微网格员"在日常工作中所从事的调解工作也属于调解，但是没有得到官方的正式承认。身份标识的意义在于以国家认可的方式承认调解员的权威性，这种权威能够在一定程度上获得个体更好的服从。此外，调解员在拥有了"调解员"的身份后也是对自身身份的一种确认，这有利于调解员更好地承担责任。

（二）充实"大网格"中的法治力量

网格可以分为"大网格"和"微网格"，"微网格"在前面已经叙述过，在此不再赘述。"大网格"指的是根据村、社合并之前的原有村（社）范围划定"大网格"，在"大网格"之下再分"微网格"。简言之，在村（社）一级形成"村（社）—大网格—微网格"的治理模式。调解的发展同样以这样的三级网格模式向下延伸。值得注意的是，网格化管理过程中发挥作用的力量大部分属于非正式的"半自治性力量"，"微网格员"虽然有一定的补助和工资，但并非专职化，通常是由村（社）内部比较热心的老年人兼任，因此，具有自治属性。此外，"微网格员"虽然没有正式的编制与身份，却从事与基层治理相关的事务，事务一般来自自上而下的分配，因此，又具有一定的行政色彩。"微网格员"在"微网格"的纠纷调解中发挥了重要的作用，但是，与镇（街）一级的调解组织、县（市、区）一级的调解组织相比而言，"微网格"当中的调解缺乏必要的权威手段，特别是在体系化联动方面，网格一级没有相应的联动机制，"微网格员"的调解虽然接地气，但是往往因为缺乏正式权威的震慑，在效率和效果上欠佳。

"一站式"矛盾纠纷调解的特点之一就是建立组织外部的常态化联动机制，联动机制不应该仅仅是镇（街）、县（市、区）两级的联动，也应当在最基层建立常态化的联动机制，以促进纠纷的快速解决。当然，最基层不同于镇（街）、县（市、区）两级，村（社）的网格层级缺乏正式的行政层级，也没有对应的行政执法体系。所以，可以尝试由镇（街）级执法部门向网格层面派驻执法人员，以"包片包网格"的形式与网格联动。CF镇的经验是，由镇城管部门向大网格派驻一名行政执法队员作为"大网格长"，"大网格长"每日在村（社）办公室办公，日常工作与村和"微网格"联动。城管执法队员以派驻形式与"微网格"联动后，在一些日常纠纷的处理上，"微网格员"又多了一重调解资源。特别是针对那些由于"私搭乱建、乱摆乱放"引起的邻里纠纷，"微网格员"与"大网格长"共同参与调解对当事人更有效，也更容易让当事人改正错误行为。在现实中，行政机关拥有某种"固有"的权威，纠纷当事人对行政主体具有天然的崇仰倾向。[1]

"大网格"是行政执法力量下沉的合适层级，"微网格"太小，一般以一幢楼或一个村民小组为单位，一个村（社）内少则五六个"微网格"，多则10余个"微网格"，因此，以"微网格"派驻行政执法力量容易造成行政执法力量的浪费。"大网格"以过去的一个自然村或老社区为单位，一个村（社）内一般也就两三个大网格，地域面积适中，也不会浪费执法力量。此外，从行政执法力量的配置种类来看，目前还仅仅是城管执法队员派驻到"大网格"一级，城管执法的执法权限有一定的限制。从实践经验来看，下一步还可以将派出所的辅警力量充实到"大网格"一级，从而建立"大网格"内多种行政执法力量的联动，增强调解在网格层面的多部门联动能力，改善最基层调解的调解能力。

第三节 坚持"自治"、"法治"与"德治"合一

一、用自治破除调解行政科层化的弊端

（一）赋予调解员更多自治自由

调解是以自治为主要方式化解矛盾纠纷的机制，其自治性主要体现在调解主体的自治性和调解协议达成的自治性两个方面。调解主体的自治性表现在主持调解的主体一般具有民间属性，并不具有国家正式权威的属性。而调解协议达成过程的自治性则体现在双方协商过程中的博弈，在标准与规则选择上的自主性。当事人可以选择在某些事项上作出牺牲和妥协，以换取在另外一些事项上的便利。只要双方出于自愿，就具有自治的合法基础，调解协

---

〔1〕 参见梁平：《"大调解"衔接机制的理论建构与实证探究》，载《法律科学（西北政法大学学报）》2011年第5期。

议就受到法律的保护。

尽管从理论上看，调解只要符合意思自治的要件，就具有了合法性。但是，在实践中，治理者为了避免意思自治可能带来的治理隐患，避免追责，僵化地以法律规范作为评判依据，甚至在一定程度上牺牲意思自治。具体而言，实践中，当事人双方的博弈过程并非理想化的理性对话。纠纷发生后，当事人之间必然存在对立和抵触情绪。因此，博弈过程必然要在调解组织的主导之下进行。此外，当事人在法律规则、赔偿标准等知识上处于匮乏状态，当事人很难在一开始就能够对纠纷情形有客观的认识，并对赔偿数额有正确的预估。因此，这就需要调解组织在其中进行引导。对于赔偿的数额，当事人最初往往具有较大分歧。而这个博弈的过程需要调解组织在其中发挥作用，为当事人分析利弊，在必要的时候列举一些不利后果，例如，到人民法院打官司的胜算有多少，打官司的成本有多大等。甚至在有些时候，需要对责任方施加一定的舆论和道德上的压力，例如，明确指出责任方的行为不对，对责任方进行批评等。因此，这个博弈过程需要调解组织的实际参与。此外，调解组织还要考虑当事人双方的实际情况，劝导一方作出一定牺牲，以促进协议的迅速达成。

但是，在过去，调解组织的上述行为被部分人认为是对当事人个人自治意志的侵害。一些人认为，调解组织对当事人施加了压力，影响了当事人的判断。因此，以法治化为名要求调解"去批评、去说教、去压制"的呼声越来越强烈，在"一站式"矛盾纠纷调解发展后，由于调解协议涉及司法确认等后续程序，因此，必须保证调解协议的自愿属性。而随着信息化程度的提高，一些赔偿数额明显低于或高于法定标准的案例被部分当事人引为例证，用以要求更低或更高的诉求数额。一些调解员为了避免自己的调解行为可能会引发合法性问题，以及由此产生的后续治理问题。因此，不愿意再像过去一样真正介入纠纷的调解过程，往往直接给出法律规范的具体规定，也不再结合当事人的具体情况分而论之，仅仅按照法律规定的普遍做法全部推行下去。

调解不同于正式的国家司法制度，其存在的意义就是为了弥补司法制度的不足。如果调解抛弃对自治的坚持，盲目以"死磕"法律条文的所谓"法治"标准为调解方式，则会让调解失去意义，更会引发上文中所提到的"个案牺牲"问题。因此，适度保留调解的自治自由，对调解中所采取的策略性调解手段抱以宽容的态度，对于发挥调解的作用有着重要意义。意思自觉，尊重利益的价值，这是多元化纠纷解决机制现代性价值的体现。[1]多元化纠纷解决机制，着力维护社会主体之间的平等性，充分彰显对私权益处分性的尊重。[2]具体来说，应该从以下几点完善：

首先，应当鼓励调解员在不违反法律规定的前提下，积极介入纠纷。上文提到，调解具有自治属性，重要的一个体现是调解的主体具有民间性。作为民间权威主体，介入纠纷并对纠纷事实发表看法、评判是非对错并不是对法治的破坏，而是在发挥社会舆论的监督与纠正功能。调解员的意见不代表国家权威对某一纠纷的看法，而是代表普通的人民群众对某一纠纷的，基于朴素的道德与正义观念的看法。这一过程中也要注意，调解员发挥的应当是引导作用，调解员列举的事实应当具有真实性，而不能通过夸大的方式对当事人进行"恐吓"。其次，要注重调解协议的说理成分，特别是注重特殊案例的解释说明工作。以过往案例作为"多赔"或"少赔"例证的人毕竟属于少数，确保"类案同调"的同时也不可忽视"个案正义"。对于那些援引个案作为赔偿依据的当事人，应当通过解释说明工作还原旧案的特殊性，促进当事人理解协议赔偿数额在法定标准之外的原因。避免由于误解造成当事人认为调解存在不公平的现象，从而影响调解的权威性。最后，应当做到自治与法治的统一，自治与法治本身并不矛盾，法律尊重个人的自治意愿、尊重社会的自治习惯。但是，如果教条地强调法治而忽视自治的内在价值，则会降低社会矛盾纠纷治理的实际效果。自治本身具有一定的纠偏功能，是社会自我完善、自我发展的一种机制。"个案正义"通过自治的方式得以实现，法治化的不足之处也可以通过自治化的手段加以弥补和完善。法治之下行自治，自治之中践法治，是法治与自治和谐相融的最好机制。

（二）赋予当事人更多选择自由

赋予当事人更多的选择自由实质上就是尊重当事人的自治自由，尊重当

---

〔1〕 参见李瑜青：《人民调解制度中法治人治问题》，载《法律社会学评论》2018年第00期。

〔2〕 参见胡晓涛：《替代性纠纷解决机制的价值及在中国的适用分析》，载《江西财经大学学报》2011年第6期。

事人在选择调解组织上的自由权利。分级分类的纠纷调解原则是对调解体系内部的调解秩序做了重新的安排，这种安排的目的在于提高调解的效率，厘清每一个调解机构的具体职责。这种安排的理由更多是基于便利调解机构自身。

上文中已经分析了调解层级化导致的刻板与教条，对当事人自由选择调解组织的危害。在调解组织的选择上，除了要注重分级分工的效率要求外，还应当注重当事人便利这一重要原则。特别是在专业类调解问题上，当事人不愿意舍近求远，更愿意在邻近的镇（街）一级的调解委员会寻求解决，或者更愿意选择自己熟悉和信任的调解员参与调解，都应当尊重当事人的意愿。另一方面，镇（街）一级的调解委员会也有能力解决当事人所遇到的问题，也愿意参与这一纠纷的调解时，应当给予当事人和调解组织一定的自由权利，不必非要恪守调解的"分级分类原则"。理由在于，"一站式"矛盾纠纷调解的目的是促进调解效率提高，促进调解权威性、规范性、法治化水平的提高。与此同时，调解作为一项非官方权威的纠纷解决机制，调解组织在纠纷治理体系中不应该扮演"管理者"的角色，而应当扮演"服务者"的角色。换言之，调解的运行不仅仅要从调解组织自身、管理的方便程度等角度出发，还需要从当事人的角度出发，以便利当事人为目标和追求。除此以外，"一站式"矛盾纠纷调解有着科层化的色彩。但是，这并不意味着调解的组织体系就一定要保持严格的科层式运转规律。在过去，调解的突出之处在于它的灵活性，在于它能够不像其他科层式组织一样，从而规避了很多科层制的弊端。因此，适度保持调解的灵活性有利于发挥调解对其他科层制纠纷治理体系的弥补作用。最后，调解程序存在不同程度的合意贫困化现象并因此而损害调解正当性是客观事实，但正如我们不能因为诉讼程序的昂贵与费时或个别司法腐败、司法不公就否定诉讼制度的价值一样，因此得出当事人的合意解决纠纷就不值得鼓励的结论实属因噎废食之举。[1]

赋予当事人更多选择自由，实际就是要克服科层制带来的弊端。首先，可以在当事人求助于各级矛盾纠纷调处化解中心时，赋予当事人选择在本镇

---

〔1〕　参见李德恩：《大调解实践背景下的立案调解机制研究》，载《法学论坛》2012年第5期。

（街）的调解委员会调解还是选择在县（市、区）级专业性纠纷调解委员会调解的权利。换言之，也就是从制度层面上，赋予当事人可选择的权利。其次，为了弥补镇（街）一级调解委员会可能会遇到的专业性的不足，可以通过上下级联动的方式，在必要的时候从专业性纠纷调解委员会派遣专业的调解员到镇（街）参与调解。最后，还可以尝试改革专业性调解的工作模式与工作时间，以当事人需要为主，视情况的紧急程度决定调解的时间及其长短，避免因为节假日等因素耽误调解。

二、细化《调解法》的制度规定

（一）明确"自由决定权"的适用条件

"自由决定权"是本书对调解员在调解过程中自由权力的一种抽象提炼，现行法律规定中尚无这一具体概念。关于调解员调解权力的法律规定，可在《调解法》第 22 条找到相关规定，该条规定，调解员根据纠纷的不同情况，可以采取多种方式调解民间纠纷，充分听取当事人的陈述，讲解有关法律、法规和国家政策，耐心疏导，在当事人平等协商、互谅互让的基础上提出纠纷解决方案，帮助当事人自愿达成调解协议。该条法律规定虽然明确了调解员可以根据纠纷的不同情况，采取多种方式进行调解，但是，并未明确调解员在何种情况下，具有多大范围的自由选择的权力。

笔者所提炼的"自由决定权"概念可以被理解为调解员根据纠纷的具体情况，灵活地适用法律、"人情面子"、道德、风俗习惯等调解依据的权力，可以根据纠纷的具体情况，适当地照顾相对困难的一方当事人，在双方自愿的前提下，让较为困难的一方当事人多获得补偿。而调解员的这种行为不宜被认定为"偏袒一方当事人"，当然，这一权力仅限于特定情况下使用。

根据实践中的经验，《调解法》可以首先对调解员所面对纠纷的具体情况进行区分，对不同情况的纠纷赋予调解员以不同限度的"自由决定权"。换言之，就是对"自由决定权"的适用条件作出规定。法律可以规定以下几个方面的条件作为衡量"自由决定权"是否适用的依据。第一，纠纷涉及问题的严重程度，包括是否影响公共利益，是否涉及违法犯罪，是否涉及群体性问题。例如，有些纠纷是邻里之间因为占地、环境、噪声问题引发的纠纷，问题的严重程度比较轻，可以赋予调解员根据现场情况进行"自由决定"调解依据的权力。但如果纠纷是涉及公共利益的纠纷，问题性质严重，比如环境污染等纠纷，则不应当赋予调解员过多的"自由决定权"。第二，当事人之间责任划分相对平均，不存在明显的主次责任之分。例如，在一些交通事故当中，双方当事人均存在过错，且责任程度相当。第三，当事人双方之间的经济差异程度。调解员作出更有利于一方当事人的调解活动时，往往是基于一方当事人与另一方当事人之间悬殊的经济差距。例如，一方当事人经济条件好，有稳定的工作和收入来源。但另外一方当事人家庭条件差，常年以低保为生，有疾病缠身。这种情况下，出于人道主义的考量，调解员可以根据道德与风俗作为调解依据，来努力促成有利于家庭条件较差一方的调解结果。第四，当事人之间的自愿为前提。当事人的自愿指的是上文中所提到的家庭条件较好的一方，愿意多承担一些经济上的补偿。无论这种资源是基于"人情面子"，还是基于道德、良心。第五，对于适用"自由决定权"后涉及的赔偿金额较大或涉及标的额较高的纠纷，应当采取多名调解员共同调解的方式，以避免单一调解员可能存在的徇私舞弊行为。例如，法律可以规定至少3名调解员均认为应当适用"自由决定权"，如果不给予困难一方多一些的补偿，会显著导致一方的生活面临很大的困难时，才可以动用"自由决定权"。

笔者认为，只有在符合上述五点条件的前提下，才可以适用"自由决定权"。毕竟，这是对"类案同调"的一种打破，可能会造成部分人群所认为的"不公平"。事实上，通过《调解法》的相关制度性规定，将这种可能存在的个案问题考虑进去，可以约束调解员的行为，确保对"类案同调"的打破的确是为了追求实现"个案正义"。除此以外，《调解法》也可以明确"自由决定权"适用的程序，毕竟这种权力更类似于人民调解当中的一种自治性权力，对适用程序的设定也可以从另外一个维度保证权力不被滥用。

（二）设立调解员履职保障条款

设立调解员履职保障条款，其目的在于解除调解员的后顾之忧。在个案牺牲问题当中，很多调解员之所以不愿意再为纠纷调解的个案公平作出努力，是因为调解员在潜在的追责制度面前存在避责心态。对调解员个人而言，过分强调个案的特殊性造成对"类案同调"的破坏可能存在潜在的责任风险，作为理性的调解员，则丧失了继续维护个案正义的强调个案特殊性的基本动力。

现行的《调解法》缺乏对调解员履职相关的保障条款，除了《调解法》第 16 条规定的 "调解员从事调解工作，应当给予适当的误工补贴；因从事调解工作致伤致残，生活发生困难的，当地人民政府应当提供必要的医疗、生活救助；在人民调解工作岗位上牺牲的调解员，其配偶、子女按照国家规定享受抚恤和优待" 外，缺乏关于调解员对调解结果不受追责的条款。

从人民调解工作的本质上来看，调解员的工作并非一项具有国家权威色彩的司法工作或执法工作，人民调解的活动也不要求调解员必须严格依照现行法律法规的规定调解纠纷，而是强调规则的多元化。换言之，调解员只要不是为了一己私利故意偏袒当事人一方的，则不应该因为调解结果可能与法律法规的规定存在较大差异而被追责。但是，《调解法》第 15 条第 1 款规定，"调解员在调解工作中有下列行为之一的，由其所在的人民调解委员会给予批评教育、责令改正，情节严重的，由推选或者聘任单位予以罢免或者解聘：（一）偏袒一方当事人的"。《调解法》第 15 条第 1 款的规定并没有明确如何界定调解员存在偏袒行为，"偏袒" 是一个极具主观色彩的概念，现阶段，实践中对 "偏袒" 的界定完全以调解员的调解结果是否与法律规定存在出入为准，造成调解员面对纠纷时，只敢以法律为依据进行调解，人民调解成为 "准司法" 化的纠纷解决机制，丧失了原有的人民性、本土性和自治性。

综上所述，《调解法》应当进一步完善对第 15 条第 1 款即调解员 "偏袒" 行为的界定。首先，是依照什么标准来界定 "偏袒"，正如上文中所述，对 "偏袒" 的认定不宜仅仅依据法律的规定，还需要结合当事人的具体经济情况、诉求情况、纠纷的具体内容、本地的风俗习惯、当事人的自愿程度等来综合衡量。其次，谁来界定 "偏袒" 行为。对调解员的追责往往来自人民调解组织的业务主管部门以及司法行政部门的追责，这种追责机制存在的问题就在于，作为行政机关的业务主管部门和司法行政部门，往往会将治理上的风险和压力转移给人民调解组织，通俗地讲就是 "甩锅" 给调解员。因此，由行政机关界定 "偏袒" 行为可能对调解员的不公平。可以考虑设置调解委员会的自律组织，如 "调解委员会自律监督委员会"，由其他人民调解组织的调解员组成自律监督组,负责审查受质疑的调解员的行为是否合情合理。最后,《调解法》应当从制度规范上完善调解员的履职保障,鼓励调解员从个案的角度出发,结合地方的"人情面子"、风俗习惯、道德观念来组织调解,不强调调解结果与司法判决结果的相近程度,不用法律标准考核调解结果。

三、坚持法治的同时重视道德风俗的现实价值

(一) 注重传统风俗习惯

随着人口流动性加剧和社会结构的剧烈变化,有观点认为,基于目前的社会状况,具有不同文化背景、地方习俗的个体不断交融,外地人的观念冲击着本地的传统习俗,外来文化和价值观念也在与本地的价值观念进行融合。而且原有的城乡各种身份关系被新的职业身份取代,地缘道德共同体发挥作用的"情""理"对这些纠纷几乎不起作用。[1]例如,一些地方传统的婚姻彩礼习俗因为打工经济的兴起开始发生改变,陌生人之间的冲突越来越多。因此,有些人认为"地方性知识"在调解过程中能发挥作用的机会越来越有限,社会纠纷治理必然面向全面统一的规则体系。[2]更重要的是,调解的体系化具有的规范化、专业化和法治化的特点,也在一点点侵蚀"地方性知识"在调解中的生存空间。高层级的调解组织是否应当尊重地方性的习俗规范?在个案当中,能否以地方性的习俗规范作为调解的依据?如果不能妥当地解决上述疑问,就难免会引发调解悬浮型问题与个案正义问题。

虽然社会结构的剧烈变动和人口的大量流动破坏了原有的"地方性知识",让一些风俗习惯似乎已经失去了生命力。但不可忽视的是,首先,并不是所有的纠纷都不适用"地方性知识",邻里间、家庭间的纠纷依然存在,这些地缘性的纠纷不会因为社会结构的变化而消亡。其次,人们的行为往往保持一定的惯性,一些做法已经内化在当地人的生活习惯当中。举例而言,过去存在的"风水观念"认为,农村邻居建房时的房屋高度如果高于自己的房屋高度,则会对自家的运势造成影响。这种观念毫无科学根据,也不符合社

---

[1] 参见张敬思:《论"大调解"格局中的人民调解》,载《中州学刊》2010 年第 5 期。

[2] 参见何永军:《乡村社会嬗变与人民调解制度变迁》,载《法制与社会发展》2013 年第 1 期。

会法治所谓"善良风俗"的观念，应当予以摒弃。事实上，随着人们观念的改变，"风水观念"早已逐渐弱化，但是，从"风水观念"保留下来的做法并没有消亡。盖房时与其他邻居间保持同样的房屋高度成为一种固定的行为规范，破坏这种规范并不会真的对邻居家的"运势"造成什么影响，但这种行为却会被理解为一种不尊敬和冒犯，是村庄生活中相对"忌讳"的做法。被"冒犯"的邻居感觉到生气，并不是因为邻居家盖房真的破坏了自己的"风水"，会让自家倒霉。而是因为邻居家超过自家房屋高度的盖房行为意含了挑衅，让自家觉得没有"面子"。这个时候，如果调解员不能理解到传统习俗的"新内涵"时，往往会觉得这样的习俗早就该摒弃，而僵化地采用法律规范对建房高度的规定进行调解。从建筑高度的审批、相邻权等角度进行分析，其实都解决不了当事人纠纷的真正问题所在。那么，调解自然无法真正回应当事人的诉求，这也会让调解失去其本身的独特价值，人们不禁要问调解与司法审判在结果究竟有何不同？再举一例，在遗产分配中，《中华人民共和国继承法》（已失效，现为《民法典》继承编）并没有对男性与女性在继承权利上做区分。男女平等是毋庸置疑的公理。过去传统思想下，男尊女卑思想影响了子女在继承权上的不同权利，所谓"嫁出去的女儿泼出去的水"，女儿在家庭继承中没有继承权。表面上看，这种侵犯女性权利的习俗应当摒弃。如果调解从法律维护男女平等的角度出发，在家庭遗产分配的纠纷调解中就应当保护女儿的权利。但如果是这样，调解就忽视了传统习俗的另一面，即传统习俗对女儿养老义务的规定。在传统习俗中，出嫁女不用承担老年父母的养老义务，父母养老的义务自儿子成家后就由儿子负担。老人通常与儿子同吃同住，因此，老人的房屋、钱财一般都由几个儿子通过分家的方式确定权属，并同时划定儿子们的养老送终义务。如果看到风俗习惯的这一面，就不应当单单从男女平等的角度理解男女在继承权上的差异。在考虑遗产继承的纠纷时，就应当把子女对老人所尽的赡养义务考虑进去。此时，如果片面地将风俗习惯理解为糟粕而摒弃，盲目以法律的男女平等作为遗产继承的唯一依据，则会不禁让人质疑调解的公平性。风俗习惯早就已经刻在一个地区的人们的生活细节之中，尽管那些形成风俗习惯时的"理由"可能荒诞可笑、愚昧落后，尽管随着时间的推移，社会流动速度的加剧，一些风俗习惯背后的价值观念受到了冲击。但是，风俗习惯已经成为一地人民日常生活的普遍通行做法。这套做法背后隐含着相应的规则机制。如果只是因为风俗习惯的地位越来越淡化，在调解中就不给予重视，那么，必然不利于纠纷的彻底解决。

除此以外，"十里不同风，百里不同俗"，风俗习惯在各个地方也是具有差异性的。即便是县域范围内，各个镇（街）内的风俗也有一定的差异。这的确增加了县（市、区）一级在矛盾纠纷调解上的工作难度，但是，如果因此而抛弃对风俗习惯的尊重，仅仅依靠单一的法律作为调解的准则，那么势必会影响调解的效果，甚至动摇调解的价值。

"一站式"矛盾纠纷调解的表现之一就是纠纷调解规则的体系化，规则体系既包括法律规范，也包括风俗习惯。因此，各级调解组织在调解活动中应当因事制宜地选择合适的规则。根据当事人的特征、纠纷的特征选择最适宜的规则体系。而不是"因级制宜"，特别是高层级的调解组织不能够因为调解的纠纷大多是来自不同风俗习惯的镇（街），就一刀切地适用法律规范体系，在确保纠纷调解法治化的同时，不应当因此牺牲调解"接地气"的属性。调解既要维护法治统一，以保证国家统一和民族团结，又要有足够的空间和容量，以兼顾各地颇为不同的地方特色和复杂的地方性秩序需求。[1]就具体做法而言，首先，需要在调解工作中继续尊重风俗习惯。注重利用乡土社会的本土资源，注重中国法律文化的传统和实际。[2]不仅仅是低层级的调解组织需要尊重传统的风俗习惯，高层级的调解组织也需要尊重传统的风俗习惯。具体而言，高层级的调解组织需要具体问题具体分析，对于当事人都是本地人且有一定共同风俗习惯基础的，应当积极引导当事人从法律规范和风俗习惯两方面进行考虑，促成纠纷的解决。其次，上文中曾经提到要将镇（街）一级作为调解的中心层级，换言之，要进一步缩小调解的中心治理单元，治理单元越小，人们的同质化程度越高，调解员对风俗习惯的了解程度也就越高。最后，聘请来自本地的、有经验的调解员。调解专业化导致目前对调解员的筛选有专业化倾向，忽视了"地方性知识"对调解工作的重要性。专业化只是调解员未来发展的一个方面，但并不能因为法治化和专业化的发展就

---

〔1〕 参见陈柏峰：《当代中国乡村司法的功能与现状》，载《学习与探索》2012年第11期。

〔2〕 参见苏力：《法治及其本土资源》，中国政法大学出版社2004年版，第6页。

顾此失彼,熟悉一个地方风俗习惯对于化解矛盾纠纷同样主要。传统并非形成文字的历史文献,而是活生生地流动着的,在亿万中国人的生活中实际影响他们的行为的一些观念,这些东西,无论中国当代正式法律制度在其他方面如何发展变化,都仍然对中国社会起很大作用。[1]

(二)注重道德正义观念

道德正义观念是普通民众面对纠纷时的第一主观感受,与法律正义观念的理性主义不同,道德正义观念往往融合了个人的情感,例如,同情弱者,同情无过错方。除此以外,法律上的正义观念是就事论事的,仅仅从行为人在纠纷过程中的主客观两个方面来判断行为人是否存在过错。但是,道德正义观念往往是发散的,不仅仅是就事论事,还可能就事论人。容易受到个人的日常生活经验、当事人品行表现的影响。例如,在情感纠纷当中,一方当事人以恋爱为名义要另外一方当事人送手机、送钻戒,但很快因为感情不和而分开。尽管从法律理性的角度而言,这是你情我愿的赠与关系,当事人之间并不存在对错。但是,从日常生活经验而言,人们往往赋予受赠方以"渣x"带有负面情感色彩的评价。在人们的日常生活逻辑中,恋爱感情中的赠与是有条件的,不想和另一个人走到一起就不应该轻易接受另一个人的贵重赠与。因此,受赠一方虽然在法律上是无过错的,但在一般人的道德正义观念中其行为是不妥的。最后,法律上的正义观念不会将事后当事人的行为与态度作为评价其法律责任的依据,但是,道德上的正义观念是将纠纷发生前、发生时、发生后作为整体进行评价的。例如,如果当事人在交通事故发生后积极道歉或赔偿,或许能够不被他人在道德层面上指责。但如果当事人在交通事故发生后,态度冷漠,既不道歉也不赔偿,则可能引发人们对肇事当事人的负面评价。

道德正义观念普遍存在于人们的心中,它不单单是人们评价当事人行为的标准之一,也是人们判断调解结果是否公正的重要标准之一。在日常的司法审判过程中,常常会出现司法判决与公众的道德正义观念相违背的情况,例如,曾在全国范围内引起轰动的"泸州二奶继承案""于欢案"等,因为

---

〔1〕 参见苏力:《法治及其本土资源》,中国政法大学出版社 2004 年版,第 15 页。

案件最初的判决未能考虑到善良风俗的道德观念，因此，引发了人们对案件判决结果的极大质疑。司法审判与调解不同，毕竟司法审判有着明确的法律程序，需要严格依照法律规范的具体规定，与调解相比，司法在回应人们的道德正义观念上的力度较弱，客观上也存在一定的滞后性。调解的优势在于它的规则体系相对多元并且灵活，人们的道德正义观念能够在调解的结果中及时得到回应。但是，随着"一站式"矛盾纠纷调解的完善，调解越来越倾向于调解结果的司法化，道德正义观念在调解当中被考虑的几率越来越低。甚至存在一些声音，这些声音认为道德正义观念的主观色彩比较强烈，将道德正义观念掺杂在调解过程中容易导致"不公平"现象的发生，这种"不公平"是法律上的"不公平"，是相对于司法审判结果的"不公平"。因此，这种声音认为应该将调解的规则体系统一为法律规范，不应该掺杂过多的道德正义观念。若真的像这种声音所提倡的那样，让调解彻底司法化，那么，调解则失去了回应社会的能力，甚至可能导致调解自身价值的消解。

在法治化背景的时代，提倡法治化固然没错。但是，也要意识到道德观念对社会治理具有同样重要的作用。德治不应当只是简单枯燥的道德说教，德治在调解过程中的体现也不应该只是对当事人的批评教育，而是应当把道德这种普遍存在于人们心目中的价值尺度纳入调解的规则体系中。无论是高层级的调解，还是低层级的调解，都不应该认为法治化才是调解的唯一追求。要确保道德观念在调解过程中的地位和作用，就必须在调解的过程中提高对道德观念的重视程度。在对调解工作的具体考核中，应适当减少对法治化考核的严格程度，避免对法治化的教条式追求。同时要适度增强调解的灵活性，在自上而下的制度安排上给予基层在利用道德规范上的自由。具体操作上，可以在调解过程中采取调解团的策略，由多名调解员组成调解团参与调解，共同商议决策调解的具体内容、作出具体决策。避免个人感性成分的影响，避免个人在道德观念上的理解偏差对纠纷调解造成影响。

总而言之，在调解的过程中，注重法治的同时也要注重德治。法治与德治本来就不是一对矛盾的概念，但德治和法治各有自己的调整机理和优势。[1]

---

〔1〕　参见张文显：《"三治融合"之"理"》，载《浙江日报》2020年10月26日，第08版。

调解的法治化不应当被狭义地理解为制定法规范意义上的法治化，在社会治理范畴内，"法治"的"法"，不限于国家制定、批准或认可的法，也包括以公序良俗为核心的社会规范体系。[1]

第四节　简化衔接程序与完善执行机制

一、发挥党委和政法委的协调功能

大部分学者通过对"党与政法"关系的研究都能够看到党在打破机构壁垒、整合条块关系上发挥的重要作用。有学者对"党与政法委"的关系进行了梳理，认为党与政法委的关系一直处于调适变动之中，协调各方成为党与政法委的关系定位。[2]党的领导有助于推动部门之间相互协作，形成合力，化解各类司法难题。[3]一些学者在研究"大调解"时就指出，"大调解"包含的共识之一就是由政法委和综合治理部门牵头，把各种调解资源与机制整合起来，实现调解工作的联动和一体化。[4]

常见的党对政法资源的协调整合大致可以分为以下几种形式：第一种是通过组织开展专项行动的方式，整合各类资源。这种现象可以被概括为"运动式治理"。在这种协调与整合的模式下，一般由政法委牵头，组织工作专班的形式，将与治理任务相关的部门"一把手"纳入工作专班。通过召开专班会议，统筹协调各个部门的资源，在具体任务中对各个部门的职能分工进行精细化的重新分配。例如，在处理某一物业纠纷时，由住建部门主要负责调解，而司法行政部门提供专业法律知识和人力资源的服务，公安部门只负责纠纷解决过程中的秩序维护。各个部门在工作专班中重新分配了具体职责，并且在资源上实现共享。这种组织部门整合与协调模式一般用于应对突发事件，例如，突发的群体性事件等。工作专班所面对的纠纷治理任务通常是临

---

〔1〕　参见张文显：《"三治融合"之"理"》，载《浙江日报》2020年10月26日，第08版。

〔2〕　参见周尚君：《党管政法：党与政法关系的演进》，载《法学研究》2017年第1期。

〔3〕　参见于龙刚：《基层党领导司法的组织生成——"结构—机制"的视角》，载《华中科技大学学报（社会科学版）》2019年第5期。

〔4〕　参见黄文艺：《中国的多元化纠纷解决机制：成就与不足》，载《学习与探索》2012年第11期。

时性的，在事件得到解决后，专班一般不会继续存在。因此，这种资源的整合模式并不具有长期性和持续性，在应对常态化的治理任务时，工作专班的模式一般并不适用。

除了利用建立工作专班的方式实现党组织对部门的整合与协调，党组织还可以通过常态化会议的方式在具体纠纷的治理上发挥整合资源与统筹协调的作用。这种协调包括资源的整合，部门意见的统一等。例如，在 T 市，无论是县（市、区）一级政法委还是镇（街）一级政法委，都会通过会议的形式对纠纷治理中的难点进行统一的协调和部署，并统筹协调各部门力量协同治理。在县（市、区）一级，党委之下的资源不仅仅包括政法单位，还包括城管、住建、医疗卫生、市场监督等多个部门。在镇（街）一级，党委之下不仅包含上文中提到的"七站八所"，还包括各个村（社）的治理力量。所以，在党组织的统一领导和协调下，一些重点难点纠纷往往能够在突破部门壁垒的前提下得到及时有效的解决。

在 T 市的经验当中，地方党委的确在组织部门间的协调上发挥了重要作用，除了上述两种部门整合与协调的机制之外，党组织还通过建立常态化的联动协调机构负责日常的部门整合与协调工作。例如，县（市、区）级政法委组织牵头建立矛盾纠纷调处化解中心，在县（市、区）级党委及政法委的牵头下，将原本属于公安、交警、卫健、住建等部门之下的专业性调解委员会统一划归到矛盾纠纷调处化解中心办公，并接受中心的统一调度。同时，将矛盾纠纷调处化解中心实体化，在中心建立党委，将入驻中心的各个部门的党组织关系迁移到中心党委之下，实现党组织上的统一管理，以此为抓手，加强中心内部各个部门成员的工作管理和监督。在镇（街）一级，T 市 CF 镇与全国其他地区不同，CF 镇在乡镇一级同样设立了政法委员会。乡镇一级的政法委员会由乡镇分管政法的副书记、信访办主任、派出所所长、交警中队队长、派出法庭庭长、司法所所长、城管负责人、劳动与社会保障负责人等成员组成，乡镇一级政法委的存在有力地加强了乡镇一级矛盾纠纷调处化解中心的建立和运转。由此可见，党组织在统筹全局方面有着重要的作用，特别是在建立新的部门衔接或对接机制上，党组织往往可以起到不可忽视的推动作用。

通过对上述经验的考察，不难理解为何要在此强调党组织领导下的统筹与联动。党组织是目前科层体系下，能够打通各个组织之间壁垒的重要结构。"一站式"矛盾纠纷调解实施后，调解的各个部门也已经被纳入纠纷治理的综合体系中，换言之，关于纠纷治理的分工科层体系已经逐步完善，而为了克服可能存在的条块结构上的弊端，就必须建立常态化的克服机制，而这一机制的建立必然要依赖党的统一领导与部署。

二、精简文牍负担与简化衔接程序

（一）精简不同类型的文牍

上文中曾对"一站式"矛盾纠纷调解实施后的问题进行了分析，其中之一就是调解组织的文牍化问题。调解被矛盾纠纷治理体系正式吸纳之后，必然意味着文字档案工作量的增加，这本应当是一种正常的现象。但是，文字档案工作量超过必要程度，或是繁琐到让调解员与当事人感到累赘与多余时，调解文牍化的发展则超过了必要的限度。

从文牍的类型上看，大致可以分为以下几种：首先是程序衔接性质的文牍，例如，在"警调"工作室，公安派出所要与调解组织互相出具《移送人民调解函》和《调解处理意见》，这两种文书没有实质作用，只是作为程序上的衔接。实际上，公安派出所民警与"警调"工作室调解员的真正衔接是面对面将纠纷的基本情况交代清楚，相比于文书式的衔接方式，面对面的口头衔接更有效率、信息量也更为丰富。其次是过程记录性质的文牍，例如，调解笔录、《权利义务告知书》《当事人申请调解书》等。这些文书大部分都是用于记录纠纷调解的整个过程与程序，包括当事人求助的过程、权利宣告的过程、调解的具体过程。最后是向上汇报性质的文牍，例如，工作简报、数据统计等。这些材料是向上汇报本单位在本阶段的工作情况的材料，是为了能够让上级部门更好地了解本级工作。从上述分类来看，记录性质的文牍，汇报性质的文牍和程序衔接性质的文牍都可以进行简化，以节约调解组织的时间，降低调解组织的工作难度。

对于记录性质的文牍而言，要具体分析记录性质文牍的必要性在何处，特别是区分不同性质的调解是否都需要严格完成记录性的文牍工作。实际上，不同性质的调解对纪录性质的文牍的需求程度是不一样的。例如，对那些社区纠纷、临时性纠纷的调解，基本无须制作调解文书，大部分调解也以口头调解为主，调解协议也以口头协议为主，实际上并没有制作纪录性质文书的必要性。当然对于"警调""诉调"等调解组织而言，由于调解程序需要与执法程序、司法程序对接，因此，还是有必要完善相关的记录性质的文牍工作。

对于汇报性质的文牍而言，大部分文牍的目的在于反馈本调解机构的工作现状，目的是汇报、反馈信息等。汇报性质的文牍并非多余，相反，它对于上级了解下级工作进展、帮助上级准确制定政策都有着重要的作用。但在实践中，这种汇报性质的文牍大多产生了异化，部分调解机构将此类文牍视作"邀功"的一种方式，换言之，就是通过汇报性质的文牍展现自己的政绩。这样的政绩观念造成基层调解员需要完成大量的汇报性、统计性工作，甚至在一定情况下，还出现过重复统计、重复汇报的现象。这样的异化造成调解的汇报性质的文牍成为基层调解员的负担。为此，基层的党委需要适时开展"整风运动"，在一定程度上遏制组织体系内部通过文牍搞竞争、搞竞赛的不正之风。另外，也需要从内部规章制度上进行完善，减少不必要的汇报性文牍工作。

对于工作衔接性质的文牍，其主要目的是明确任务衔接前后的责任主体，以明确的文书形式对责任承担者的身份加以确认。实际上，这种确认在信息平台逐渐建立的过程中已经显得并不必要。程序上的衔接完全可以通过网络平台技术的技术方式加以解决，例如，通过"协同解纷平台"，只需要民警或者调解员在系统平台上进行简单操作，就可以实现纠纷的移交过程。其实，这种"智慧平台"已经在很多领域实践，例如，目前比较流行的"智慧法院"平台就是利用互联网平台技术实现在电脑或手机上签收各类文书。由此看来，以技术的方式解决工作衔接性质的文书并不存在技术难题，但关键在于如何让不同的部门接受技术化的手段，接受技术性的衔接方式，以及技术提供方能否为调解的各个部门提供这样的技术手段。这就需要党组织在其中发挥协调与统筹的作用。

（二）在党委和政法委的协调下简化衔接程序

地方党委、政法委可以通过建立衔接简化机制的办法来应对日益复杂的调解文牍化现象。第一阶段是要先打通各个部门在工作衔接上的制度规范的阻隔。一些部门为了避免责任，强化在部门衔接时的文书规范性，因此，这需要通过党组织的协调，统一各个部门在部门衔接上对文书的规范性要求。通过党组织的统筹协调，让各个部门在利用平台上形成统一的要求。在这一阶段可以依靠地方党委和政法委的力量，组织"警调""诉调"、各个专业性调解委员会、法院、派出所、交警等部门统一各类文书的标准，适当削减一些不必要的衔接程序。例如，在一些纠纷从"警调"移交给派出所处理的过程中，可以适当减少移交申请书等文字材料的要求，实际上，由"警调"出具调解失败的说明书就可以证明相关情况，不需要一个步骤一个材料、一个事项一个材料的繁琐衔接程序。当然，这些协调工作需要地方的党委和政法委来统一组织协调实施。

第二阶段是要建立顺畅的衔接数据平台系统，实现电子数据的共享。现在大部分的基层部门都实行网络化、电子化办公，数据平台的使用方便了当事人和纠纷治理机构，同时也应当方便机构与机构之间的工作衔接。目前文牍化问题的原因之一是组织与组织在工作衔接上需要耗费大量的时间，主要是各个组织需要完善衔接性质的文书工作，办理一些手续，卷宗记录的移交等。实际上，在网络化、电子化办公后，上述材料的移交工作、衔接手续的办理均可以通过网络化、电子化的方式进行。但问题的关键在于各个组织和部门使用的数据系统并不互通，而且，各类数据平台纷繁复杂，缺乏一个统一的、有效的、能够全覆盖的电子化办公平台。这就需要地方党委和政法委进行统筹和协调，一是要打通数据壁垒，实现信息数据的共享。这需要各个部门共同努力，在不违反保密规定的前提下实现一些程序性、记录性数据的共享。二是要实现数据平台的一体化，不同的数据平台实际上也造成了数据共享的困难，因此，软件上的统一也一样重要。三是一些地方曾经有过一些尝试，通过平台系统的方式达到制度衔接的功能。但是，这些系统平台繁琐不说，系统平台的稳定性还很差，实际造成了工作量不减反增。因此，这就需要通过集中各个部门的使用习惯和需求重点的不同，将需求反馈给技术平台适时地进行更新和调整。总而言之，技术上的统筹与调整并非某一个纠纷治理部门能够实现的，这需要地方党委和政法委的组织与协调。

第三阶段是党组织作为联动协调机制建立的推动者，但不可能永远作为一个协调机构的身份存在。因此，党组织要逐渐培育起新的组织协调机构，来专门负责处各纠纷治理组织之间的协调事宜。特别是建立起相应的协调规范，将各个部门之间的协调配合纳入制度化的管理范畴。当然，这一阶段属于"一站式"矛盾纠纷调解发展成熟后期，现在来看还相对久远，不过，仍需要各个部门从现在开始作出努力。

三、完善调解协议的执行机制

（一）建立前置"执行和解"程序的机制

上文中已经提到，"一站式"矛盾纠纷调解实施后，调解协议的"执行难"也成了一个亟待解决的问题。"一站式"矛盾纠纷调解实施后，调解作为一项独立的纠纷解决环节，抛弃了过去将调解协议的履行也纳入调解博弈中的做法，让调解协议单纯成为针对纠纷本身的解决方案，而不是针对纠纷以及纠纷协议履行的双重解决方案。避免将纠纷解决的公平性与实际履行的现实考量混合在一起，避免引发一些人故意钻调解制度的空子，避免引发人们对调解协议不公平的批判，以及可能产生的后续治理问题。

在目前"一站式"矛盾纠纷调解的过程中，大部分无法当即履行的调解协议都会进入司法确认环节，并最终由法院负责调解协议的执行。执行环节的好处在于，对于那些抵赖的当事人，法院的强制执行能够取得一定的效果。但是，司法执行程序并不一定就能完全解决调解协议的履行问题。一些的确缺乏赔偿能力的当事人仍然无法完全履行赔偿义务。从现实的角度而言，另一方当事人经历了漫长的程序和长时间的等待，换来的却是依然无法执行的结果，这必然存在对权利方的不公平。

在上述情况下，基于效率和公平的双重考量。将"执行和解"程序前置到调解协议的司法确认之后，在调解对纠纷本身已经调解完毕的情况下，再对协议的履行进行调解。具体而言，调解组织按照法律规范的规定引导当事人签订调解协议，协议内容应当基于纠纷事实本身展开，依照纠纷中的当事人责任关系和具体情节，依法依规确定赔偿数额，引导当事人先按照法律规定的数额范围内签订调解协议。同时，结合当事人的具体经济情况，索赔意愿等综合因素，引导当事人在协议履行上再签订一份协议，在这份协议中，当事人可以自愿以让渡部分赔偿金额的方式换取得到对方即时履行的协议。为了防止一些人恶意利用履行协议逃避其本应该承担的履行义务，可以在司法确认协议后，经过执行程序确认当事人确实没有偿还能力的情况下，再按照当事人事先签订的履行协议作为"执行和解"协议进行履行。

这一过程实际上是在调解阶段分别签订两份协议，一份为调解协议，另一份为履行协议，调解协议按照正常流程进入司法确认程序，并最终进入执行程序，经过执行程序确认当事人确实没有偿还能力时，将履行协议作为执行和解的协议，参照履行协议执行。这样做，既避免了过去调解协议可能面临的"不公平"的质疑，又可以节约司法资源、减少司法程序，最重要的是可以最大限度地保障当事人的权利和自愿意志。

这样的程序前置关系到人民法院和调解两个组织的相互配合与制度认可。人民法院需要在司法确认和执行程序的效率上配合调解，避免程序时间过长从而耽误了调解的实效性。另一方面，人民法院要在制度上认可调解阶段所作出的履行协议，否则履行协议就是一张废纸，到了人民法院执行阶段，又需要重新调解当事人之间的执行问题。既浪费司法资源，也损害了调解的权威性。这种程序和制度上的配合相当于将调解进一步体系化，将调解更深层次地推入社会纠纷治理的体系中，使其扮演重要角色。因此，这必然需要一定的统筹、沟通与协调。在目前的机构体系框架下，调解组织所属的司法行政系统与人民法院系统同属政法委的组织领导之下，那么能够有能力解决这两个部门之间问题的必然只有政法委。除此以外，从这项改革的内容来看，它既没有减少调解组织的工作内容，也没有减少人民法院的工作程序，这项改革的最主要受益者是纠纷当事人。因此，上述两个部门自身缺乏推动改革的内在动力，此时，外部推动对于形成组织联动和制度认可起着至关重要的作用。

（二）加强调解与法院执行间的联动

"诉调"是"一站式"矛盾纠纷调解与人民法院之间的主要联动方式。顾名思义，"诉调"主要强调的是调解组织在诉前对人民法院立案纠纷进行联动调解的过程。"诉调"强调的是对纠纷的调解，在执行方面，调解仍然需要按照常规的司法确认程序进行司法确认后，再由人民法院的执行法官负责执行。目前，司法确认和执行程序都只能按照一般的司法活动进行，因此，调解协议的执行距离调解协议的达成有一定的时间距离，面对抵赖的当事人，另一方当事人无法及时按照调解协议的内容得到对方义务的履行。

下一步，调解与司法的联动应当得到进一步加深。特别是"诉调"工作室，作为附设型调解组织，其在纠纷调解的过程中基本已经按照人民法院的证据标准、证据规则和相关法律规定进行调解，其调解过程相比于一般的社区调解具有更高的"准司法"水平。对于由"诉调"工作室调解结案的纠纷，应当根据当事人的意愿，随即进入司法确认程序，且适当加快司法确认程序的速度。最重要的是要加强调解与执行环节的联动，可以让当事人在调解环节时就提交财产报告，列明需要履行义务一方的银行账号、名下机动车情况、不动产情况等，使调解员能够在调解环节就把握当事人的财产动向，同时验证当事人履行调解协议的能力。一旦调解协议进入执行环节，可以由法院的执行部门根据已掌握的信息快速执行被执行人的财产，从而保障另一方当事人的权利。

上述联动需要进一步完善相关的法律制度规定，第一，要赋予调解员了解上述信息的权力，毕竟上述信息属于当事人的隐私，在法无授权不可为的情况下，如果不能明确调解员具有上述权力，则可能造成对当事人正当权益的侵犯。第二，要明确调解员的义务。从调解员的角度而言，其个人缺乏了解上述信息的动力，毕竟纠纷了结，其基本工作已经完成，协议的履行与调解阶段的工作基本没有其他关系。因此，要明确调解员在了解上述信息方面的职责，同时也要规定调解员对此信息有保密的义务。第三，由于调解与法院执行部门分属不同的机构，因此，在相关制度的建构过程中也少不了地方党委和政法委的统筹协调。通过党委和政法委的协调，打破两个机构之间的壁垒，加强组织之间的协同，并制定行之有效的长效机制是加强调解与法院执行之间联动的最终途径。

结 语

一、行政主导下的"一站式"矛盾纠纷调解体系

从"一站式"矛盾纠纷调解的实践来看，在背后推动"一站式"矛盾纠纷调解的直接动力源于行政力量的推动。无论是矛盾纠纷调处化解中心的建立，还是"警调""诉调"等附设型调解组织的建立，都是在行政力量的统一指导和推动下进行的。行政推动的好处在于，一是确保调解体系的完整性、有效性，调解的各个组织能够在行政力量的统一安排下，按照行政意志形成各司其职的局面。二是确保调解资源配置的均衡和充足，行政主导也就意味着地方治理者对调解工作的重视，因此，相较于自生自发形成的调解，行政主导下的"一站式"矛盾纠纷调解在资源配置上能够获得更多的资源倾斜，包括人、财、物等各个方面。三是"一站式"矛盾纠纷调解也嵌入行政治理的活动，充当分流司法纠纷解决压力、分流派出所解纷压力、分流信访压力和基层"维稳"的重要角色，调解需要面对复杂的纠纷治理需要，一方面要面对当事人的纠纷需要，另一方面要符合行政治理的规范性、权威性等作为"官方"纠纷解决平台的需要。

但是，行政主导下的调解的"一站式"体系化运行也会存在一定的问题。首先，这种体系化的发展融入了过多的行政意志，导致调解的"一站式"体系化运行容易受到行政意志因素的影响。这种影响包含两个方面，一方面是治理者对体系化的调解制度的不科学的预设可能影响"一站式"矛盾纠纷调解的整体形态，另一方面则是作为治理者本身对潜在的政绩风险的规避心态可能会对调解的一站式体系化运行造成影响。换言之，行政之下的"邀功"

与"避责"的逻辑[1]可能会渗透调解的具体活动中。其次，"一站式"矛盾纠纷调解是在套用传统的行政层级模式，并以"命令—服从"的方式调配调解资源，这无疑会造成"一站式"矛盾纠纷调解呈现出越来越明显的科层制特点，此外，"命令—服从"模式也会导致调解原有的灵活性逐渐丧失，甚至逐渐呈现出僵化的调解模式。

尽管如此，不可否认的是，从现阶段的实践经验来看，"一站式"矛盾纠纷调解的初期势必要以行政作为主导。主要的原因在于，"一站式"矛盾纠纷调解的建立并非一个自生自发的过程，这种体系化运行无法指望依靠调解发展中的自治因素。因此，行政成为培育"一站式"矛盾纠纷调解最有效的助手。长期以来，调解属于司法行政部门、相应业务主管部门的管理之下，行政对调解的主导被深深地刻在调解的相关实践之中。[2]因此，能够打通组织壁垒，促进调解组织联动的只有行政力量本身。最重要的是，调解作为分流纠纷、信访维稳的蓄水池，对于地方治理者而言有着重要的作用，行政也是最有动力推动"一站式"矛盾纠纷调解的主体。当然，这并不意味着行政过多干预调解就有正当性，特别是在"一站式"矛盾纠纷调解的发展阶段，行政最好以保守的面貌处理其与调解之间的关系，否则，会将行政科层化的弊端带给调解。正如徐昕教授所言，调解制度的发挥可以分为政府控制、政府主导、社会自治三大阶段，近年来调解机制的创新大致处于第一阶段向第二阶段的过渡，未来调解的发展方向应该是迈向社会自治型的调解。[3]

二、深化分类治理与构建多元化调解体系

长期以来，"一站式"矛盾纠纷调解以法治化理论为基础，治理者有意将调解的组织体系、规则体系按照法治理念和行政化的倾向，进行了统一化和规范化的改造。首先，调解呈现出了马克斯·韦伯笔下的"理性化科层"体系的特征。从"一站式"矛盾纠纷调解的实践形式来看，"一站式"矛盾纠

---

〔1〕　参见倪星、王锐：《从邀功到避责：基层政府官员行为变化研究》，载《政治学研究》2017年第2期。

〔2〕　参见范愉：《〈人民调解法〉的历史使命与人民调解的创新发展》，在《中国司法》2021年第1期。

〔3〕　参见徐昕：《迈向社会自治的人民调解》，载《学习与探索》2012年第1期。

纷调解实际上是以法治化理论为基础，对调解的各个调解组织的调解理念、调解方法、调解规则甚至调解程序都进行了统一化和规范化。其次，"一站式"矛盾纠纷调解还是对组织与组织联动的一次改革，增强了调解组织之间、调解与其他纠纷解决组织之间的联动效率。然而，"一站式"矛盾纠纷调解的问题就在于，这种体系化的方式实际造成了高层级调解组织对低层级调解组织，其他纠纷解决组织（如人民法院等）对调解组织的同构。这种同构渗透在程序、规则、价值取向等方方面面，从而也引发了相应的问题。

调解体系本身也是多元化纠纷解决机制的集合体，之所以称之为多元化纠纷解决体系，就是因为调解本身是碎片化的，调解是一个广义的概念，其中既包括我们常见的社区调解，也包括附设型的"警调""诉调"，还包括为了解决一些专业纠纷的专业性调解组织。实际上，不同类型的调解组织面对着不同的群体，而不同的群体有着不同的需求，因此，不同的调解组织有着不同的运作方法和运作逻辑。调解是一种因地制宜、因人而异的纠纷解决机制。因此，可以说调解本身就是一个多元化的纠纷解决机制的集合体。

目前，"一站式"矛盾纠纷调解的误区在于，盲目地使用同一种理论话语，以规范化、程序化的模式将调解进行了同构。调解的体系化运行并非调解自下而上的发展，而是自上而下的高位推动。这种推动就必然蕴含着治理者一厢情愿的想法，而这种想法未必符合调解的现实需要。"一站式"矛盾纠纷调解的发展方向并没有错，关键在于体系化后的调解应当是什么样子的？目前还没有理论回答这一问题。通过对目前"一站式"矛盾纠纷调解的反思，所谓体系化更应当被理解为是对多元化的一种保留和维护，而非对诸多调解组织的统一和同构，未来体系化运行的关键在于如何在促进各个调解组织之间、调解组织与其他纠纷机构之间联动效率的前提下，保护好调解形式、方式、规则的多样性。换言之，调解与纠纷当事人之间不是"规训—支配"的互动关系，而应当尽量形成"协商—共识"的关系。

首先，要求分级分类不仅要对事情进行分类，更要对调解中不同群体的需要进行细化，对调解所涉猎的纠纷类型进行分类。要根据分类治理的理念，对各类调解分门别类进行规定，根据调解对象的不同，调解后续程序的不同，制定不同类型调解组织的相关法律制度规定。对不同类型的调解可以采取不同的程序，例如，对于那些不涉及重大人身财产问题、不涉及司法确认的纠纷，可以设立相应的简易程序，不要过分追求规范化、程序化。对于那些社区内的邻里纠纷，不涉及严重的财产争议的，可以通过协商的方式解决，不必非要分出是非对错，更不必按照法律规范的规定强行"规训"当事人的行为。对于"警调""诉调"遇到的纠纷，因为可能涉及后续其他法律程序，因此不得不强调规范化与程式化，且因为涉及公安机关、人民法院等执法司法单位，因此，需要执法司法机关的权威性，这就需要对调解的规则体系、调解方式、程序进行详细的规定和把握。

其次，在文牍化的问题上，也要贯彻分类治理的理念。例如，社区调解一般不会涉及需要签署调解协议的纠纷，往往以口头调解为主。因此，要对社区调解适当放宽文牍档案方面的要求，不宜对调解进行过度考核。[1]而对于那些的确需要大量文书来证明调解合法性、程序性的调解活动，也应当在制度允许的范围内尽量减少文书工作带来的压力。例如，针对不同性质的调解活动，在地方党委和政法委的协调下，适当简化文书和记录活动。特别是减少组织与组织衔接过程中产生的各类交接手续。

最后，调解的组织体系建设不宜过分强调层级、管理与隶属关系，各个调解组织间应尽量相互独立，形成相互配合的组织关系。所谓多元化的调解体系，在包含了多样化意涵的同时，也包含了组织关系应当是平等的理念。多元不仅仅是一种价值取向上的多元化，更包含了纠纷解决主体的多元化。多元的"元"之间应当具有平等、独立的相互关系，而非上下级的隶属关系。否则，过强的层级、管理与隶属关系不但会造成"一站式"矛盾纠纷调解出现科层制的弊端，同时也会造成强势的上级对弱势的下级在价值取向、调解方法、调解手段和调解程序等问题上的同构。从而造成调解失去了多元化的特征，逐渐朝着一元化的方向发展。倡导多元化的调解体系，需要改变传统的组织关系模式，破除旧有的层级体系。

---

〔1〕　参见范愉、李泽：《人民调解的中国道路——范愉教授学术访谈》，载《上海政法学院学报（法治论丛）》2018 年第 4 期。

三、基层调解需要"人民性"、"本土性"与"自治性"

当下调解的体系化运行是为了解决调解从政治化到法治化转型过程中的碎片化问题，是调解法治化发展过程中的必然选择。研究调解的体系化，对于调解制度的完善和发展有着重要的意义。调解的体系化发展克服了传统调解中的弊端，使调解的组织体系更为科层化，使调解的制度体系更为精细化。同时，也让调解在整个纠纷治理体系中承担了越来越重要的作用，成为整个纠纷治理科层体系当中的重要组成部分。随着调解的体系化运行，调解也展现出了新的生机与活力，成为基层治理者用于基层治理的重要手段。

诚然，"一站式"矛盾纠纷调解的发展也并非一帆风顺的。在体系化的过程中，系统化与科层化带来的结构性弊端必然也在影响着调解制度的发展。韦伯笔下的科层制具有"理性化科层"的特征。的确，科层化带来的调解员的理性状态与规则化的运作模式，使调解丧失了原本具有的"在地化"解决纠纷矛盾的优势。调解在强调法治化的过程中，越来越注重规则的体系化，注重调解程序的严格、合法。调解传统的政治化色彩也在逐渐消解，调解的方式方法也在逐渐变得规范化和程序化。

调解在法治化的背景下发展，其体系化的建立是调解逐渐强大的象征，但是也要避免在"一站式"矛盾纠纷调解过程中片面追求职业化、专业化，过度追求文牍化、程序化、规范化的发展倾向。当代中国的社会治理趋向于精细化的方向发展，这种精细化恰恰需要对调解进行准确合理的定位，善于利用分类治理的理念，对于大部分民间纠纷，还是需要在一定程度上回归到个案本身、纠纷当事人的需求。事实上，在社会治理逐渐精细化的过程中，我国需要一种兼具规范性与人民性且具有较强回应性的纠纷解决制度。我国社会尽管已经进入到飞速城镇化与陌生化的时代，但是，一些文化、习俗与道德观念的烙印却始终都在，这些根深蒂固的观点影响着人们在具体事件中的行为与选择。调解作为一种具有弹性的社会纠纷治理机制，在回应个案中能够发挥较好的作用。作为一种原本具有较强政治性的纠纷解决机制，它能够起到对科层化与法治化弊端的弥补。因此，体系化的调解制度在增强调解的法治化与规范化水平的同时，也应当将回归"人民化""本土性"加以考虑。在国家层面，习近平总书记提出"努力让人民群众在每一个司法案件中感受到公平正义"〔1〕，尽管这主要是对司法审判工作作出的要求，但是，作为纠纷治理体系中重要组成部分的调解，也不能忽视对个案正义的维护。调解的体系化运行并不意味着要改变调解的属性，"一站式"矛盾纠纷调解应当是让调解的运行更有效率、更科学，而不是改变调解的运作方式，甚至让调解脱离社区、脱离基层、脱离本土。调解当然要遵守法律的普遍性规定，但是，调解不是审判，不是一项法律意义上的司法活动，调解仍然应当保留其固有的灵活性。

当代"一站式"矛盾纠纷调解在逐步完善，这正是调解法治化不断推进的结果。无论从制度角度而言，还是从社会整体意识的角度而言，法治化已经成为这个时代的主旋律。但正是如此，才应当唤醒人们对"一站式"矛盾纠纷调解的进一步反思。韦伯已经将官僚制的弊端论述得极为清楚，"一站式"矛盾纠纷调解的未来局限性也已经逐渐显现。调解的理论需要重新回归到"人民性"、"本土性"与"自治性"的价值追求上来。正如范愉教授所说，"调解追求的'初心'就是自治、法治和德治相结合的治理效果"〔2〕。未来，需要通过对基层的广泛动员与培训，将更多的基层力量纳入调解体系，发动更广泛的社会自治力量参与纠纷的治理工作。另一方面，在强调法律规范在纠纷解决工作中的重要性的同时，也要重新调整对德治内容的重视程度。在"一站式"矛盾纠纷调解的规范体系当中，不能只将法律作为其内容，而是要不断丰富调解的规范体系，建立一个有层次的、满足不同社会群体需求的系统性调解规范体系。

归根结底，调解的体系化运行要在法治话语的背景下适度"纠偏"，就法律体系本身而言，其具有一定的封闭性。调解在法治化的背景下也从一个分散的碎片化系统逐渐成长为一个走向封闭的体系化系统。为了使调解不至于沦为远离大众的纠纷解决机制，适度打破系统的这种封闭性，恢复其与社会

---

〔1〕　习近平：《努力让人民群众在每一个司法案件中都感受到公平正义》，载 http://politics. people. com. cn/n/2013/0224/c70731-20581921. html，最后访问日期：2021 年 3 月 21 日。
〔2〕　范愉、李泽：《人民调解的中国道路——范愉教授学术访谈》，载《上海政法学院学报（法治论丛）》2018 年第 4 期。

的互动是十分必要的。系统化的调解制度必须在坚持"法治化"的基础上加深"人民性"、"本土性"与"自治性"的价值追求，才能成为回应社会矛盾纠纷的最有效工具。这需要调解首先要继续坚持宪法和相关法律规定对其社会性、自治性的定位。保持住调解的自治属性对于克服体系化运行中的官僚化问题极为重要。

调解等非诉纠纷解决机制不仅是我国纠纷治理体系发展的重要着力点，也符合世界的调解潮流。调解的发展不仅能够促进我国社会的和谐稳定，同时也能够满足不同群体的纠纷解决需要，完善纠纷治理体系，特别是弥补诉讼等法治化的纠纷解决手段的不足之处。"一站式"矛盾纠纷调解是未来我国调解制度发展的方向，找出漏洞、补足短板对调解有着重要意义。在坚持法治化的背景下，适度回归调解的"人民性""本土性""自治性"价值，对于调解的发展具有重要意义。

参考文献

一、著作类

1. 左卫民等：《中国基层纠纷解决研究》，人民出版社 2010 年版。

2. 左卫民等：《变革时代的纠纷解决：法学与社会学的初步考察》，北京大学出版社 2007 年版。

3. 季卫东：《法治秩序的建构》，中国政法大学出版社 1999 年版。

4. 公丕祥：《当代中国能动司法的理论与实践》，法律出版社 2012 年版。

5. 喻中：《乡土中国的司法图景》，中国法制出版社 2007 年版。

6. 苏力：《法治及其本土资源》，中国政法大学出版社 2004 年版。

7. 苏力：《送法下乡：中国基层司法制度研究》，中国政法大学出版社 2000 年版。

8. 强世功编：《调解、法制与现代性：中国调解制度研究》，中国法制出版社 2001 年版。

9. 强世功：《法治与治理——国家转型中的法律》，中国政法大学出版社 2003 年版。

10. 董磊明：《宋村的调解：巨变时代的权威与秩序》，法律出版社 2008 年版。

11. 陈柏峰：《乡村司法》，陕西人民出版社 2012 年版。

12. 范愉：《纠纷解决的理论与实践》，清华大学出版社 2007 年版。

13. 范愉、李浩：《纠纷解决——理论、制度与技能》，清华大学出版社 2010 年版。

14. 范愉：《非诉讼纠纷解决机制研究》，中国人民大学出版社 2000 年版。

15. 徐昕：《论私力救济》，中国政法大学出版社 2005 年版。

16. 瞿琨：《社区调解法律制度：一个南方城市的社区纠纷、社区调解人与信任机制》，中国法制出版社 2009 年版。

17. 陈会林：《国家与民间纠纷联结机制研究》，中国政法大学出版社 2016 年版。

18. 汪晖：《去政治化的政治：短 20 世纪的终结与 90 年代》，生活·读书·新知三联书店 2008 年版。

19. 吴卫军、樊斌等：《现状与走向：和谐社会视野中的纠纷解决机制》，中国检察出版社2006年版。

20. 周雪光：《组织社会学十讲》，社会科学文献出版社2003年版。

21. 周雪光：《中国国家治理的制度逻辑——一个组织学研究》，生活·读书·新知三联书店2017年版。

22. 《马克思恩格斯全集》（第六卷），人民出版社1961年版。

23. ［美］克利福德·吉尔兹：《地方性知识：阐释人类学论文集》，王海龙、张家瑄译，中央编译出版社2000年版。

24. ［美］米尔伊安·R.达玛什卡：《司法和国家权力的多种面孔：比较视野中的法律程序》，郑戈译，中国政法大学出版社2015年版。

25. ［日］棚濑孝雄：《纠纷的解决与审判制度》，王亚新译，中国政法大学出版社2004年版。

26. ［法］埃米尔·涂尔干：《社会分工论》，渠东译，生活·读书·新知三联书店2017年版。

27. ［美］弗里德曼：《选择的共和国：法律、权威与文化》，高鸿钧等译，清华大学出版社2005年版。

28. ［德］马克斯·韦伯：《支配社会学》，康乐、简惠美译，广西师范大学出版社2004年版。

29. ［美］马丁·P.戈尔丁：《法律哲学》，齐海滨译.上海：生活·读书·新知三联书店，1987年版。

30. ［德］马克斯·韦伯：《新教伦理与资本主义精神》，康乐、简惠美译，广西师范大学出版社2010年版。

31. ［德］马克斯·韦伯：《经济与社会》（下卷），林荣远译，商务印书馆2004年版。

二、连续出版物中的析出文献

1. 张文显：《诉讼社会境况下的联动司法》，载《法制资讯》2010年第11期。

2. 张文显：《新时代"枫桥经验"的理论命题》，载《法制与社会发展》2018年第6期。

3. 黄文艺：《中国的多元化纠纷解决机制：成就与不足》，载《学习与探索》2012年第11期。

4. 李拥军、郑智航：《主体性重建与现代社会纠纷解决方式的转向》，载《学习与探索》2012年第11期。

5. 徐昕：《完善人民调解制度与构建和谐社会》，载《中国司法》2006年第4期。

6. 徐昕：《迈向社会自治的人民调解》，载《学习与探索》2012 年第 1 期。

7. 范愉：《诉讼与非诉讼程序衔接的若干问题——以〈民事诉讼法〉的修改为切入点》，载《法律适用》2011 年第 9 期。

8. 范愉：《委托调解比较研究——兼论先行调解》，载《清华法学》2013 年第 3 期。

9. 范愉：《中国非诉程序法的理念、特点和发展前景》，载《河北学刊》2013 年第 5 期。

10. 范愉：《当代世界多元化纠纷解决机制的发展与启示》，载《中国应用法学》2017 年第 3 期。

11. 左卫民：《探寻纠纷解决的新模式——以四川"大调解"模式为关注点》，载《法律适用》2010 年第 Z1 期。

12. 左卫民：《常态纠纷的非司法解决体系如何和谐与有效——以 S 县为分析样本》，载《法制与社会发展》2010 年第 5 期。

13. 苏力：《审判管理与社会管理——法院如何有效回应"案多人少"》，载《中国法学》2010 年第 6 期。

14. 苏力：《关于能动司法与大调解》，载《中国法学》2010 年第 1 期。

15. 章武生：《论我国大调解机制的构建——兼析大调解与 ADR 的关系》，载《法商研究》2007 年第 6 期。

16. 陆益龙：《权威认同、纠纷及其解决机制的选择——法社会学视野下的中国经验》，载《江苏社会科学》2013 年第 6 期。

17. 裘晓音、付永雄：《试论专门人民调解委员会的构建》，载《法律适用》2012 年第 9 期。

18. 尹玉林：《转型与矛盾：构建和谐社会的多元化纠纷化解机制》，载《甘肃社会科学》2007 年第 3 期。

19. 龙宗智：《关于"大调解"和"能动司法"的思考》，载《政法论坛》2010 年第 4 期。

20. 陈柏峰、董磊明：《治理论还是法治论——当代中国乡村司法的理论建构》，载《法学研究》2010 年第 5 期。

21. 陈柏峰：《村庄纠纷解决：主体与治权——皖中葛塘村调整》，载《当代法学》2010 年第 5 期。

22. 陈柏峰：《群众路线三十年（1978—2008）——以乡村治安工作为中心》，载《北大法律评论》2010 年第 1 期。

23. 陈柏峰：《当代中国乡村司法的功能与现状》，载《学习与探索》2012 年第 11 期。

24. 陈柏峰：《中国法治社会的结构及其运行机制》，载《中国社会科学》2019 年第 1 期。

25. 董磊明等：《结构混乱与迎法下乡——河南宋村法律实践的解读》，载《中国社会科学》2008 年第 5 期。

26. 王启梁、张熙娴：《法官如何调解？——对云南省 E 县法院民庭的考察》，载《当代法学》2010 年第 5 期。

27. 艾佳慧：《"大调解"的运作模式与适用边界》，载《法商研究》2011 年第 1 期。

28. 强世功：《迈向立法者的法理学——法律移植背景下对当代法律学的反思》，载《中国社会科学》2005 年第 1 期。

29. 刘加良：《论人民调解制度的实效化》，载《法商研究》2013 年第 4 期。

30. 廖永安、刘青：《论我国调解职业化发展的困境与出路》，载《湘潭大学学报（哲学社会科学版）》2016 年第 6 期。

31. 廖永安、王聪：《人民调解泛化现象的反思与社会调解体系的重塑》，载《财经法学》2019 年第 5 期。

32. 侯元贞：《"行政化"人民调解的实践样态——正式权力的非正式运作》，载《文史博览（理论）》2016 年第 8 期。

33. 刘正强：《人民调解：国家治理语境下的政治重构》，载《学术月刊》2014 年第 10 期。

34. 王禄生：《审视与评析：人民调解的十年复兴——新制度主义视角》，载《时代法学》2012 年第 1 期。

35. 李如鹰、李朋：《诉讼与非诉讼相衔接的矛盾纠纷解决机制存在问题及建议——以株洲县社会实践和审判实践为视角》，载《铜仁学院学报》2012 年第 3 期。

36. 杨子潇：《经验研究可能提炼法理吗？》，载《法制与社会发展》2020 年第 3 期。

37. 刘磊：《通过典型推动基层治理模式变迁——"枫桥经验"研究的视角转换》，载《法学家》2019 年第 5 期。

38. 王丽惠：《结构转型：乡村调解的体系、困境与发展》，载《甘肃政法学院学报》2015 年第 4 期。

39. 王丽惠：《分级与分流：乡村基层纠纷解决的谱系域合》，载《甘肃政法学院学报》2019 年第 3 期。

40. 吴亚可：《当下中国刑事立法活性化的问题、根源与理性回归》，载《法制与社会发展》2020 年第 5 期。

41. 胡燕佼：《基层社会矛盾化解与调解机制创新》，载《云南行政学院学报》2014 年第 3 期。

42. 马雪松：《科层制负面效应的表现与治理》，载《人民论坛》2020 年第 25 期。

43. 梁平：《"大调解"衔接机制的理论建构与实证探究》，载《法律科学（西北政法大学学报）》2011 年第 5 期。

44. 李瑜青：《人民调解制度中法治人治问题》，载《法律社会学评论》2018 年第 0 期。

45. 胡晓涛：《替代性纠纷解决机制的价值及在中国的适用分析》，载《江西财经大学学报》2011 年第 6 期。

46. 李德恩：《大调解实践背景下的立案调解机制研究》，载《法学论坛》2012 年第 5 期。

47. 张敬思：《论"大调解"格局中的人民调解》，载《中州学刊》2010 年第 5 期。

48. 何永军：《乡村社会嬗变与人民调解制度变迁》，载《法制与社会发展》2013 年第 1 期。

49. 张文显：《"三治融合"之"理"》，载《浙江日报》2020 年 10 月 26 日，第 08 版。

50. 周尚君：《党管政法：党与政法关系的演进》，载《法学研究》2017 年第 1 期。

51. 易江波：《社会矛盾化解视野下的派出所解纷权——以一起自杀式讨薪案的处置为例》，载《湖北警官学院学报》2010 年第 6 期。

52. 田先红：《乡镇司法所纠纷解决机制的变化及其原因探析》，载《当代法学》2010 年第 5 期。

53. 于龙刚：《基层党领导司法的组织生成——"结构—机制"的视角》，载《华中科技大学学报（社会科学版）》2019 年第 5 期。

54. 黄建武：《中国调解功能的演变及制度创新启示——基于 1988 年至 2010 年统计材料的分析》，载《北方法学》2012 年第 5 期。

55. 王绍光：《毛泽东的逆向政治参与模式——群众路线》，载《学习月刊》2009 年第 23 期。

56. 朱景文：《中国法治道路的探索——以纠纷解决的正规化和非正规化为视角》，载《法学》2009 年第 7 期。

57. 冯之东：《行政调解制度的"供求均衡"——一个新的研究路径》，载《四川师范大学学报（社会科学版）》2010 年第 6 期。

58. 洪冬英：《融合与独立——论大调解中的司法调解改革路径》，载《浙江学刊》2013 年第 1 期。

59. 胡元梓：《调解何以能促成冲突的解决：文献述评与经验研究》，载《学术界》2010 年第 8 期。

60. 熊征：《"大调解"中的司法：表达与实践的悖论》，载《北京社会科学》2017 年第 9 期。

61. 章君荣：《社会治理精细化趋势下"微治理"的生成逻辑》，载《湖湘论坛》2018 年第 6 期。

62. 黄辉：《我国基层矛盾化解机制的困境及其法治化转型》，载《华中科技大学学报（社会科学版）》2015 年第 6 期。

63. 赵晓耕、〔日〕神尾将司:《现代中国的调解制度改革"大调解"体现的传统法意识——以情、理、法为材料分析》,载《河北法学》2013年第10期。

64. 刘同君:《转型农村社会的纠纷解决:类型分析与偏好选择》,载《学海》2011年第5期。

65. 郭晓冬、黄建军:《转型期中国社会矛盾化解的理念与机制探索》,载《理论导刊》2013年第5期。

66. 曾哲、周泽中:《多元主体联动合作的社会共治——以"枫桥经验"之基层治理实践为切入点》,载《求实》2018年第5期。

67. 高佳红:《从"枫桥经验"到"桐乡经验":乡村治理转型的政治势能研究——基于四十年乡村治理现代化转型的分析》,载《广西社会科学》2020年第8期。

68. 张青:《乡村治理的多元机制与司法路径之选择》,载《华中科技大学学报(社会科学版)》2020年第1期。

69. 刘蔚:《城市居民纠纷解决方式的选择及其影响因素》,载《四川理工学院学报(社会科学版)》2019年第4期。

70. 廖奕:《面向美好生活的纠纷解决———一种"法律与情感"研究框架》,载《法学》2019年第6期。

71. 郭星华:《当代中国纠纷解决机制的转型》,载《中国人民大学学报》2016年第5期。

72. 李瑜青、夏伟:《多元化纠纷解决机制的价值及其路径思考——兼驳机制的运行与法治社会建设相悖论》,载《学术界》2016年第9期。

73. 程晓:《在线纠纷解决机制与我国矛盾纠纷多元化解机制的衔接》,载《法律适用》2016年第2期。

74. 李俊:《从均衡到失衡:当代中国农村多元纠纷解决机制困境研究》,载《河北学刊》2015年第6期。

75. 赫然、张荣艳:《中国社会纠纷多元调解机制的新探索》,载《当代法学》2014年第2期。

76. 韩志明:《从"粗糙的摆平"到"精致的治理"——群体性事件的衰变及其治理转型》,载《政治学研究》2020年第5期。

77. 吴结兵:《网格化管理的实践成效与发展方向》,载《人民论坛》2020年第29期。

78. 王刚、赵思方:《从网格化到路长制:城市基层治理精细化中的制度超越与模式创新》,载《河南社会科学》2020年第8期。

79. 陈那波、李伟:《把"管理"带回政治——任务、资源与街道办网格化政策推行的案例比较》,载《社会学研究》2020年第4期。

80. 陈寒非、高其才：《新乡贤参与乡村治理的作用分析与规制引导》，载《清华法学》2020 年第 4 期。

81. 卜凡：《"最多跑一地"如何激发治理新效能》，载《人民论坛》2020 年第 15 期。

82. 王雪竹：《基层社会治理：从网格化管理到网络化治理》，载《理论探索》2020 年第 2 期。

83. 李华胤：《授权式协商：传统乡村矛盾纠纷的治理逻辑及当代价值——以鄂西余家桥村"说公"为例》，载《民俗研究》2020 年第 1 期。

84. 胡重明：《社会治理中的技术、权力与组织变迁——以浙江为例》，载《求实》2020 年第 1 期。

85. 赵文艳：《以标准化方式完善纠纷多元预防调处化解综合机制》，载《理论视野》2019 年第 12 期。

86. 陈荣卓、刘亚楠：《新时代农村社区矛盾纠纷有效治理机制建设研究》，载《理论月刊》2019 年第 11 期。

87. 刘同君、王蕾：《论新乡贤在新时代乡村治理中的角色功能》，载《学习与探索》2019 年第 11 期。

88. 李长健、杨永海：《新乡贤介入矛盾纠纷化解的困境和应对——基于河南省 H 镇的田野调查》，载《农业经济与管理》2019 年第 4 期。

89. 黄宗智：《重新思考"第三领域"：中国古今国家与社会的二元合一》，载《开放时代》2019 年第 3 期。

90. 张文汇：《法治化语境下的基层矛盾化解路径选择》，载《东岳论丛》2019 年第 5 期。

91. 黄佳鹏：《再论"迎法下乡"——基于鄂西 D 村村干部矛盾纠纷调解实践的考察》，载《长白学刊》2019 年第 2 期。

92. 印子：《乡村基本治理单元及其治理能力建构》，载《华南农业大学学报（社会科学版）》2018 年第 3 期。

93. 欧阳静：《为什么要找回群众?》，载《云南行政学院学报》2017 年第 6 期。

94. 吕德文：《治理现代化进程中的简约治理》，载《云南行政学院学报》2017 年第 6 期。

95. 王裕根：《论乡村社会的内在秩序及其生产机制——以乡镇综治工作为例》，载《求实》2017 年第 8 期。

96. 贺雪峰：《论村级治理中的复杂制度》，载《学海》2017 年第 4 期。

97. 高其才、周伟平：《法官调解的"术"与"观"——以南村法庭为对象》，载《法制与社会发展》2006 年第 1 期。

98. 何阳、汤志伟：《"微调解"：乡村振兴中智慧调解系统建构的逻辑理路》，载《当代经济管理》2019年第9期。

99. 范愉、李泽：《人民调解的中国道路——范愉教授学术访谈》，载《上海政法学院学报》2018年第4期。

100. 范愉：《〈人民调解法〉的历史使命与人民调解的创新发展》，载《中国司法》2021年第1期。

三、文集中析出的文献

1. 陈柏峰：《暴力与屈辱：陈村的纠纷解决》，载《法律和社会科学》2006年第0期。

2. 陈柏峰：《"规则之治"时代的来临？——皖北李圩村纠纷调查》，载《法律和社会科学》2008年第0期。

3. 陈柏峰：《纠纷解决与国家权力构成——豫南宋庄村调查》，载《民间法》2009年第0期。

4. 陆思礼：《毛泽东与调解：共产主义中国的政治和纠纷解决》，载强世功编：《调解、法治与现代性：中国调解制度研究》，中国法制出版社2001年版。

5. 孙冲、强卉：《社区治理中的警务实践调查报告——以C市M公租房社区警务室为对象》，载公丕祥主编：《中国法治社会发展报告（2020）》，社会科学文献出版社2020年版。

四、学位论文

1. 王裕根：《基层环保执法的运行逻辑——以橙县乡村企业污染监督执法为例》，中南财经政法大学2019年博士学位论文。

2. 易军：《乡村纠纷解决中的权力研究》，云南大学2017年博士学位论文。

3. 陈佩：《社会自治中的纠纷解决机制研究》，中共中央党校2016年博士学位论文。

4. 邓少君：《风险社会视域下基层矛盾治理研究——基于广东省的实践样态》，武汉大学2016年博士学位论文。

5. 林辉煌：《法治的权力网络——林乡派出所的警务改革与社会控制（2003-2012）》，华中科技大学2013年博士学位论文。